DANS LA PEAU D'UN NARCO

INFILTRÉ AU CŒUR DE LA MAFIA

Ouvrage dirigé par Bénita Rolland

38 rue La Condamine
75017 Paris

ISBN : 978 275 560 1213
Dépot légal : janvier 2007
Imprimé en France

MARC FIÉVET / OLIVIER-JOURDAN ROULOT

DANS LA PEAU D'UN NARCO

INFILTRÉ AU CŒUR DE LA MAFIA

Hugo doc

À Bernard, Christian, Dominique, François, Gérard, Hervé, Jean, Jean-Dominique, Jean-François, Jean-Henri, Jean-Paul, Jean-Luc, Jo, Joseph, Laurent, Marc, Michel, Olivier, Philippe, Pierre-Mathieu, et tous ceux qui se reconnaîtront dans ce livre.

Avertissement des auteurs

Ce document est un récit. Ce n'est pas un roman. Les lieux, les personnages et les situations qu'il décrit ne sont ni des héros imaginaires ni des scènes de fiction.

Par conséquent, toute ressemblance avec des faits et des personnes qui auraient existé est ici pleinement revendiquée.

Préface

Avant ma nomination à la tête de la Direction nationale du renseignement et des enquêtes douanières (DNRED), j'avais notamment dirigé le dispositif aéronaval douanier en Méditerranée. Malgré l'importance des moyens mis en œuvre – une douzaine de vedettes garde-côtes, trois avions bimoteurs, deux hélicoptères, notamment–, les résultats de la lutte contre les trafics maritimes portant sur la drogue s'avéraient insuffisants. Ils n'étaient pas à la hauteur des enjeux, faute essentiellement d'informations opérationnelles précises désignant des cibles potentielles.

Tout le monde savait parfaitement que les routes de la drogue passaient au sud, au nord et à l'est de Gibraltar. Il nous fallait donc aller y voir d'un peu plus près, tout en restant suffisamment discrets pour ne pas vexer nos collègues espagnols et marocains. Ce fut chose faite en 1988. Peut-être la chance nous aida-t-elle, mais la démarche était bien volontaire. Ainsi, un avion de la douane aéro-maritime se posa un jour du côté de Gibraltar, avec à son bord un cadre supérieur, responsable de la façade atlantique au sein de la Direction nationale du renseignement et des enquêtes douanières.

Je n'ai d'abord connu qu'un simple matricule: NS55, soit le 55e aviseur recruté par l'échelon de la DNRED de Nantes. Les résultats à porter au crédit de notre nouvelle recrue furent rapidement probants. Ce matricule revenait souvent dans les discussions, car la source se révélait abondante et les problèmes connexes nombreux – ce qui va de soi, quand on est dans l'action. Surtout, NS55 semblait avoir un aplomb peu ordinaire et des exigences inhabituelles pour un collaborateur de ce type.

Ainsi, un matin, un coup de téléphone de mon directeur général m'apprendra que le ministre avait reçu notre aviseur. Et qu'il convenait de tenir immédiatement une réunion, à laquelle notre informateur participerait, pour prendre certaines décisions. C'est donc à la suite de cette initiative ministérielle aussi inattendue qu'étonnante que j'ai rencontré Marc Fiévet pour la première fois. Dans mon bureau, d'abord, à ladite réunion ensuite.

Le premier contact fut… plutôt frais.

Travaillant en indépendant, à son compte, venant lui-même du privé, Fiévet avait beaucoup de mal à comprendre que les décisions devaient être prises en haut de la hiérarchie et qu'elles exigeaient par conséquent du temps pour être prises, transmises et exécutées. Que dire, alors, de son impatience lorsque qu'il fallait obtenir, avant d'agir, un accord préalable avec nos homologues étrangers…

Ces opérations étaient dangereuses, complexes et toujours aléatoires. Comme le sont en réalité les actions d'infiltration, où tout peut toujours arriver, à tout moment, en zones d'insécurité – sinon hostiles.

Pendant quatre années, de 1988 à 1991, NS55 a été notre informateur le plus performant. Et si nous sommes quelquefois passés très près de la catastrophe, aucune de nos opérations n'a échoué de notre fait. Ce qui témoigne de la fiabilité qui existait alors, des deux côtés.

Ayant quitté pour d'autres fonctions la DNRED à la fin de l'année 1991, j'ai alors perdu Marc Fiévet de vue. Et ce n'est que bien après les faits que j'ai pris connaissance des sérieux ennuis qu'il avait eus au Canada.

Dans cette affaire, d'après ce que je sais de son dossier, tout laisse penser qu'il y a eu ce qu'il faut appeler un dysfonctionnement, lors de son retour en France. Autrement, comment expliquer qu'il ait été encore plus sévèrement condamné qu'au Canada ? Nous pourrions bien sûr incriminer nos juges. Un peu facile. Surtout quand ceux-ci n'ont pas été préalablement informés par nos autorités (ministère des Finances et ministère de la Justice) des tenants et des aboutissants de cette affaire si particulière. Et notamment du fait que les autorités françaises avaient incité Marc Fiévet à plaider coupable au Canada.

À travers cette affaire se pose alors la question de la continuité de l'action de l'État entre ceux qui, à un moment donné, s'engagent et ceux qui, à un moment ultérieur, devraient tenir ces engagements. Ou, s'ils le ne souhaitent pas, devraient s'en expliquer sans détour – plutôt que de refuser de répondre, d'arguer d'un quelconque secret professionnel ou encore d'un secret-défense aussi circonstanciel que pitoyable.

En ce qui me concerne le Marc Fiévet que j'ai connu et pratiqué pendant quatre ans – cet homme à qui nous avions demandé de travailler dans des circonstances difficiles et toujours dangereuses pour protéger nos concitoyens du fléau qu'est la drogue – était un homme qui sortait du commun. Démontrant un courage évident, et bien d'autres qualités encore, pour infiltrer les réseaux mafieux. Il nous a ainsi rendu d'éminents services. Que ce soit dit, ici.

Pour toutes ces raisons, il a mon estime et ma considération.

Jean-Henri Hoguet
ancien directeur de la Direction nationale
du renseignement et des enquêtes douanières
1er décembre 2006

DOSSIER NS55

les fiches des protagonistes

• LES HOMMES DES SERVICES

Ils sont inconnus du grand public. Hommes de l'ombre, ils ont pourtant joué un rôle de premier plan dans la définition et la mise en pratique de la politique de lutte contre le trafic de drogue au cours des deux dernières décennies - les années d'active de l'agent NS55.

Ian Anderson

L'agent des douanes anglaises Anderson est l'ancien responsable des recherches sur les circuits d'approvisionnement et de distribution du cannabis au Royaume-Uni. Il a dirigé l'opération *Dash* qui visait directement l'organisation infiltrée par NS55 - et qui contribuera à sa chute.

Le contrôleur Atkinson

Officier des douanes britanniques, il rencontre NS55 pour la première fois en 1990, à Paris, pour tenter de remonter jusqu'à l'armée républicaine irlandaise (l'IRA), via un trafiquant de drogue avec lequel l'aviseur est entré en contact.

Jean-Dominique Comolli

Il est directeur général des douanes françaises, entre 1988 et 1994. Après le départ de Bercy de Michel Charasse, il devient président directeur général de la Seita, avant de prendre la présidence du groupe Altadis - fonction qu'il occupe toujours à ce jour.

Pierre-Mathieu Duhamel

Directeur général des douanes françaises de 1996 à fin 1998, ancien conseiller technique d'Alain Juppé, il intervient auprès de la direction générale des douanes britanniques pour que soit reconnue la qualité de NS55, alias Marc Fiévet, dans ses démêlés avec la justice.

Après avoir été directeur du Budget à Bercy, Pierre-Mathieu Duhamel dirige aujourd'hui une institution internationale spécialisée dans le financement.

Gérard Estavoyer

Il rencontre NS55 en 1989. Il est alors adjoint de Jean-Henri Hoguet à la tête de la DNRED, dont il sera directeur de 2001 à 2006.

Il est aujourd'hui receveur principal des douanes à Nice.

Philippe Galy

Attaché des douanes françaises en poste à l'ambassade de France à Londres, il visite plusieurs fois NS55 pendant sa détention au Royaume-Uni, dans les prisons de Highdown, Bellmarsh, Brixton et Wormwood Scrub, entre 1996 et 1997.

Jean-Paul Garcia

Attaché des douanes françaises, ce fonctionnaire est en poste à Madrid au moment de l'arrestation de NS55 par la police espagnole. Il connaît l'action de l'aviseur, qu'il a déjà rencontré. Il gère son dossier pendant son incarcération en Espagne, jusqu'à son transfert au Royaume-Uni. Il le visite alors qu'il se trouve en détention à Malaga.

Il a ensuite rejoint les services du TRACFIN, cellule de lutte contre le blanchiment d'argent sale, avant de prendre la direction régionale des douanes à Marseille.

Il pilote aujourd'hui le bureau A2, chargé de la gestion du personnel à la direction générale des douanes à Paris.

Christian Gatard

Patron de la direction nationale du renseignement et des enquêtes douanières à Nantes, il recrute l'agent NS55 en 1988, pour surveiller les narcotrafiquants à Gibraltar. Responsable des moyens de lutte contre les trafics sur toute la façade atlantique, il est l'agent-traitant de Marc Fiévet. En contact permanent avec sa recrue, il suit toute sa « carrière », jusqu'aux sommets d'une des plus puissantes organisations au monde.

Il est ensuite nommé directeur régional des douanes à Marseille, à Lyon, à Ajaccio, puis receveur des douanes à Rennes, avant de terminer sa carrière comme receveur principal des douanes à Paris-Est.

À la retraite depuis la fin de l'année 2006.

Jean-Henri Hoguet

Il fût directeur de la DNRED de 1987 à 1991. À partir de 1988 et pendant quatre années, il a été le patron de NS55. Homme à poigne, surnommé « le légionnaire » par ses troupes pour son tempérament bien trempé, volontiers irascible et orageux, il a marqué le service de renseignement des douanes de son empreinte toute personnelle.

Aujourd'hui à la retraite, il signe la préface de cet ouvrage.

Joseph Le Luarn

Jusque-là directeur des douanes à l'aéroport de Roissy, il arrive à la tête de la direction nationale du renseignement et des enquêtes douanières fin 1991. Il succède à Hoguet, avant de partir terminer sa carrière dans une recette.

Aujourd'hui à la retraite.

Marc Lerestre

Attaché des douanes françaises, en poste à Londres, il monte plusieurs opérations dans lesquelles NS55 joue un rôle de premier ordre. Receveur des douanes à Metz, il visite NS55 — quand celui-ci est en détention au Royaume-Uni — pour le convaincre de plaider coupable.

Il est aujourd'hui retraité.

Jo Le Squere

En poste à Nantes, cet officier des douanes est l'adjoint de Christian Gatard. Il rencontre NS55 régulièrement.

Il préside le club de basket de l'Hermine.

Il est aujourd'hui receveur des douanes dans la région de Nantes.

Hervé Maignier

Ancien divisionnaire des douanes françaises, à la section maritime de la DNRED de Nantes.

Il est aujourd'hui en retraite, après avoir fini sa carrière aux Antilles.

Fernando Muñoz

Chef du service de surveillance des douanes espagnoles, Muñoz est en poste à Algésiras au moment de l'entrée en service de NS55 à Gibraltar.

Il rencontre régulièrement l'aviseur français, auquel il a été présenté dès les premiers mois de l'entrée en service de ce dernier pour le compte des douanes françaises.

Jean Puons

Ancien collaborateur de Georgina Dufoix au ministère des Affaires sociales, il est le patron de la DNRED de 1997 à 2001. Il rencontre régulièrement NS55 pendant sa détention, à son retour en France.

Il est désormais receveur des douanes à Aix-en-Provence.

Bernard Puyanet

Directeur de la DNRED, de 1994 à 1997. Il a été le supérieur hiérarchique de NS55. Il a ensuite été en poste dans les Landes, receveur des douanes à Bayonne. En retraite.

Jean-Luc Vialla

Adjoint de Jean-Dominique Comolli, avant de prendre à son tour la direction générale des douanes jusqu'en 1996.

Il est aujourd'hui en fonction à la Cour des comptes.

Ernest Whilley, dit Tito

Chef du bureau consulaire de la France à Gibraltar, Ernest Whilley est en poste au moment de la prise de fonction de NS55. Les deux hommes lient amitié et le représentant des intérêts français joue le rôle de relais de transmission entre la nouvelle recrue des douanes et sa hiérarchie.

• Les politiques

Ils ont été en charge de la politique de lutte contre le trafic de drogue, au sein des différents gouvernements qui se sont succédés tout au long de l'action de NS55, puis de sa détention.

François d'Aubert

Homme politique français, membre de l'UMP. Ministre du Budget en 1995 pour quelques semaines, sous le gouvernement Juppé. Il est en fonction pendant la détention de NS55 au Royaume-Uni.

Il est aujourd'hui député de la Mayenne.

Michel Charasse

Homme politique français, membre du Parti socialiste. Ancien fonctionnaire, attaché d'administration centrale, ce proche de François Mitterrand a fait toute sa carrière dans l'ombre de l'ancien président de la République. Ministre du Budget à l'époque de son recrutement par les douanes, il rencontre régulièrement NS55, pour s'entretenir avec lui des impératifs de l'action sur le terrain. Il l'encourage à infiltrer les organisations et les réseaux en leur cœur, bien décidé à frapper en leur sein.

Sénateur du Puy-de-Dôme, il est aujourd'hui vice-président de l'institut François Mitterrand.

Jean-François Copé

Homme politique français, membre de l'UMP. Ministre du Budget à partir de 2004 (jusqu'en mai 2005), sous le gouvernement Raffarin. Il a connaissance de l'affaire NS55 dès son arrivée à Bercy.

Laurent Fabius

Ministre des Finances entre 2000 et 2002 — et donc ministre de tutelle des douanes françaises —, il est interpellé sur le dossier NS55 par Jacques Floch, député de Loire-Atlantique et futur secrétaire d'État à la Défense au sein du même gouvernement Jospin.

Député de Seine-Maritime, il a été candidat à la candidature aux élections présidentielles, battu par Ségolène Royal lors des primaires organisées fin 2006 au sein du Parti socialiste.

Dominique Strauss-Kahn

Homme politique français. Ancien professeur d'économie à l'Université, il est le détenteur du portefeuille du ministère des Finances, de 1997 à 1999. Il est alerté sur son affaire par NS55 lui-même, alors en détention au Canada, par un courrier acheminé via la valise diplomatique.

Député du Val d'Oise, candidat malheureux à la candidature pour représenter le Parti socialiste aux élections présidentielles de 2007.

• Les narcotrafiquants

Trafiquants de haut niveau, ils ont croisé la route de NS55 pendant les années de son action d'infiltration au sein des réseaux internationaux.

Carlos Gaston Ferran

Homme d'affaires espagnol, promoteur immobilier et propriétaire de nombreux restaurants et établissements de nuit sur la Costa del Sol. Patron de l'antenne locale du GAL, il contrôlait une part importante du trafic de drogue transitant par le sud de l'Espagne.

Il est aujourd'hui décédé.

Carlos Hernandez-Reumbeaut

Trafiquant cubano-espagnol, il travaille notamment pour le compte des frères Rodriguez Orejuela, successeurs aux pays des cartels du fameux Pablo Escobar. Il a été un partenaire régulier de l'organisation Locatelli, avec laquelle il était en relation d'affaires.

Arrêté en Suisse en 1996, Hernandez-Reumbeaut est extradé au Canada. Il sera finalement acquitté par la justice canadienne en septembre 1998, après avoir plaidé non coupable.

Aux dernières nouvelles, il avait été de nouveau signalé du côté de la Colombie.

Claudio Pasquale Locatelli, dit Mario

Fiché par toutes les polices d'Europe comme un trafiquant de haut vol. D'origine italienne, ce mafieux est proche des grandes familles internationales de la drogue, dont il est un des intermédiaires incontournables. Son organisation met en œuvre des moyens industriels pour répondre aux attentes des producteurs et de leurs clientèles. Pour les besoins de son activité, Locatelli utilise plusieurs identités, notamment celle de Mario Marroni. Au début de l'année 1993, il rencontre NS55, avec qui il entre en affaires.

Condamné à plusieurs reprises, il a passé plusieurs séjours en prison en Espagne, en Allemagne ou en France, d'où il s'est évadé en hélicoptère.

Après avoir retrouvé la liberté, il a de nouveau été arrêté en Espagne en 2006.

Robert Mills

Homme d'affaires anglais, propriétaire d'un hôtel en Angleterre, il se livre au trafic de drogue en montant des opérations importantes. Il a passé de nombreux séjours en prison, en Angleterre. Au cours d'un de ces séjours, Bobby Mills est l'objet d'une action d'infiltration menée par les services britanniques pour faire tomber l'agent NS55.

John Short

Britannique bon teint, il est considéré par les services de police de son pays comme un des principaux narcotrafiquants de tout le Royaume-Uni. Parmi ses clients, ce gros bonnet de la drogue compte notamment l'IRA.

Il a effectué plusieurs années de détention dans les prisons de Grande-Bretagne.

Les Victori

Vieille famille installée depuis plusieurs générations à Gibraltar, le clan Victori se livre au trafic de cigarettes, à la contrebande et au trafic de stupéfiants.

Un des membres éminents de la famille a été condamné en Angleterre à plusieurs années de prison.

« On meurt parce qu'on est seul,
ou parce qu'on est entré dans un jeu trop grand »
Giovani Falcone

FACE À FACE

Février 2006

Les yeux dans les yeux. Le regard planté, droit devant. Je ne le baisserai pas, quoi qu'il m'en coûte. Je fixe la glace qui me fait face. Froidement. Un arrêt sur images.

Le visage que je vois est fatigué. L'image que le miroir me renvoie est celle d'un homme usé. Qui a perdu de sa superbe. Éreinté et fragilisé. À force de luttes, de combats, de résistances. À force d'espoirs trahis, de coups encaissés, d'abandons, d'inquiétudes, de désillusions et de nuits blanches. Le cheveu est gris, le front inquiet, les rides creusées.

Il est désormais bien loin, cet homme que j'étais, fringant et robuste, prêt à conquérir le monde.

Je suis veilleur de nuit. Des nuits entières à veiller dans les couloirs sur le sommeil agité de mômes en perdition, écartés de leurs familles par une société désarmée. Un monde où les violences s'accumulent, se renforcent, se justifient. Un monde absurde, éreintant. Déprimant.

Je suis payé mille cent quatre-vingts euros pour cette tâche.

Il faut bien survivre.

J'ai été lâché. Lamentablement. Sur le compte des petites lâchetés individuelles et sur celui, bien plus pitoyable encore, de la grande lâcheté d'État. Je suis la victime d'une très sale guerre. Elle oppose les organisations mafieuses et les États. Pendant que les premières développent le florissant business de la came, les services des seconds sont censés les empêcher d'effectuer leur sale besogne en toute quiétude.

Un face-à-face pas sans concessions, pourtant. Loin de là.

J'ai soixante-trois ans, et je me retrouve avec une vie à reconstruire. Et un foutu goût de cendres au fond de la gorge. Une sensation obsédante, qui ne me lâche pas, n'accorde aucun répit. À en vomir. Le sentiment d'un gâchis. Celui de ma vie.

Je m'appelle Marc Fiévet. L'effrayante trajectoire qui est la mienne tient dans une folle équation : sept ans d'active et onze années d'accident de travail. Drôle d'accident de travail, en réalité, puisque je l'ai soigné à l'ombre, confiné dans une cellule derrière des hauts murs. Je viens de passer une pleine décennie – et un peu plus encore – derrière les barreaux. Canada, Angleterre, Espagne, France... Villepinte, Fresnes, son hôpital, Lannemezan, Nantes, Val-de-Reuil... Un parcours de choix qui renvoie à quelques-uns des pires endroits existant sur terre. Car j'ai goûté au meilleur du meilleur de l'hôtellerie carcérale. Et à ses espaces totalitaires sponsorisés par la République.

J'ai eu droit à toutes les attentions. Le dossier qui porte mon nom (n° 4827X) est sans appel. Il dort en bonne place, voisinant avec ceux de quelques-unes des pires ordures de l'espèce humaine. Le qualificatif qui le barre est un des plus abjects qui soit. Une étiquette sans équivoque, frappé d'opprobre : narcotrafiquant.

Pour souligner mes mérites, j'ai même eu droit en prime à une médaille. Une place de numéro deux du narcotrafic mondial, titre de gloire que m'a épinglé la presse canadienne.

Foutu parcours pour l'enfant de Cambrai. L'histoire telle qu'elle a été écrite n'avait pourtant rien d'évident, au départ. En me retournant crûment sur les vingt dernières années de ma vie, je suis obligé de dresser un effroyable bilan : je me retrouve aujourd'hui dans la peau du pauvre type qui a payé une addition qui n'avait pourtant pas été dressée par lui ni pour lui. Je suis le cocu de l'histoire. Celle d'une maldonne.

Elle ressemble à un champ de ruines.

Cette histoire, c'est la mienne. Je vais essayer de vous la raconter.

LE GRAND CIRQUE

23 juin 2005

Le top-antenne a été donné à 19 heures précises. Comme chaque fois, ils sont plusieurs millions devant leur téléviseur. Le rite du samedi soir a ses fidèles, qui pour rien au monde ne rateraient la messe servie par le roi du PAF.

Sur le plateau de « Tout le monde en parle », ce soir-là, l'ambiance est badine. Entre propos sans conséquences et discussions de comptoir, l'humeur est légère. Volontiers désinvolte. Indifféremment, on parle cinéma, politique, actualité, édition et musique. On rigole, on s'amuse, on s'accroche un peu – à peine –, on s'envoie des vannes plus ou moins spirituelles, sans négliger ces petites histoires de coucheries dont Thierry Ardisson raffole.

Le maître de cérémonie démontre un incontestable talent pour créer les conditions nécessaires à ce cocktail détonnant qui a fait ses preuves. Quelques minutes plus tôt, Ardisson s'est offert un de ces petits plaisirs qu'il ne sait pas se refuser. Sur son plateau, il vient d'accueillir une star internationale de la chanson, Natalie Imbruglia. En bon professionnel, l'homme en noir soumet la belle Australienne à un flot de questions, largement centrées sur sa vie privée. Il est notamment question de sujets aussi essentiels que la cellulite ou les clubs échangistes. L'animateur vedette en fait des tonnes. Le numéro habituel, quoi.

Celui que le téléspectateur attend. Et qu'il sait qu'il trouvera chez ce bon monsieur Ardisson.

Entre promotion, coups de gueule consensuels, renvois d'ascenseur et clins d'œil complices, les invités sont au diapason. Les people font le job, et les numéros s'enchaînent. Il y a Gérard Darmon, arrivé en retard à cause d'un train facétieux: invité permanent chez Ardisson, l'acteur est là pour *Emmenez-moi*, le nouveau film dans lequel il tient la vedette, dans la peau d'un ancien légionnaire sur les traces d'Aznavour; le comédien Didier Bourdon vient parler de la chanson qu'il a enregistrée et qui rencontre le succès dans les classements des meilleures ventes de disques; Laurent Baffie, éternel complice d'Ardisson, fait ce qu'il sait faire le mieux: du Baffie; Arnaud Montebourg, fringant député de Saône-et-Loire, trublion du Parti socialiste, chevalier de la lutte contre la corruption et héraut de la VIe République, est là pour un documentaire qui lui est consacré – et accessoirement pour un tour d'actualité; Marie Laforêt, de plus en plus déjantée, est cornaquée par son nouveau mentor, Laurent Ruquier, qui produit son retour à la scène; le réalisateur Claude Lelouch et Hermine de Clermont-Tonnerre sont également au casting de la soirée; avec *Le courage d'aimer*, le premier tente un come-back qui ressemble au combat de trop, alors que la seconde, qui arbore un décolleté laissant apparaître une poitrine généreuse, sort un livre sans intérêt. Au passage, la princesse se fait gentiment étriller sur sa vie privée, dans un vrai numéro de ball-trap.

Entre bidons de javel et barils de lessive, chacun est là pour vendre sa production du moment – qui un disque, qui un livre, qui une nouvelle République, qui un film, sa carrière, sa vie privée, son insignifiance, ses états d'âme, ou un peu de tout à la fois. Dans une sorte d'entre-soi très mondain où chacun joue la partition qu'on attend de lui, tout cela ronronne gentiment. Bref, la machine déroule, sur des rails parfaitement huilées. Ardisson peut être content de lui: c'est ce qu'on appelle un beau plateau.

Maintenant que les enfants sont couchés, le décor planté, l'animateur-producteur va pouvoir envoyer le gros morceau. Le plat de résistance. Je suis le numéro huit, par ordre d'entrée en scène, sur la liste des invités de l'émission. Pendant que tout ce petit monde discute, on est venu me chercher dans ma loge pour me conduire au pied de l'escalier par lequel les invités arrivent. Il fait une chaleur étouffante. Pour patienter, on m'a fait m'assoir près de la régisseuse-à-tout-faire. Casque-micro sur le visage, coupe à la garçonne et petit débardeur noir, elle fait de nombreuses apparitions dans le champ de la caméra tout au long du programme – que ce soit pour apporter des cartes qui portent diverses recommandations, donner le tempo des lancements, compter les points pour le *blind test* ou répondre à la moindre exigence du maître des lieux. Bref, la demoiselle est un personnage essentiel du dispositif.

Énième facétie, Ardisson vient d'envoyer Gérard Darmon s'installer au milieu du public. Après avoir à nouveau plaisanté avec le comédien, il reprend la main.

– On va maintenant accueillir Marc Fiévet, lance-t-il au moment où je fais mon entrée pendant que le générique de l'émission retentit et qu'un halo de lumières craché par une batterie de projecteurs m'empêche de distinguer le public rassemblé autour de la table des invités. J'ai l'impression d'être un boxeur qui va monter sur le ring. De descendre dans la fosse aux lions. Sur un plateau sur lequel je me sens comme une sorte de cerise sur un gâteau de people.

Je viens pour sauver ma gueule.

Ardisson m'accueille, l'air grave.

– Marc Fiévet, bonsoir. Alors on va raconter votre extraordinaire histoire : vous avez été aviseur des douanes, c'est-à-dire que vous avez été infiltré dans des réseaux mafieux et que vous avez fait tomber de gros narcotrafiquants. Voilà. Ensuite, vous avez été lâché par la France et vous avez fait dix ans de prison. Alors, comment un fils de bourgeois de Cambrai en est-il arrivé là ? Ce qu'on peut dire, déjà, c'est que depuis votre prime enfance vous êtes chevaleresque et aventureux, puisqu'à l'âge de sept ans vous envoyez 1 000 francs au président de la République de l'époque, Vincent Auriol, pour sauver le château de Versailles.

L'équipe de l'émission m'a contacté le lundi précédant l'enregistrement. « On vous fait parvenir un billet de train, et une voiture vous attendra à votre arrivée à Montparnasse », avait simplement indiqué la voix à l'autre bout du fil. Précis, direct, pratique. Sans plus d'explications. Le jeudi, gare d'Angers, j'avais sauté à 14 h 30 dans un TGV, direction Paris. Une heure trente plus tard, j'étais à bon port. Au bout du quai, un homme m'attendait. Bravant le flot de passagers pressés de se fondre dans le trafic parisien, il tenait entre les mains, sur sa poitrine, une feuille de papier portant mon nom.

La production m'avait réservé une chambre à l'Ibis de Montmartre. Le temps d'y déposer mon bagage, prendre une douche, enfiler une veste noire, nouer une cravate mauve sur une chemise blanche, j'avais claqué la porte. J'avais rendez-vous pour dîner avec un vieil ami, que les vicissitudes de la vie m'avaient empêché de voir depuis treize ans. Pour cause d'indisponibilité.

La Mercedes gris anthracite était revenue me prendre à 22 h 30 à l'hôtel. Nous avions pris la direction des studios de télévision de la Plaine Saint-Denis, au nord de Paris.

Sur le plateau, très facile, l'animateur enchaîne sans même prendre le temps de souffler.

– Ensuite, vous êtes chauffeur de poids lourds, très jeune, parce que vos parents sont malades. Vous vous mariez, vous devenez père de famille et vous bourlinguez avec des semi-remorques. D'abord dans toute l'Europe, et ensuite au Moyen-Orient. Alors, vous finissez directeur général d'une société avec cent cinquante camions. Donc, ça marche bien pour vous. En 1986, vous faites faillite. Et vous partez sur un voilier, faire le tour du monde. Finalement, votre tour du monde s'arrête à Gibraltar. Là, vous flashez sur un superbe yacht anglais. Vous versez la moitié du prix et avez six mois pour verser l'autre moitié. Et c'est là que vous êtes recruté par les douanes, avec un système que je ne connaissais pas : vous avez un salaire du tiers de la marchandise saisie…

Ardisson marque une pause. L'artiste sait le moment propice : il tient son public et entend savourer le moment. La mine affectée, il me fixe avec insistance. Avec cet air qu'il aime prendre, bon comédien, quand il entend signifier au téléspectateur la gravité du moment, et retenir toute son attention. Bon client, j'attrape volontiers la perche tendue.

Décidé à jouer le jeu.

– Ça, ce sont les textes. Entre les textes et la réalité, il y a une marge énorme. C'est même plus qu'une marge, c'est un grand écart… Je suis recruté – je l'ai appris tout dernièrement, il y a quinze jours, trois semaines… J'ai appris que j'avais été tamponné par les douanes parce que j'avais soi-disant le bon profil pour ce type d'activités. Moi, j'ai cru pendant seize ans que c'était moi qui m'étais recruté auprès des douanes. Que c'était moi qui avais fait la démarche. En réalité, non ! Je me suis fait tamponner comme on tamponne n'importe quel agent pour pouvoir éventuellement infiltrer telle ou telle organisation.

– Ouais. Donc, vous êtes recruté et ça marche bien, puisqu'en six mois vous leur filez quinze tonnes. C'est pas mal, quand même… Vous êtes doué pour ça !

– Je devais l'être, oui.

– Alors, pour mieux infiltrer les réseaux, vous commencez à louer vos bateaux à des trafiquants. Et les trafiquants ne se doutent de rien…

– Les quatre premières années, les trafiquants ne se sont doutés de rien. À savoir que chaque opération que j'infiltrais tombait systématiquement. Étant donné qu'ils n'avaient pas de succès avec moi, automatiquement, ils changeaient de prestataire de service. Moi, je me cantonnais systématiquement dans le transport. Chose que je connaissais et dans laquelle je me sublimais. À chaque fois, c'était « pas de chance ». Donc, on changeait à chaque fois de prestataire de service. Et la marchandise tombait.

Je me suis habitué à la lumière, maintenant. Autour de nous, un public de trentenaires-quadra, visiblement ravis du spectacle offert, est installé sur de petites estrades.

Un panel représentatif d'une France rêvée – jeune, de son époque, autant féminine que masculine, cosmopolite et colorée.

– Alors, vous avez des résultats incroyables, reprend Ardisson, et le ministre, Michel Charasse, à l'époque ministre des Finances, vous reçoit plusieurs fois : cinq fois. Il est ravi, puisqu'en cinq ans vous permettez la saisie de dix-huit tonnes de cannabis, cent cinquante kilos de cocaïne, vingt et un navires, onze véhicules, et quatre-vingt-dix-sept arrestations…

– Ça, c'est ce qui est homologué. Parce que ce qui est homologué et la réalité… Nous l'avons appris dernièrement par une déclaration de l'ancien patron des douanes devant la cour d'appel de Paris… En réalité, mon activité et mon action ont permis d'intercepter plus de cent tonnes de stups. On n'est plus du tout dans la même marge. Mais entre l'homologation des saisies et la réalité, on est très très loin.

– Ouais… Alors, vous devenez numéro deux d'un réseau qui importe de la cocaïne de Colombie, et là où ça se corse, c'est quand votre fille est amoureuse du numéro un de ce réseau, et qu'elle lui fait un certain nombre de confidences sur vos relations avec les douanes. Là, il y a une scène absolument terrible : le patron de ce réseau vous offre une cassette de *Scarface*, où on voit le mec qui a balancé jeté d'un hélicoptère… Vous partez négocier en Colombie avec la trouille, là !

– J'ai été incité à me rendre à Santa Fé de Bogota pour négocier auprès des cartels l'enlèvement de quinze tonnes de cocaïne. Quelques jours avant le départ, en m'apportant mon ticket, avec mon aller-retour d'avion, il me dit : « Tiens, j'ai trouvé des cassettes VHS en français. » J'ai regardé, et effectivement c'était *Scarface*. Je suis parti, et les trois jours à Bogota, j'étais vraiment très très mal. Perturbé.

– Ouais. Alors, la dernière opération tourne mal : vous êtes arrêté, et mal conseillé. Vous plaidez coupable et vous prenez perpèt, au départ comme numéro deux d'un trafic international de stupéfiants. Et là, la justice française refuse de vous rejuger, et commue votre peine en vingt ans. Vingt ans de prison, donc dix de sûreté. Alors, ce qui est incroyable au fond dans votre histoire, c'est que vous participez à la saisie d'un certain nombre de kilos et de tonnes de drogue… Vous êtes donc un complice des douanes… Et le jour où vous êtes arrêté, personne ne vous soutient. C'est-à-dire ni les douanes ni Charasse, qui vous avait reçu cinq fois !

– Quatre fois dans son ministère, dans son bureau, et il est venu me voir une fois à Marbella, avec toute la pompe ministérielle, dans un avion qui avait d'ailleurs été saisi à des narcotrafiquants – il avait été préempté par les douanes pour les services du ministre ! Tout le monde s'est sauvé lorsque j'ai été arrêté. Heu… Tout le monde s'est déplacé pour me conseiller vivement d'une part de me taire, soi-disant pour assurer ma sécurité, et d'autre part pour m'inciter à plaider coupable, pour éviter que ma qualité soit révélée au grand public, pour éviter que les narcotrafiquants qui étaient poursuivis puissent bénéficier – c'est fondamental – de la fameuse loi d'*entrapment*. L'aviseur, l'agent infiltré est devenu par la force des choses un narcotrafiquant de haut vol, puisqu'on m'a positionné en numéro deux. Lorsque j'ai été transféré au Canada, on m'a fait venir en jet privé. Rien n'était trop beau. Dix chaînes de télé m'attendaient… J'ai reçu quelques jours après dans mon pénitencier de haute sécurité, alors que j'étais enchaîné, trois hauts fonctionnaires français… Un venait de Marseille, un directeur interrégional des douanes, un autre de Washington… Ils m'ont dit : « Marc, dans cette affaire, tu plaides coupable. Si tu veux garder le soutien des autorités françaises, tu ne fais pas chier les autorités canadiennes. On te ramène en France, et à ce moment-là, on aura les moyens de s'arranger. » Enfin, ils se la sont un peu pétés…

Installées tout autour du plateau et nous observant sous tous les angles, les nombreuses caméras ne ratent pas une miette du spectacle, gourmandes de séquences choc.

Ardisson poursuit. Il s'agit maintenant de ramasser les dividendes de cette mise en scène parfaitement maîtrisée.

– Ouais. Alors, vous retournez en tôle et, là, vous commencez une campagne de sensibilisation pour protester évidemment contre le lâchage dont vous avez été victime, et vous faites quand même dix ans de taule pour rien !

– Vingt-trois prisons, trois cent quatre-vingt-douze cellules et le meilleur du meilleur de l'administration pénitentiaire. Et en prime, en fin de parcours, la pénitentiaire française, qui n'est pas un cadeau. Parce que je pense que c'est certainement l'administration la plus archaïque et la plus rétrograde. La plus incapable de respecter même les textes votés pas nos députés. Ça, c'est un constat que j'aurais préféré ne pas faire.

– Ouais… Alors, c'est plus dur de convaincre des truands qu'on est un truand, ou de convaincre des douaniers qu'on est un douanier ?

– Ah, mais je n'ai pas de problème pour convaincre les douaniers que j'étais en fin de compte l'un des meilleurs d'entre eux. Si vous faites un ratio rapide… L'ensemble des forces régaliennes françaises, c'est cent vingt mille policiers actifs… cent vingt mille gendarmes et vingt mille douaniers… Donc, ça fait deux cent soixante mille hommes. Bon an, mal an, ils font entre cinquante et soixante-dix tonnes de stups. J'ai fait cent tonnes en cinq ans et demi. Cherchez l'erreur ! S'ils ont de la merde dans les yeux, c'est leur problème. S'ils ne veulent pas s'engager, pas prendre de risque. Mais quand on parle aujourd'hui du problème de la drogue… Je suis un peu mal à l'aise, avec nos fameuses « régaliennes », qui sont excessivement en retrait par rapport à ce qu'on pourrait faire. Qui ne mettent pas en œuvre les moyens pour lutter efficacement et sont à des années-lumière de la réalité. Je vais vous parler de la fameuse opération des Quatre Mille, ces jours derniers… Je n'ai rien contre Nicolas Sarkozy… Il est revenu aux affaires, tout le monde est content, et les flics applaudissent. Mais pour taper deux grammes de shit, faire en fin de compte un tel tintamarre, c'est quand même inquiétant. Quand, dans le même temps, on laisse passer des tonnes et des tonnes de stups… Parce que le marché continue. Les gens qui prennent de la drogue, ça a été un marché de tout temps. Il faut approvisionner ; il y a des consommateurs… Moi, j'ai découvert que les stups étaient en vente libre dans les prisons françaises.

– Ouais…

Ardisson se tourne vers Arnaud Montebourg, qui a écouté l'échange avec attention.

– Alors, vous en pensez quoi, vous, Arnaud, de cette histoire ? Parce que vous vous connaissez, donc ?

– Écoutez, d'abord, je veux remercier monsieur Fiévet pour ce qu'il a fait, attaque le député. Quand j'étais rapporteur de la mission anti-blanchiment de l'Assemblée nationale, monsieur Fiévet a accepté de nous parler. De nous donner des informations pour notre enquête sur les paradis fiscaux. Il en est un certain nombre qu'il a lui-même fréquentés. Je me souviens qu'on s'est battu parce que l'aviseur qu'il était – c'est ainsi que ça s'appelle –, l'agent infiltré, n'avait pas juridiquement en France de statut légal. Donc, quand ils se faisaient prendre, c'étaient des délinquants. Bon. Aujourd'hui, nous avons voté un texte qui protège et permet les infiltrations en toute légalité. Et qui aujourd'hui permettrait à monsieur Fiévet, sous l'emprise des juridictions françaises, d'échapper au sort qui lui a été fait. Mais ce que je veux dire, c'est que je me souviens… je connais bien le dossier… de ses exploits. Je suis allé voir plusieurs fois, comme d'autres parlementaires – en liaison avec son avocat –, le directeur des douanes pour lui dire : « Il est inacceptable qu'un de vos hommes qui a rendu autant de services à la cause que vous défendez, à la France, à l'Europe, se retrouve à Fresnes. » Parce que quand je suis allé le voir avec les fonctionnaires de l'Assemblée nationale, les sténotypistes, vous étiez à Fresnes. Et je suis heureux de vous retrouver sur un plateau en liberté, en train de vous exprimer. Ça me fait plaisir. Mais, enfin, dix ans se sont écoulés… On a demandé la grâce au président de la République, avec un autre de mes collègues. Il n'y a jamais eu la grâce ! C'est le seul qui peut l'accorder. Donc, je veux dire à monsieur Fiévet que la France lui doit des excuses, et qu'il faudrait un peu réparer, je crois, les dégâts. Aujourd'hui, si nous n'avons en effet pas beaucoup progressé sur les paradis fiscaux, au moins le statut des agents infiltrés des douanes a énormément progressé. Maintenant, nous avons un arsenal juridique qui permettrait que ce genre de mésaventure terrible ne recommence.

Ardisson se tourne vers moi, à nouveau.

– Qu'est-ce qu'on pourrait faire pour vous ?

– Alors, je me suis retrouvé il y a trois semaines, un mois – ça fait un mois que je suis libéré – avec mon pécule de libérable. On m'a fait sortir avec 720 euros, que j'ai investis dans une paire de lunettes parce que je ne pouvais plus supporter celles de la pénitentiaire qui me faisaient une gueule pas possible. Lors de ma première visite chez l'oculiste, j'ai dû expliquer ma situation. Je suis arrivé avec une mine triste – après dix ans de placard, ce n'est pas forcément brillant… J'étais encore légèrement barbu, et j'ai vu cette dame à qui j'étais en train d'expliquer que je voulais changer de lunettes, que je n'avais pas de papiers, pas de carte vitale, pas de carte d'identité, que j'allais payer en cash… Elle m'a regardé… Au bout de dix minutes, je lui ai dit : « Voilà qui je suis, voilà les articles de presse… Ne vous inquiétez pas… »

– Personne ne vous aide à vous réinsérer ?

– Non. Je suis sorti de là avec pertes et fracas. Mais je suis en conditionnelle jusqu'en 2013 ! Ce qui est inacceptable, c'est qu'on m'interdise la sortie du territoire. L'aînée de mes deux dernières filles va fêter la fin de sa scolarité du secondaire. Eh bien, je n'ai pas le droit d'assister à la fête ! Pas le droit de sortir du territoire. On m'a dit : « Non. Niet. Vous restez en France. »

– Elle habite où ? interroge Hermine de Clermont-Tonnerre, sur ma gauche.

– Dans le sud de l'Espagne. Voilà. Et le père restera ici jusqu'à plus soif ! J'ai eu affaire à une juge d'application des peines particulièrement obtuse qui m'a dit : « Monsieur, pour moi vous êtes un criminel. Point. Vous avez été condamné et vous n'avez pas été gracié ? Donc, vous êtes un criminel. On ne reviendra pas là-dessus.

– Mais, Madame, permettez-moi de m'expliquer…

– Je ne vous autorise pas à vous expliquer ! »

De leur chaire, de leur position de président ou de magistrats du siège, certains juges ont dit que ça manquait totalement de bon sens et que les éléments contenus dans mon dossier étaient plus destinés à l'obtention de la légion d'honneur…

Baffie, qui n'est pas intervenu depuis mon arrivée, se réveille :

– C'est kafkaïen !

– C'est plus que kafkaïen. Parce que me bouffer, c'est une chose… Ils m'ont bouffé dix ans et demi de ma vie ! J'aurais été, comme disent les gens du Milieu, un garçon, je les aurais bouffés tout seul, de mon côté, et je l'aurais fermée. Mais là, c'est toute une famille qui a été complètement perturbée. J'ai de la chance de la retrouver intacte, mais c'est quand même particulièrement inacceptable, ce qui a été fait.

À peine ai-je terminé ma phrase qu'une pluie d'applaudissements s'abat soudainement sur le plateau. Pendant ce temps, Montebourg me tend la main.

–Bravo, monsieur Fiévet, félicitations, me lance-t-il.

Se tournant vers Ardisson :

–C'est la France ! Voilà.

–C'est incroyable ? relance Ardisson, complice avec Montebourg.

– C'est pathétique, ose ma voisine, Hermine de Clermont-Tonnerre.

Montebourg reprend la parole :

– Ça veut dire que le combat de monsieur Fiévet n'est pas terminé. Qu'il faut obtenir l'effacement total pour sa vie des conséquences de cette injustice, cette injure, et qu'il faudra ensuite réparer. Donc, ça fait quand même partie des questions qu'il faudra poser au garde des Sceaux. Je vous y aiderai, comme on a déjà fait, comme on a essayé. À convaincre tous ces braves gens. Voilà. Bon courage, monsieur Fiévet !

C'est terminé. Je me lève, adresse un signe de la main et m'apprête à quitter le plateau. Ardisson, encore :

– Merci ! Merci, monsieur Fiévet ! Merci beaucoup.

Alors que le générique retentit à plein tube, et qu'Ardisson s'apprête déjà à annoncer de nouveaux invités, je quitte le plateau sous les riffs de guitare, accompagné du député socialiste. Dans les coulisses, il me glisse sa carte de visite.

– Appelez-moi. Je vais m'occuper de votre affaire.

LA CONDITION HUMAINE

27 septembre 1994

L'homme s'est levé. Il a balancé son lit sur la porte, jeté son matelas au sol, avant de se coucher dessus. Les mouvements qui le secouent, comme des spasmes, sont sans équivoque. L'homme tremble, de tout son corps, frénétiquement. Il est en train de se masturber contre le matelas.

La bête est livrée à elle-même. À ses pulsions les plus animales. La nuit est dantesque. Rythmée par ce spectacle hallucinant. L'homme se masturbe, encore et encore. Insatiable, fébrile, maladif. Sur les murs, la porte, où il peut. Il hurle, vocifère, émet des rugissements d'une autre humanité, comme une bête traquée hurlerait à la mort.

Vers 7 heures, au bout d'une nuit d'enfer et de perdition, l'ouverture des portes à grand renfort de clés délibérément entrechoquées me permet de m'extraire psychologiquement de cette promiscuité confinée à la folie.

J'ai finalement été transféré dans une autre cellule. Sans colocataire, cette fois.

Je dois être à l'asile. Chez les fous. En prison, ce qui semble être la même chose.

Hier soir, avant la fermeture des portes, un greffier m'a donné la lecture de la demande d'extradition que le Canada vient officiellement de déposer pour me réclamer.

Les grilles de la prison d'Alhaurin de la Torre, dans le sud de l'Espagne, se sont refermées derrière moi.

Depuis mon arrestation, quatre jours plus tôt, tout s'est bousculé, sans que je puisse avoir prise sur ce qui m'arrive. Je n'ai pas eu le temps de me poser.

Dans mon esprit, les dernières heures que je viens de passer repassent en boucle. Je n'arrive pas à me persuader vraiment de la réalité de tout ça.

Je vais me réveiller, c'est sûr. C'est un cauchemar. Comment peut-il en être autrement ?

Je n'ai aucune nouvelle des Français.

JOUR D'EMBAUCHE

5 mai 1988

Je ne sais pas exactement quand l'histoire s'est mise à dérailler. À quel moment les choses ont fini par m'échapper. À moins, très simplement, que ce ne soit dès le premier jour. Dès la première minute.

Le rendez-vous avait été fixé à 11 heures. Dans un peu plus de trois heures, maintenant. En vérifiant les amarres sur le pont supérieur, j'avais jeté un rapide coup d'œil au ciel. C'était un temps comme Gibraltar en raffole. Une sorte d'entre deux, qui hésitait continuellement, refusant de prendre parti entre grand beau et plafond plombé. Ni vraiment océanique, pas totalement méditerranéen. Une attitude très britannique, au fond. Presque à elle seule, elle justifiait l'attraction exercée par le rocher sur les sujets de Sa Gracieuse Majesté. Et cette foutue bruine, elle-même, qui imprégnait les corps jusqu'à l'âme, n'aurait pas dépareillé au pays de la perfide Albion. Avec l'épais nuage qui coiffait *El Peñon*, la carte postale n'affichait pas le bleu immaculé dont rêvent les dépliants pour touristes en mal de soleil. Il est vrai qu'un grand nombre des visiteurs du paradis fiscal britannique avaient d'autres occupations. Moins avouables, celles-là.

Il était presque 8 heures du matin. Le *Windarra*, mon Sylver en bois de cinquante-deux pieds, était amarré au ponton du premier quai réservé aux bâtiments de plus de quinze mètres. Je l'avais acheté six mois plus tôt, à un ancien de la Royal Navy – il me fallait remplacer l'*Asteride*, mon voilier avec lequel j'avais fait naufrage à Malaga. En abaissant la passerelle qui rattachait le bateau à la terre ferme, je savais que c'était une journée spéciale que je m'apprêtais à vivre.

Comme chaque matin, je m'étais réveillé de bonne heure. 7 heures. Le monde appartient à ceux qui savent l'affronter de bon pied et à la première heure, paraît-il. Avant de me lever, j'avais allumé la première clope rituelle, que j'aimais fumer au lit. Une vieille habitude, à laquelle je ne dérogeais jamais. Dans la journée à venir, quatre à cinq paquets y passeraient. Des Benson & Hedges. Mes préférées, avec cette enveloppe dorée qui leur donnait un petit je-ne-sais-quoi de luxueux. Vu la cadence de ma consommation, je les achetais par cartouches entières au tabac du coin.

À bord, tout était parfaitement paisible. Un calme à peine troublé par les cris pleins de vie d'Oriane, six mois, qui jouait avec sa mère. Pour le moment, je finissais d'avaler l'expresso que j'avais fait chauffer dans la petite cafetière italienne. Deux cuillères de petit noir, bien tassées, et le tour était joué. Confortablement installé sur le canapé d'angle du carré, je réfléchissais à ce qui m'attendait. Depuis les fenêtres, le rocher qui me surveillait au loin du haut de ses quatre cent vingt-six mètres semblait imperturbable. Au premier plan, en vigies avancées, la pizzeria *Chez Bianca* et le *Da Paolo*, institution gastronomique locale, régnaient en maîtres sur le quai principal. Ce décor faisait écho aux gravures anciennes représentant des vues de Gibraltar deux siècles plus tôt, que j'avais acquises deux mille francs pièce, chez un petit antiquaire de la ville, et accrochées aux parois de la cabine.

Mon café avalé, j'avais allumé une nouvelle cigarette, tiré dessus tranquillement. Les volutes ardoisées de ma Benson volaient lascivement, emplissant l'espace selon une géométrie aléatoire. J'étais ensuite redescendu dans la chambre, le temps d'attraper un jean, que j'avais enfilé, et de chausser des mocassins. Exceptionnellement j'avais délaissé mes habituelles TBS. J'en possédais plusieurs paires et ne m'en séparais que rarement, car leurs semelles alvéolées ménageaient la susceptibilité de mon pont en teck. Pour le reste, je m'en étais tenu à mes habitudes vestimentaires, optant pour une chemise blanche. Parfaitement repassée, à manches courtes, celle que j'avais choisie portait des petites poches sur le devant, comme celles des aviateurs. J'aimais bien le blanc.

Décontraction et élégance.

Ce matin, c'était jour d'embauche. À la table de ce bar d'un centre commercial, l'entretien entre les deux hommes semblait parfaitement banal. Semblable à n'importe quel autre entretien entre un recruteur et un candidat, comme il s'en tient des milliers chaque jour. Banal, oui. À part, peut-être, l'offre dont il était question.

Elle visait à pourvoir un emploi d'un genre particulier.

Je l'avais tout de suite reconnu. Immédiatement, j'avais su que c'était lui. Le chasseur de têtes était arrivé à pied, par le poste frontière. Pantalon gris, cravate sombre, blazer bleu marine, allure athlétique. Il agissait pour le compte des douanes françaises. Pour me rencontrer, il avait emprunté un bimoteur qui s'était posé à Malaga, point de chute plus discret pour une rencontre de ce type. Comme il avait été convenu, l'édition de la veille du *Monde* avait servi de signe de reconnaissance.

C'était la première fois que je rencontrais Christian Gatard. L'impression était bonne. Le contact franc et direct. La gueule de l'emploi. Arrivé sur place en avance, j'avais pris le temps de l'observer de longues minutes, alors qu'il se dirigeait vers *La Rotonde*, le bar devant lequel je lui avais donné rendez-vous. Prudent, j'avais laissé mon véhicule, une Colt Mitsubishi boîte automatique, à portée immédiate. De l'autre côté de la route, sur le parking de l'aéroport. Histoire de décrocher rapidement si mon instinct l'imposait. Au cas où.

J'avais laissé l'homme arriver à ma hauteur, me dépasser, avant de le rattraper.

– Vous êtes Christian ?

– Et vous Marc ?

Sans plus de manières, nous étions entrés à l'intérieur du bar. Un établissement sans charme, comme il en existe à chaque coin de rue. Nous avions opté pour une table un peu à l'écart.

– Vous avez vos papiers ? avait immédiatement interrogé Christian, visiblement à cheval sur les conventions d'usage.

Aucun doute ne devait subsister sur nos identités respectives. Même si, au passage, ce banal contrôle d'identité égratignait un peu le mythe très glamour de l'agent secret.

Gatard, à son tour, m'avait présenté sa carte officielle.

Gatard était un client sérieux. Un fonctionnaire de haut vol. Au téléphone, j'avais insisté pour avoir quelques certitudes sur sa qualité. Pour me faire une idée précise de sa position réelle dans la hiérarchie douanière, dont je ne connaissais rien, et de sa marge d'action. Je lui avais demandé quel aurait été son grade dans l'armée, un monde dont je maîtrisais mieux les contours. « Rang de colonel », avait-il répondu.

Fils de fermiers des Deux-Sèvres, Gatard était entré dans les douanes à l'âge de vingt et un ans. Ancien ouvrier agricole, il occupait le grade de chef d'échelon des enquêtes et dirigeait l'antenne régionale de la direction nationale du renseignement et des enquêtes douanières de Nantes. Il était le responsable de la lutte contre le trafic de drogue sur l'ensemble de la façade atlantique. Mais pas seulement. Gatard avait fait parler de lui pour la première fois l'année précédente. Sa première grosse opération : l'arraisonnement en mer d'Iroise d'un caboteur transportant deux cent cinquante tonnes d'armes destinées à l'armée révolutionnaire irlandaise. Initialement, les services britanniques devaient opérer. Mais Gatard n'avait pas su patienter. Il avait eu d'ailleurs d'énormes difficultés pour ramener l'*Eksund* à quai, l'autorisation d'entrer dans le port de Brest lui étant refusée. L'épopée s'était finalement conclue à Cherbourg.

Le contact avait été noué par l'intermédiaire d'une relation de Cambrai. Un flic qui travaillait pour les Renseignements généraux. C'est moi qui avais pris les devants, en appelant les services de la DRNED. Je vivais à Gibraltar depuis plusieurs mois. Dans le port où j'étais scotché à quai faute d'avoir payé la totalité du bateau que je m'étais offert. Impossible de prendre le large, par conséquent. J'étais planté. J'avais appris que les douanes cherchaient des informateurs. J'y voyais le moyen de trouver l'argent nécessaire pour solder la facture de mon bateau. Le prix de ma liberté, en quelque sorte.

Christian Gatard avait sur lui un ordre de mission précis : évaluer mes « compétences » avant, pour éventuellement m'enrôler. Par téléphone, il m'avait expliqué qu'il avait besoin d'informations fiables sur les allées et venues dans le port de Gibraltar. J'avais le profil du job, à l'évidence. Je dirigeais une société de convoyage, la *Rio Plata*, dont j'étais l'unique employé – de quoi justifier ma présence sur place et les questions que je posais sur chacun pour démarcher des clients. Par ailleurs, le monde des narcotrafiquants ne m'inspirait aucune sympathie. Autant de qualités qui faisaient de moi une cible de choix pour les limiers des douanes, sur un secteur particulièrement actif. Car, ici, à la rencontre de l'Atlantique et de la Méditerranée, de l'Afrique et de l'Europe, face au détroit et à quelques miles des côtes d'un des tout premiers producteurs au monde de stupéfiants, c'était une musique d'un genre particulier qui se jouait au quotidien. Gibraltar, lieu de tous les trafics... Ici, voyous minables en mal d'aventures, gros poissons et agents doubles se côtoyaient à visage découvert et faisaient leurs petites affaires au grand jour. Dans les cales des bateaux qui mouillaient en ces eaux troubles, les marchandises diverses généraient des bénéfices colossaux : cigarettes, alcools, passagers clandestins... Drogue, surtout. Toutes les drogues.

Bien sûr, mon inexpérience en matière de renseignement ne plaidait pas en ma faveur. Elle limiterait mon action, surtout au départ. Mais, après tout, tout ce que je pourrais réussir à glaner pourrait toujours se révéler utile. Même débutant, un correspondant sur place devait pouvoir contribuer activement à la bonne marche des enquêtes. Surtout en cas d'urgence.

Pour s'assurer que je pourrais lui rendre les petits services qu'il attendait, l'agent des douanes avait testé ma connaissance des lieux. Restaurants et cafés fréquentés par les habitués de Marina Bay étaient passés au crible. Quelques établissements discrets, également, dispersés dans la ville, où les trafiquants se retranchaient quand ils voulaient parler affaires. Sur ma lancée, j'avais dressé une liste des banques implantées sur place, soulignant celles qui me semblaient peu regardantes sur l'origine des fonds de clients soucieux de discrétion.

Mes remarques avaient vivement intéressé mon interlocuteur.

–Vous y avez vos entrées ? avait relancé l'officier des douanes.

–Pour le moment, je ne connais qu'un directeur, dont je suis le client. Mais j'ai eu l'occasion d'échanger quelques mots avec d'autres résidents sur le port. Gibraltar est un petit monde. Et j'avais l'intention de monter d'autres compagnies. De charters et de transport de fret. Ce qui élargirait mon champ d'action.

– Ce serait souhaitable si vous travaillez pour nous. Plus vous aurez de surface, mieux ce sera. Bien. Maintenant, que savez-vous sur les trafics existants ?

J'avais esquissé un léger sourire. Visiblement, les choses se présentaient bien. J'étais bien parti pour passer avec succès mon examen d'embauche. Je n'étais pas venu les mains vides, non plus. Une de mes connaissances, dont le bateau était amarré près du mien, avait le premier fait les frais de ma nouvelle activité. Si mon avenir dépendait directement de son présent, il ne devait au demeurant pas risquer grand-chose pour le minable trafic de cigarettes dont je le soupçonnais.

– Il ne doit pas faire que de la cigarette, avait commenté Gatard, m'invitant à poursuivre.

La tête d'un autre de mes voisins était tombée dans le panier des douanes. Pour faire bonne mesure, j'avais également précisé avoir moi-même été approché par des narcotrafiquants intéressés par mon bateau.

– Voilà le genre de mouvements que vous devrez me signaler. Ce sont des relations qu'il faudra développer.

Dans la foulée, j'avais indiqué avoir convoyé des trafiquants à mon insu, l'année précédente, à bord de l'*Asteride*. Trois Italiens, très chic, souhaitant se rendre à La Spezia. Alerté par leur comportement en mer, ils avaient fini pas me révéler que les lourdes valises qu'ils transportaient contenaient du cannabis.

– Je ne veux pas le savoir, avait sèchement coupé le fonctionnaire. Il ne faut pas en parler.

La discussion s'était ensuite engagée sur une note nettement plus détendue. Christian Gatard souhaitait en savoir plus sur mon compte : ma vie privée, mes origines, mon passé... Autant d'éléments personnels qui l'intéressaient au plus haut point. Le douanier avait une fiche à remplir, de retour de mission.

Le moment me semblait opportun pour aborder le problème des traites du *Windarra*. Au bas mot, il me manquait trois cent mille francs. Pas de quoi effrayer Gatard.

– Chez nous, l'argent n'est pas un souci.

Pas un souci, peut-être. Reste que la question de ma rémunération demeurait plutôt floue. Les indications de mon nouvel employeur étaient plus qu'approximatives. J'avais tout de même appris que les Espagnols versaient quatre mille *pesetas* par kilo de cannabis saisi.

– C'est ce qu'on appelle une prime de signalisation. Avec nous, c'est au coup par coup. Mais ne vous inquiétez pas, nous sommes bons payeurs.

Impossible d'en savoir plus, donc, si ce n'est que ces paiements s'effectuaient en liquide. Je m'étais contenté de ces approximations, sur le moment. Pour un premier contact, je ne tenais pas à passer pour un emmerdeur. Pas question, par conséquent, d'insister trop lourdement.

En se levant, Gatard m'avait tendu une carte de visite alignant une batterie de numéros de téléphone, les lignes directes et privées de plusieurs collaborateurs.

– J'attends de vos nouvelles. Appelez-moi plusieurs fois par jour, si vous le souhaitez.

Le douanier avait été parfaitement clair sur les objectifs de mes missions. Dans l'immédiat, j'en tirai une conclusion pratique : si j'entendais engager sur les meilleurs rails ma collaboration avec les services, il fallait m'organiser sérieusement. Car c'est un contrat à plein temps que nous venions de passer. Du point de vue opérationnel, c'est auprès de Christian Gatard, mon agent-traitant, que je devais désormais prendre mes ordres. Et c'est à lui que je devais rendre des comptes. En son absence, je pouvais m'adresser à son adjoint, Jo Le Squere, informé de mon recrutement, ainsi qu'au divisionnaire Hervé Maignier, de la section maritime de Nantes. Enfin, dernier point de chute, Nicole, la secrétaire de Gatard. La véritable tour de contrôle du service.

À mon retour à bord du *Windarra*, j'avais retrouvé les femmes de ma vie. Je m'étais installé dans le canapé, face à Chantal. Elle détaillait chacun de mes mouvements.

– Bonne nouvelle : j'ai la solution à tous nos problèmes. J'ai trouvé du travail.

Chantal s'était retournée et m'avait souri.

– Je vais travailler pour les douanes.

Aussitôt, son sourire s'était figé. Je la sentais inquiète. Sans entrer dans les détails, j'avais tracé devant elle les grandes lignes de mes nouvelles activités.

Chantal avait écouté avec attention.

– Tu ne trouves pas que c'est dangereux ?

– Il faudra faire attention.

Aujourd'hui, à quarante-trois ans, je venais de changer de vie. Je savais que je posais le pied dans une aventure qui pouvait se révéler dangereuse. Mais je me sentais parfaitement les épaules pour faire face et maîtriser ce genre de situation sous pression. À dire vrai, j'aimais l'action et l'adrénaline qu'elle procurait. Le goût de l'aventure n'était pas pour me déplaire. Au contraire. Enfin, j'avais quand même quelques assurances sur le sérieux des gens qui venaient de m'embaucher.

Pourtant, je ne me doutais pas une seule seconde de ce qui allait suivre. Je venais de mettre le doigt dans un engrenage qui allait littéralement bouleverser mon existence. Bien au-delà de ce que j'imaginais alors. Et se révéler infernal.

Pour le moment, j'étais plutôt satisfait des nouvelles perspectives qui s'ouvraient devant moi.

Sans que je m'en rende compte sur l'instant, c'était un drôle de pacte que je venais de passer avec Christian Gatard. Un pacte secret : Gatard devenait mon agent-traitant, j'étais son aviseur. À la vie à la mort.

Carnet de cellule 1

7e journée de détention

Malaga, 29 septembre 1994, 9 heures du matin

Je suis transféré au *modulo 5*. Un modèle du genre, d'après les fonctionnaires qui en parlent comme d'un endroit plus propre, plus calme, mieux fréquenté.

Ici l'ambiance est très éclectique. C'est une sorte de concorde de l'internationale des trafiquants. Parmi les cent quarante prévenus, des Français, des Colombiens, des Anglais, des Hollandais et des Allemands. Des Espagnols, bien sûr.

La plupart détenus pour narcotrafic.

Une avocate madrilène vient me visiter. Elle vient de la part d'un Anglais que j'ai eu provisoirement comme compagnon de cellule. Elle est accompagnée de Paul Getting. Cet ancien procureur général de Gibraltar semble intéressé au plus haut point par mon affaire.

Socorro Marmol, l'avocate, m'assure que les connaissances en Angleterre de Getting devraient me permettre de sortir de l'impasse dans laquelle je me trouve. Socorro Marmol entretient des relations proches avec le juge madrilène Balthazar Garzon. Et tous les dossiers d'extradition se traitent à Madrid.

Mes visiteurs vont se rapprocher de Chantal, pour récupérer les cinq millions de *pesetas* qu'ils demandent.

LE MÉTIER QUI RENTRE

Décembre 1988

L'échange s'était conclu brutalement. Visiblement sur un constat d'échec. Sans même chercher à arrondir les angles ou faire semblant pour la forme, l'Américain s'était levé, avait levé les bras dans un geste de dépit, avant de tourner les talons dans un lointain grognement.

– *Ok boy*, l'avais-je vaguement entendu grommeler alors qu'il s'éloignait.

Il me fallait regarder les choses en face. Il était devenu évident que nous allions devoir cesser là notre relation naissante. Cette conclusion en eau de boudin n'était pas vraiment le scénario que j'avais échafaudé. D'autant que les choses avaient plutôt bien commencé.

Nous nous étions retrouvés au bar d'un palace de Malaga, face à la mer. L'homme ne payait pas de mine. Il faisait plutôt dans le genre gringalet et du sang latino coulait visiblement dans ses veines. Vraie caricature de l'Amérique, il portait une chemisette et se gavait de cacahuètes. Bien sûr, la vie m'avait appris depuis longtemps à ne pas m'arrêter aux apparences premières. L'habit ne faisait pas le moine, surtout dans cet univers.

Mais je dois tout de même reconnaître aujourd'hui que la vue de ce spectacle m'avait laissé une impression que je qualifierai de mitigée.

J'avais eu droit au traditionnel questionnaire. Je commençais à avoir l'habitude, à dire vrai, et je m'étais plié de bonne grâce à cet exercice de genre. Même s'il ne m'avait pas échappé que l'agent américain n'accordait que peu d'attention aux réponses que je me faisais un devoir de lui apporter. Mon interlocuteur avait même une fâcheuse tendance à les écourter.

En réalité, c'était surtout mon bateau qui intéressait l'homme de la DEA[1]. Il s'était lancé sur un ton parfaitement badin. Brusquement, au détour d'une phrase. Un peu comme s'il m'avait demandé des nouvelles d'une famille connue, il m'avait mis en main un incroyable marché.

– Je sais que des narcos du coin cherchent un bateau pour enlever trois tonnes de cocaïne en Colombie, avait annoncé l'agent yankee. Est-ce que vous voulez y aller ? Mon service vous couvre, et nous faisons la saisie à l'arrivée.

J'avais eu un peu de mal à masquer mon trouble. À l'évidence, je venais de mettre le pied sur une tout autre planète.

L'Américain s'en était rendu compte, malgré mes efforts.

– Ça n'a rien d'exceptionnel, avait-il justifié pour me rassurer. Je monte régulièrement ce genre d'opération. Je ne vous demande que de faire le transport. C'est votre job, non ?

Ça l'était, effectivement, si on s'en tenait à la raison sociale de ma société. Sauf que le *Windarra* ne pouvait pas prendre la mer, son achat n'ayant toujours pas été acquitté dans sa totalité. De toute façon, cette proposition ne me disait rien de bon. J'avais, pourtant, parfaitement évalué ce qu'elle pouvait me rapporter. Depuis mon embauche au service de la douane française, j'avais été déniaisé.

Mais tout de même... Trois tonnes de coke, ce type était fou ! Sans plus réfléchir, j'avais repoussé cette offre extravagante, à la grande surprise de mon interlocuteur.

Qui m'avait donc abandonné à mon sort, séance tenante, face à un tabouret soudainement déserté.

C'était Fernando Muñoz qui m'avait mis en relation avec le représentant de la Drug Enforcement Administration à Malaga.

– Vous devriez aller le voir, avait conseillé don Fernando. Je vais vous donner ses coordonnées.

Le service des stups américains conservait une aura très forte auprès

1 DEA : Drug Enforcement Administration, le service des stups américains.

des gens du métier. Aux yeux de tous, ses hommes restaient les cadors de la discipline. Muñoz lui-même en parlait avec respect. Pour ma part, je savais qu'ils disposaient d'une logistique exceptionnelle, s'appuyant sur des moyens financiers sans commune mesure. Pour ne rien gâcher, ils savaient être d'une efficacité redoutable.

Muñoz connaissait mes états d'âme. Je m'en étais ouvert à lui. Les atermoiements de mes employeurs français me pesaient de plus en plus. Je ne comprenais pas ce dilettantisme qui incarnait à mes yeux un manque d'implication incompatible avec ma façon de voir les choses.

Mon désarroi était tel que j'avais même pensé offrir mes services au bureau des stupéfiants de la police judiciaire française. La procédure n'avait pas été plus loin qu'une rencontre, organisée à Malaga avec un inspecteur visiblement peu concerné par ce dont je lui avais parlé.

J'appréciais la compagnie de don Fernando. Muñoz était chef du service de surveillance des douanes espagnoles, à Algésiras. Je l'avais rencontré avec Christian Gatard qui me l'avait présenté en compagnie du *señor* Ayuso, directeur des douanes de Madrid. Le contact avait été immédiatement chaleureux, et la relation constructive.

Les douaniers espagnols étaient pressés de faire ma connaissance. Ils étaient très intrigués par cet agent français hors norme. À leurs yeux, je n'avais visiblement pas le profil habituel des aviseurs.

Depuis notre rencontre, je volais régulièrement à bord des avions des douaniers espagnols. Muñoz lui-même me l'avait proposé en apprenant que j'étais aussi pilote.

– Il faut absolument que vous participiez à nos reconnaissances aériennes. Pourquoi ne viendriez-vous pas de temps en temps travailler avec nos équipes ? Ça nous permettrait de bénéficier de vos renseignements à moindre coup.

Cette nouvelle collaboration s'était avérée bénéfique pour chacun. La surveillance aérienne du trafic dans le détroit et nos échanges d'informations m'avaient permis d'augmenter très sensiblement mon rendement. Il ne se passait désormais plus une journée sans que je ne signale un nouveau mouvement à ma maison-mère de Nantes. Ce qui expliquait aussi cette distance qui s'était installée entre nous. Car mes amis de la DNRED avaient beaucoup de mal à suivre la cadence imposée. Ils laissaient régulièrement filer des embarcations que je leur avais pourtant signalées. D'où mon agacement. Quand je m'en étais directement ouvert à lui, Gatard m'avait prié sans détour de m'occuper de ce qui me regardait.

Il fallait que je me fasse une raison, désormais. Que je me résigne à cet amateurisme déconcertant. La porte était dorénavant fermée avec les Américains et leurs foutues méthodes. Finalement, les douanes françaises, c'était très bien.

Et après tout, le jour où je les trouverais trop frileuses à mon goût, charge à moi de les secouer un peu.

Carnet de cellule 2

8e journée de détention

Malaga, 30 septembre 1994

Derrière la vitre blindée du parloir, Chantal me sourit. Nous nous regardons en silence, complices et solidaires, perdus au milieu du bruit infernal qui règne ici.

Sans même pouvoir nous toucher.

Chantal a rencontré Paul Getting hier soir. Tito, le consul de Gibraltar, lui a conseillé de se méfier.

Je recommande à Chantal de demander à Monique, ma sœur, de descendre immédiatement en Espagne. Chantal a besoin d'être déchargée des tâches du quotidien, pour pouvoir alerter les personnes susceptibles d'agir.

Les filles ne s'inquiètent de rien. Elles pensent que je suis en voyage.

L'émotion me submerge.

L'après-midi, l'avocate madrilène est de nouveau au parloir. Elle insiste pour que je sois placé en zone de protection. La même que celle réservée aux punitions et à l'isolement.

Elle dit qu'il est très important d'assurer ma sécurité.

PETIT COMMERCE EN MÉDITERRANÉE

Février 1989

Ce matin-là, j'avais du pain sur la planche. Depuis plusieurs jours, Yvon Jouguet bricolait sur son bateau. Je savais pertinemment le type d'aménagement que mon ami réalisait.

À l'aube, des visiteurs avaient investi le bateau d'Yvon. Sans qu'ils s'en doutent, leur image s'était figée sur une pellicule-photo. La bobine indiscrète était partie dans la foulée au développement, dans une petite échoppe de La Linea.

Habituellement, je préférais confier mes pellicules à un laboratoire industriel, dont les volumes de production étaient la garantie de l'anonymat de mes clichés. Cette fois, le temps pressait, et je tenais à faire partir les portraits des coéquipiers de Jouguet en express.

L'intuition avait été bonne. Le lendemain, Christian avait appelé.

– Ceux-là, on les connaît. Ce sont de grosses pointures.

Gatard avait dû trouver ma réponse décevante.

– Et comme d'habitude, vous allez les laisser filer.

La réplique m'avait échappé. Sans doute n'attendait-elle que le moment propice pour jaillir.

Afin de me changer les idées, je m'étais ensuite arrêté saluer mes amis pilotes, sur la base d'Algésiras.

Federico s'apprêtait à décoller aux commandes d'un MS 530.

Quelques minutes plus tard, nous survolions un voilier de onze mètres, qui filait bon train vers les côtes marocaines. Federico souhaitait voir ce qui se tramait à bord. J'avais attrapé les jumelles et armé un appareil photo. Après avoir dessiné une large boucle pour se positionner à distance derrière le bateau, Federico avait soudainement piqué au moment où nous rattrapions le voilier, alors que j'enclenchais le moteur du Nikon. À notre passage, deux hommes s'étaient engouffrés dans une cabine.

Quelques secondes plus tard, l'hélicoptère avait repris de l'altitude. Le voilier, de son côté, avait changé de cap, en direction du large.

Visiblement, nous avions dérangé son petit commerce.

Carnet de cellule 3

13e journée de détention

Malaga, 5 octobre 1994, vers 10 heures

J'ai retrouvé le *modulo 5,* la cellule que j'y occupais et le même compagnon d'infortune – un Espagnol prénommé Francisco.

Marie-Ange Vergara, du bureau consulaire de Malaga, est venue m'informer sur ordre de Madrid que mon dossier est désormais dans les mains de l'ambassade de France. D'après elle, tout va s'arranger. Il est préférable, par conséquent, de ne pas faire de vagues. Mieux vaut également ne pas prendre d'avocat – celui du consulat doit d'ailleurs venir me visiter dès la fin de la semaine.

Du coup, mon moral repasse au beau fixe. Enfin, les choses bougent. Ma visiteuse m'a laissé entrevoir une solution rapide.

SAUVER VERSAILLES

Avril 1989

Avant de regagner le *Windarra*, j'étais passé prendre un verre *Chez Bianca*, où j'avais appris que Sergio faisait route vers la Corse, avec le *Seliti*. J'avais garanti à Gatard qu'il trouverait de la drogue à bord. Au passage, je lui avais indiqué l'endroit des caches, que je connaissais grâce à des indiscrétions recueillies auprès de Sergio.

J'allais bientôt regretter ce luxe de détails. Car en débarquant sur le bateau, les douaniers avaient chaussé d'énormes sabots. Le pied à peine posé sur le pont, ils avaient foncé directement vers les caches, où ils avaient évidemment découvert la marchandise. Ne restait alors plus qu'à passer les menottes à tout le monde.

Aussi simple que des courses au supermarché.

Sergio n'était pas dupe. À l'évidence, les douaniers avaient été renseignés. Et il entendait bien savoir par qui.

Dans l'Estafette qui le conduisait vers Ajaccio, il avait tenté de grappiller quelques infos qui pourraient le mettre sur une piste.

– C'est le Français de Gib qui m'a donné, pas vrai ? avait-il grincé en se tournant vers un douanier.

Quand l'histoire avait fini par me remonter aux oreilles, j'avais vu rouge. Je devais sérieusement réfléchir à une défense solide, au cas où on viendrait me demander des comptes. Par ailleurs, j'avais des choses à tirer au clair avec Gatard : nous étions en août et je n'avais pas touché un centime depuis sa visite de mai. Je commençais à avoir d'énormes difficultés financières. Et je ne pouvais même pas reprendre mon activité de charter – qui m'aurait au moins assuré le quotidien –, le maudit solde du *Windarra* n'étant toujours pas réglé.

Pourtant, ma collaboration avec les douanes était prospère. J'avais fait un premier bilan : 80 % des affaires signalées avaient été des succès. Alors que les douanes saisissaient en moyenne huit à dix tonnes de drogue par an sur toute la France, j'avais permis en six mois la saisie de quinze tonnes de cannabis et de cent cinquante kilos de cocaïne. Et le bilan aurait dû être meilleur sans la négligence de mes correspondants de Nantes, qui avaient laissé filer bien des bateaux signalés. Enfin, je pressentais que mes voisins de Marina Bay allaient finir par s'interroger sur mes sources de revenus. Si je pouvais pour l'instant laisser penser que je vivais sur quelques économies, ça ne pouvait pas durer.

J'allais vite devenir suspect.

De fort méchante humeur, j'avais appelé Gatard pour lui exposer mes problèmes. Pour me calmer, il avait juré qu'il allait débloquer de l'argent le plus vite possible.

– C'est la moindre des choses. Mais ça ne règle pas l'essentiel. Il faut trouver une solution pour l'achat du *Windarra*. Et je souhaite que vous me précisiez ce que vous attendez de moi. Je ne vais pas continuer à prendre des risques si ce que j'apporte ne vous intéresse pas.

Gatard m'avait interrompu. Pour la première fois depuis que nous nous connaissions, il m'avait tutoyé.

– Mais non, Marc. Comprends que du cannabis, il en circule des tonnes dans le monde. Nous le savons bien, mais nous ne pouvons pas courir après tous les dealers. Nous n'en avons pas les moyens.

– Pas les moyens ou pas l'envie ?

– Pour l'envie, il faut demander plus haut, à ceux qui déterminent précisément ces moyens. Moi, j'expose mes besoins à ma hiérarchie. Après, je m'adapte au mieux avec ce que je reçois.

– Christian, tu es chef d'échelon. Pourquoi n'essayes-tu pas de te faire entendre ? Qui va enfin prendre conscience de la situation ? À qui faut-il aller expliquer ce qui se passe là, sous mes yeux, à Gibraltar ? Ce qui se passe en Colombie. En Bolivie…

À l'autre bout du fil, j'avais entendu résonner un grand éclat de rire. Mon discours amusait Gatard ! Probable, d'ailleurs, qu'il entendait le même dans la bouche de tous les jeunes douaniers.

– Va expliquer ça à notre ministre, Marc. Va voir Charasse à Bercy. C'est lui qui s'occupe du Budget, et il paraît qu'il est très ouvert…

– Tu as raison, Christian. Je vais l'appeler.

En raccrochant, un vieux souvenir s'était rappelé à ma mémoire. Il revenait de loin, remontant depuis le pays enfoui de ma plus tendre enfance. Je revoyais la scène, maintenant.

J'étais un gamin en culottes courtes plein d'enthousiasme. Je venais d'annoncer fièrement à ma mère que j'allais écrire au président de la République pour sauver le château de Versailles. Ce jour-là, ma mère ne m'avait pas cru.

Paix à son âme.

Carnet de cellule 4

88e journée de détention
Malaga, 20 décembre 1994

La direction de la prison a installé un sapin de Noël dans le sas de sortie du *modulo*. Ça tombe bien, car un fonctionnaire du ministère de la Justice espagnole est venu m'offrir une troisième demande d'extradition, après les deux premières – la canadienne et l'anglaise. Cette fois-ci, l'Italie me réclame pour « association avec la mafia et les cartels colombiens, tentative de s'assurer du monopole de la distribution de la cocaïne sur le marché nord-américain, l'Europe et l'Italie ».

Je suis incarcéré depuis quatre-vingt-huit jours déjà. L'autre soir, le journal télévisé de 20 heures a annoncé la totale réussite de l'opération *Dinero*. Après avoir fait défiler à l'écran toute la hiérarchie policière espagnole, italienne et américaine, la voix a énoncé les noms de Marc Fiévet et de Claudio Locatelli. Le commentateur m'attribuait directement la position de numéro deux au sein de l'organisation que j'ai infiltrée.

Les commentaires, entièrement à la gloire des services de police, ne tarissaient pas d'éloges sur le remarquable travail rendu possible grâce à la coopération internationale. Les saisies sont à la hauteur de l'organisation démantelée : des œuvres d'art, des biens immobiliers et quarante-deux millions de dollars saisis par la DEA. Assurément, de quoi faire de cette journée un moment inoubliable.

Il y a quelques jours, l'avocat du consulat de France est venu me préciser qu'il allait s'arranger pour que je fasse mes premières déclarations devant les juges de Torremolinos. Il s'agit d'éviter mon transfert immédiat sur la capitale espagnole. D'après lui, il est très important de faire juger les extraditions réclamées lors d'un même jugement.

L'homme me paraît mou et peu combatif.

J'ai écrit à Michel Charasse. Un long courrier, pour l'alerter sur ma situation. J'ai également rédigé une lettre destinée au directeur général des douanes, Jean-Luc Vialla. Et fait des copies pour Jean-Paul Garcia, l'attaché des douanes françaises à Madrid, et Christian Gatard.

APRÈS-MIDI À BERCY

Septembre 1988

Quelques jours avant mon entretien avec le ministre, l'ambiance était au branle-bas de combat. À la mobilisation générale. Non pas que je me faisais personnellement une montagne de la rencontre à venir. Pas vraiment mon genre, à dire vrai – on ne se refait pas. Non, c'était du côté de mes employeurs que la température était indexée sur l'avis de tempête.

À Nantes, la nouvelle de ma rencontre à venir avec Charasse avait eu l'effet d'une véritable bombe. C'était la panique à bord. Dans un premier temps, Gatar avait fait mine de ne pas y croire. Sans doute était-il sincèrement dubitatif. Jusqu'à ce que la confirmation par sa hiérarchie ne soit tombée, effaçant tout doute possible. La direction parisienne avait demandé à me voir, d'ailleurs. Histoire de préparer l'entrevue. Je n'étais pas dupe. Et je me doutais bien de leurs motivations réelles. En réalité, il s'agissait de savoir ce que j'avais l'intention de dire à Charasse et de border au maximum mon intervention. Pour éviter les éclats.

Et, accessoirement, de profiter de ma visite pour faire passer quelques messages.

En ce mois de septembre 1988, il faisait encore beau sur la capitale. L'heure de la rentrée des classes avait sonné, mais le temps, clément, laissait croire à un été sans fin. J'étais heureux de retrouver Paris et d'arpenter son pavé. Le quartier des Halles était toujours aussi vivant, et le spectacle de la rue parisienne réjouissant.

Le rendez-vous avait été fixé rue du Louvre. Pour m'y rendre, j'étais passé par le Sentier. C'était un immeuble tout à fait discret. Pas de signe distinctif – ni drapeau ni plaque, pas même un nom. Je savais que j'étais à bon port, pourtant.

Pas d'erreur possible, c'était ici, face à l'immeuble du *Figaro*.

Dans le bureau, au cinquième étage, à la sortie d'un ascenseur douteux, le comité d'accueil était au grand complet. Il y avait là du beau monde, toute la (haute) hiérarchie des douanes françaises. Christian Gatard était dans ses petits souliers. L'accueil glacial, l'air quasi irrespirable.

C'était Christian qui avait le premier pris la parole. Son exposé avait été concis. Mon officier-traitant avait exposé la situation et les difficultés financières auxquelles j'étais confronté. Autour de la table, chacun avait écouté avec attention.

Les données du problème étaient claires : il fallait régler la facture du *Windarra*. Jean-Henri Hoguet, le patron de la DNRED, refusait de sortir les trois cent mille francs nécessaires. Gatard, encore lui, avait mis les pieds dans le plat. Énonçant à haute voix la solution que je sentais se profiler, et que je me refusais d'avancer. Nous étions sur le point de glisser vers une route sinueuse. Lentement.

Pour que mon motor-yacht soit enfin débloqué, j'allais devoir franchir un pas décisif : entrer moi-même dans le trafic de drogue… Il en allait ainsi des finances des douanes.

Tout le monde semblait satisfait. Maintenant que les choses avaient été exprimées, je sentais bien que Hoguet et ses collaborateurs étaient soulagés. La parole était plus libre, soudainement, et chacun osait son commentaire. L'atmosphère était irréelle. Pour peu, elle aurait semblé dissipée. Pourtant, de mon côté, je n'avais pas pipé mot. Je contemplais tout ce petit monde qui se serait laissé aller à me féliciter chaleureusement si les conventions l'avaient permis. Christian avait fini par se tourner vers moi.

– Marc, le problème est enfin résolu. Tu vas pouvoir finir de le payer, ton bateau !

La belle affaire ! Si seulement j'avais eu l'âme légère, j'aurais pu reconnaître de bon cœur que c'était du beau boulot : voilà que j'entrais maintenant dans la carrière. Une drôle de carrière, en vérité.

Où les promotions se faisaient sur fond de règlements de comptes et de coups tordus, sur le dos, la santé et la vie de centaines de milliers de pauvres types qui crevaient d'overdose à travers la planète. Un monde dans lequel l'avenir s'écrivait en pointillé, forcément.

Sale promotion, en réalité.

Alors, évidemment, j'avais un peu de mal à partager l'euphorie générale. À donner le change. J'étais bien dans la partie, plus que jamais – jusqu'au cou, devrais-je dire –, mais la nouvelle ne me réjouissait pas. J'avais du mal à l'avaler. Ce n'était pas un jeu dans lequel on venait de me précipiter sans (se) poser la moindre question. Je savais que c'était à l'abattoir, en réalité, qu'on venait de m'envoyer. La promotion qui m'était offerte ressemblait fort à un piège. Que je ne pouvais pourtant pas repousser. Mes employeurs le savaient parfaitement. Pour le plus grand bien des services, et de l'état de leurs finances.

Trois cent mille francs. C'était donc le prix de mon embauche dans le grand circuit du narcotrafic mondial. Pour la grandeur de la France, probablement.

Pour les douanes, évidemment, l'opération était magnifique. Tout bénef. Et Jean-Henri Hoguet avait beau jeu de me serrer la main de bon cœur.

– Nous comptons beaucoup sur vous, monsieur Fiévet, avait-il encore lâché.

Dans l'immense bureau qui dominait la Seine depuis une des ailes de Bercy, la voix du ministre résonnait. Le ton était franc et cordial. Direct, comme le ministre aimait l'être avec ses visiteurs et ses collaborateurs.

D'ici, la vue était superbe, ouverte sur le fleuve et la rive gauche par une large baie vitrée. On pouvait voir les péniches qui glissaient lentement au fil de l'eau. Au loin, on apercevait la gare d'Austerlitz et le site alors en friche où les grues lanceraient quelques années plus tard les travaux de la future bibliothèque de France, le grand chantier du président. Vaste et lumineux, le bureau était digne de la puissance de Bercy. Derrière le fauteuil Louis-Philippe du ministre, une immense tapisserie des Gobelins représentait une scène galante.

Michel Charasse avait pris son temps. Comme s'il avait voulu me laisser m'imprégner de l'esprit des lieux. Sans doute pensait-il qu'un endroit – un bureau, une maison, une pièce – en disait autant sur lui-même que sur celui qui l'occupait. Au fond de la pièce, sur un buffet massif, des livres étaient soigneusement alignés. Sur un petit guéridon, une photo avait attiré mon attention. L'image figeait pour l'éternité la rencontre de deux monstres de la politique française. Deux politiciens au cuir tanné : sur le papier-photo, Charasse était dans les bras de Gaston Defferre.

Fidèle à son image, le premier avait sorti un *Cohiba* d'une cave à cigares. Il s'était assis face à moi et avait entrepris d'allumer son cigare sans le mettre en bouche. Avec le doigté de celui qui n'en était pas à sa première volute, le ministre avait fait chauffer l'extrémité du *Cohiba* avec une allumette, puis avait attisé la feuille incandescente en soufflant lentement dessus – la première bouffée n'en serait que plus douce.

J'avais observé religieusement ce cérémonial, pendant que le ministre, sans quitter son cigare des yeux, avait lancé la discussion :

–Vous travaillez donc pour nous. Et fort bien, m'ont dit vos supérieurs. Alors, qu'est-ce qui ne va pas ?

– Nous pourrions faire beaucoup mieux !

J'avais décidé de prendre le taureau par les cornes. Parler ouvertement. Mettre le doigt où ça faisait mal. Je n'étais pas venu jusque dans ce bureau pour discuter du sexe des anges ou amuser la galerie.

– Monsieur Charasse, je trouve inconcevable qu'à Gibraltar, où je suis basé, des trafiquants opèrent quasiment à visage découvert. Ils ne se cachent nullement, claquent tous les jours de deux mille à cinq mille francs, et quelquefois plus, en repas, fêtes et achats. Qu'on ne dise pas que personne n'a jamais songé à les interroger sur la provenance de cet argent. Je crois plutôt qu'on ne veut pas le savoir. Cela me choque. J'en arrive à me demander s'il y a une réelle volonté politique de faire cesser ces trafics. Ou si chacun n'y trouve pas son compte, à un moment ou à un autre.

L'homme de Bercy avait quitté son cigare des yeux. Il avait écouté ma charge, en tirant de généreuses volutes.

– Peut-être, mon cher ami, mais pas en ce qui me concerne. Je vais demander au nouveau directeur général des douanes, Jean-Dominique Comolli, de nous rejoindre. J'aimerais avoir son avis sur vos remarques.

Le collaborateur du ministre venait d'entrer dans le bureau. Il portait sur lui ce qu'il était. Dans l'attitude, tout d'un énarque. Le genre de personnage pour qui j'avais le plus grand mal à éprouver une sympathie spontanée. Son entrée avait été soignée. L'homme s'était avancé, m'avait fusillé du regard, une rigidité dans l'allure qui n'augurait rien de bon. Comolli suintait la suffisance, loin de la truculence volontiers grivoise dont son patron jouait parfois. Le mouvement d'humeur de son directeur n'avait pas échappé au ministre, qui n'avait pourtant pas semblé s'en soucier. Charasse avait invité Comolli à s'asseoir, s'était levé et avait tombé la veste. Signifiant que nous étions partis pour une longue séance de travail.

Charasse avait souhaité me rencontrer parce que mon pedigree détonnait par rapport au profil habituel des aviseurs. Bien souvent, ces derniers étaient plus proches de l'indic que de l'agent infiltré. Plus à l'aise à la table des truands, en réalité, qu'avec des officiers des douanes. J'étais la perle rare, le maillon qui manquait à la chaîne. En plus, je faisais rentrer de l'argent dans les caisses, les douanes n'oubliant pas de faire jouer leur droit de préemption lors des saisies. De quoi collectionner quelques bateaux, voitures, avions et autres ordinateurs, prises affectées aux différents services ou revendues.

En dépit de l'intérêt de son patron, Comolli n'avait pas bronché. Tout juste, malgré lui, m'avait-t-il gratifié d'un vague salut du menton.

Le locataire de Bercy, lui, était lancé. Charasse n'y allait pas de main morte. Il n'était pas, lui non plus, un ministre classique, au verbe policé et sans chair. L'homme, qui était connu pour son franc-parler, n'avait pas pour habitude de faire dans la dentelle. Il ne crachait pas sur un langage aux accents volontiers guerriers. Le titulaire du Budget entendait « terroriser les trafiquants », rien de moins, comme il l'avait déclaré devant la presse. Puisqu'il s'agissait de mener la guerre, « pas de pitié », avait également décrété le ministre de François Mitterrand. Il se voulait sans équivoque, droit dans ses bottes. J'avais attrapé la perche tendue au vol, pour évoquer ma situation personnelle. Sans chercher de faux-fuyants, Charasse avait volontiers reconnu toute son ambiguïté. Estimant anormal que je ne sois pas au moins reconnu par ses services.

Il s'était tourné vers Comolli.

– Mon cher directeur, si tu as besoin de fric pour tes services, tu en auras. J'ai besoin de ton soutien. Dans cette guerre que j'entends mener, le code pénal n'est pas le livre de chevet des gens qui vont travailler pour nous apporter les renseignements dont nous avons besoin. En face, ce sont des tueurs. S'il le faut, on tire d'abord ! Ma notion de l'État de droit en cette matière est assez flexible. Bon, quant à vous, monsieur Fiévet, ce n'est certainement pas l'Administration qui vous rendra riche, mais il faut pourtant qu'elle vous assume. C'est le minimum. Mais hors de question de vous fonctionnariser, ça ne ferait que compliquer les choses.

C'en était trop pour Comolli, qui ne s'était toujours pas déridé. Le « techno » était intervenu pour rappeler au ministre que les textes ne permettaient pas de me fonctionnariser.

– Justement, n'est-ce pas dans ce sens qu'il faut travailler ? avait répliqué son patron. Ne pourrait-on pas trouver des aménagements ? L'infiltration comme la pratique monsieur Fiévet comporte d'énormes risques. Cela se paie, mais cela devrait également se reconnaître.

Comolli n'en démordait pas. Il avait de la suite dans les idées, et tenait à ses textes. Dans son esprit, les choses étaient claires.

– Les aviseurs sont par définition infiltrés, donc masqués. Ils participent au trafic et touchent à ce titre des dividendes, avant d'être rémunérés par les douanes une fois la saisie et les arrestations opérées. Ils sont doublement payés, donc tout de même pas trop à plaindre. Monsieur Fiévet est payé lorsqu'il effectue des convoyages avec son bateau. Ou le bateau des autres, lorsqu'il se contente d'être skipper.

C'en était assez. Je revoyais l'embarras de mes « patrons », quelques heures plus tôt, quand il leur avait fallu explicitement m'inviter à solder mon bateau grâce aux gains du trafic de drogue. Le haut fonctionnaire avait besoin d'une remise à niveau. Jean-Dominique Comolli devait entendre le récit de la réunion de la rue du Louvre. Suivi d'une mise au point sur mon passé, qui n'avait jamais été celui d'un trafiquant avant que les douanes ne m'imaginent tenir un tel rôle.

Charasse avait décidé de siffler la fin de la récréation. Mieux valait couper là la discussion, avant qu'elle ne s'envenime exagérément. Voilà une heure vingt, déjà, que nous étions ensemble.

– Cher ami, m'avait-il dit, réfléchissons à tous ces problèmes et revoyons-nous. Pensez aussi à tous les moyens qui permettraient d'améliorer notre action dans la lutte contre le blanchiment d'argent. Je suis certain, là aussi, que nous pouvons être nettement plus efficaces. Et n'hésitez pas à m'appeler.

Charasse m'avait tendu une carte de visite avec sa ligne directe. En se levant, il s'était tourné vers Comolli.

– Dis en tout cas à tes équipes de suivre les directives de monsieur Fiévet, lorsqu'il les met sur une affaire. J'aimerais qu'on ne passe plus à côté des bons coups qu'il lève.

Comolli m'avait tendu la main sans enthousiasme, maugréant un bonsoir qu'il avait voulu distant et assassin. Il avait laissé une chemise sur le bureau, puis était sorti sans un mot.

Christian était déjà attablé. En me voyant arriver, il n'avait pu s'empêcher de consulter sa montre.

– Tu t'es perdu ? avait-il interrogé.

Nous avions dîné dans une brasserie du quartier de la gare de Lyon. Je lui avais fait un rapport détaillé de la réunion qui venait de se tenir dans le temple de Bercy. Mon ami nantais m'avait écouté avec attention, mais je voyais que ce que je lui racontais le dérangeait.

– Le trafic de cannabis dans la baie d'Algesiras, ce n'est pas la *French connection*, non plus. Bon, Charasse t'a reçu, tant mieux. C'est toujours bon pour le service. Mais qu'il passe autant de temps là-dessus, c'est tout de même surprenant.

L'appréciation de Gatard m'avait laissé perplexe. À l'évidence, nous n'étions pas sur la même longueur d'onde. Et le bilan de mes six premiers mois de collaboration aux bonnes œuvres des douanes

– quinze tonnes d'herbe, cent cinquante kilos de coke – me semblait tout sauf dérisoire.

Christian avait balayé d'un revers de main cette menue comptabilité.

– Oui, bien sûr. Mais ton prédécesseur ne fichait rien. Il se contentait d'écouter aux portes.

La remarque m'était allée droit au cœur. Heureusement, mon agent-traitant avait aussi du nouveau pour moi. De quoi me rendre le sourire.

– Charasse a fait passer une note au service pour qu'on te paye immédiatement. Hervé Maignier va descendre en début de semaine prochaine sur la Costa del Sol. Tu en profiteras pour lui faire faire un tour… Ouais, il va te descendre cent mille francs. Tu vas pouvoir souffler. Il faut désormais que tu trouves une opération pour payer le bateau. Dès que tu rentres. Maintenant que tu es couvert par le ministre en personne, tu peux tout te permettre !

Gatard avait conclu sa phrase dans un grand rire. Puis il s'était plongé dans la carte du restaurant.

Sa journée était terminée.

Carnet de cellule 5

172e journée de détention
Malaga, 14 mars 1995

Je viens de recevoir la visite de l'avocat du consulat de France. Il vient m'apporter la déclaration que je dois faire devant deux juges de Torremolinos :

« Je suis un agent infiltré des services français de la DNRED et mon numéro d'identification est NS55. L'ensemble de mon activité bénéficie de la classification secret-défense. »

LE SALON DU TRAFIQUANT

Décembre 1988

J'avais retrouvé Chantal et Oriane, les deux femmes de ma vie. Elles m'avaient manqué, même si mon séjour parisien n'avait pas été totalement inutile. Dans mes bagages, je rapportais une bonne nouvelle : deux cent mille francs en coupures à la gloire de Pascal, directement ponctionnés dans le bas de laine de la Trésorerie générale. Chantal ne faisait aucune fixation sur l'argent, malgré les difficultés. Mais la perspective de n'avoir plus à compter chaque sou pendant quelque temps devait tout de même la soulager. Elle était aussi une mère de famille.

J'avais soigneusement évité de lui parler des aspects les plus inquiétants de mes nouvelles missions. Je tenais à protéger les miens, en les tenant le plus loin possible de ces affaires troubles. Pour le moment, j'entendais surtout profiter pleinement de ce moment en famille.

Nous avions de nouveaux voisins, fraîchement amarrés dans la marina. Un couple de Belges, qui voyageaient sur un voilier avec leur fils, un garçon à peine plus âgé qu'Oriane. Le genre soixante-huitards nostalgiques, une nostalgie que Marc Romyn portait sur son visage, cheveux longs et barbe broussailleuse.

Mon nouvel ami avait attendu quelques jours avant de se livrer, pour me confier un petit secret qui ne m'avait pas vraiment étonné. Le besoin de briser la glace, sans doute. Se sentir en confiance. Timidement, Marc Romyn avait fini par me révéler qu'il lui arrivait de transporter de la drogue dans sa cale. Oh, pas grand-chose. Juste de quoi assurer la facture de quelques ravitaillements en fuel. Puisque nous en étions aux confidences, j'avais évidemment soigné ma publicité. Le *Windarra* lui-même n'embarquait pas que des touristes, avait ainsi appris mon voisin, en retour.

Un matin, Marc m'avait proposé une aimable balade en mer, à bord de son dinghy[2].

– L'envie de prendre l'air, avait-il justifié.

J'avais avalé mon petit déjeuner en coup de vent, et nous étions partis au large. L'air n'était pas trop froid pour un mois de janvier. De toute façon, nous n'étions pas là pour discuter des bienfaits de la brise marine.

Romyn s'était lancé.

– Tu charges depuis quand ?

Après le temps des questions, celui des recommandations avait suivi. Faites avec le sourire, certes, mais sur le ton d'un père s'adressant à son fils. Celui d'une personne qui entendait être… entendue, donc.

– Dans l'avenir, ne me parle plus jamais affaires dans un lieu clos. Ni sur un quai ni même dans une voiture. C'est terriblement dangereux, Marc. Les micros d'aujourd'hui sont petits et performants.

Romyn ne pouvait se douter que je possédais ce genre de joujoux dans un des coffres du *Windarra*… Je ne tenais évidemment pas à l'affranchir.

C'était plutôt moi, pour le coup, qui m'étais fait affranchir par mon ami belge. Romyn avait visiblement plus d'envergure que je ne le soupçonnais. L'heure passée à faire des ronds dans l'eau s'était révélée fort instructive pour le néophyte que j'étais. Sur les mille façons de planquer de la drogue dans un bateau. Mais aussi sur un surprenant lieu de retraite – une sorte de convention d'un genre très particulier.

– Tu n'es jamais allé à Bali ? avait interrogé le Belge.

– Pourquoi faire ?

– Tu ne sais pas ? Tu es vraiment un novice ! Une fois par an, les narcos dignes de ce nom se réunissent pour échanger des informations, parler des nouvelles techniques et se tuyauter sur celles des flics. Cela se passe à Bali. Un rendez-vous très enrichissant, je t'assure. Il faudra y aller.

Après le salon de l'automobile, le salon du nautisme, voilà donc celui de la drogue. Une sorte de foire internationale du trafiquant, avec réunions et séances de travail à huis clos dans les salons

---

2 Canot pneumatique de sauvetage.

des meilleurs hôtels de la ville ! La charmante confrérie des narcos possédait même sa convention, où on relevait notamment une très forte délégation de Bataves.

Du sérieux, selon Marc.

Semblable à un coquillage accroché à son rocher, le *Windarra* était toujours bloqué au port. Pour accélérer les choses, j'avais fini par en parler à Marc. J'avais bien fait. Le Belge semblait avoir une solution toute prête. Cette solution portait un prénom : Wim, un de ses amis, à la recherche d'un skipper et d'un bateau pour récupérer un chargement au Maroc.

– J'ai assez de marchés, s'était auto-félicité Romyn, grand seigneur. Et je préfère prendre la came en Hollande. Si tu veux, je te prête l'*Indigo* pour faire le plein en face. Wim habite à côté d'ici, à Castellar de la Frontera. Si tes services l'intéressent, tu pourras te refaire.

En quittant Castellar et l'appartement de Wim, j'avais directement rejoint le petit port de Sottogrande, une dizaine de kilomètres au nord de Gibraltar. Mon ketch y était autrefois amarré. Je savais que j'y trouverais certainement un responsable de chantier au yacht-club. L'opération à mettre en place était assez lourde. Pour décharger la cargaison que Wim avait prévu d'enlever au Maroc, il allait falloir mettre l'*Indigo* au sec. J'avais donc réservé un emplacement à cet effet. J'avais ensuite fait le tour des agences immobilières pour trouver un appartement à Guadiaro, petite commune tranquille située à l'intérieur des terres. Enfin, il me fallait aussi de la main-d'œuvre. On ne dissimule pas comme ça six cents kilos de cannabis répartis en plaquettes de deux cent cinquante grammes. J'avais recruté pour l'occasion mon fils Laurent, qui découvrait mes nouvelles activités.

Marc Romyn devait lui aussi être du voyage.

Carnet de cellule 6

252e journée de détention

Madrid, 2 juin 1995

J'ai préparé un texte que j'ai prévu de lire à la barre.

L'effet a été immédiat. Le président du tribunal de l'Audience nationale a annoncé la suspension de la séance. Il demande un complément d'information aux autorités françaises. À l'évidence, celles-ci n'ont rien fait.

Un fonctionnaire obséquieux a informé le président que les relations bilatérales entre l'Espagne et le Canada étaient suspendues, suite à l'interception en haute mer d'un chalutier galicien par la marine canadienne. L'action, très agressive, déclenchée par le premier ministre de Nouvelle-Écosse est assimilée à un acte de piraterie par Madrid.

L'avocat, égal à lui-même, était tétanisé et complètement muet.

J'ai été transféré la veille au pénitencier de haute sécurité d'Alcala-Meco. Je loge au *modulo* 7, qui abrite les isolés, les punis et les dangereux.

J'ai voyagé menotté dans un fourgon de la *guardia civil*, à l'intérieur d'une cage.

À l'extérieur, Chantal fait face. Elle est bien seule, avec les petites. Ma sœur n'a pas pu venir. Laurent, lui, a quitté l'Espagne dès qu'il a appris mon arrestation. Seule Albane continue de vivre à Malaga avec ses enfants, mais les relations avec Chantal ne sont pas vraiment au beau fixe. Ma fille n'est d'ailleurs pas venue me visiter.

Heureusement, Chantal a vendu la maison, ce qui lui permet de disposer d'un capital pour tenir le coup. Elle a emménagé dans une petite maison mitoyenne dans un lotissement pour vacanciers.

Et a placé Kaiser, notre berger allemand, dans un chenil.

JOUR DE PAIE

Février 1989

La nuit était tombée sur la mer depuis plusieurs minutes, déjà. Enveloppant la Méditerranée d'un voile plein de mystère et de… discrétion. Nous avions jeté l'ancre à quelques encablures d'Al Hoceima. Jusqu'à ce qu'une barque silencieuse ne vienne s'aimanter aux flancs de l'*Indigo*. Dans un profond mutisme, les paquets de vingt-cinq à trente kilos étaient passés d'un bord à l'autre. Le transfert n'avait pas duré plus d'une poignée de minutes. Il nous avait en revanche fallu une nuit entière de travail, plus au large, pour dissimuler une par une les savonnettes dans le bateau-gruyère de Romyn.

À notre arrivée au chantier, à Sottogrande, j'avais demandé à ne démarrer les travaux que le lendemain, prétextant avoir besoin de temps pour nettoyer le carré et plier les voiles. La nuit tombée, c'était surtout les plaquettes de cannabis que nous avions fait glisser dans les sacs à voile. À 22 heures, comme prévu, une camionnette s'était garée tout près de l'*Indigo* en cale sèche.

Le débarquement de la marchandise s'était fait à nouveau en un temps record. Le chargement effectué, Marc avait grimpé dans le véhicule, pour sortir de la boîte à gants une grande enveloppe en papier kraft qu'il m'avait tendue. Elle était bourrée d'argent. Elle contenait l'équivalent de trois cent mille francs en livres sterling.

Le prix de la liberté du *Windarra*. Et de mon baptême du feu.

Une fois Marc et la camionnette éloignés, j'avais rejoint la voiture des douanes espagnoles, garée derrière le yacht-club. Tous feux éteints. Nous avions retrouvé la camionnette stationnée quelques minutes plus tard devant l'appartement de Wim, à Guadiaro. Cette vérification faite, mon chauffeur avait lancé la suite des opérations, en passant le relais par radio à une autre équipe.

La grande lessive était prévue pour le lendemain matin.

Wim avait été arrêté à l'entrée de Malaga. Dans son véhicule, cent kilos de came avaient été retrouvés. L'intervention ne s'était pas déroulée comme prévu et, au téléphone, Muñoz avait été d'une humeur massacrante.

– Des crétins, Marc! Des crétins, s'était-il emporté. Mes types se sont fait doubler. Romyn a filé avec cinq cents kilos. On l'a manqué. On ne peut plus rien faire, maintenant. Si on remonte jusqu'au bateau, c'est toi qui seras suspecté d'avoir donné le coup, car Wim n'a pas parlé. Je ne peux pas te placer dans cette situation. Ce serait trop dangereux.

En dépit de ce nouveau raté, j'étais reparti à la pêche. Un voilier de seize mètres, arrivé des Canaries avec trois personnes à bord, avait attiré mon attention. Le *Brigantine* et ses occupants avaient fait escale à Laratché, au Maroc. Une fois chargé, le bateau avait entamé sa remontée vers le nord, le long de la côte. Il devait livrer au Portugal.

Au téléphone, Gatard s'était montré satisfait du tuyau.

– Tant mieux, nous allons associer les Portugais à cette opération, s'était-il félicité. Nous n'arrivons pas à coopérer pleinement avec eux, et c'est une bonne occasion pour les obliger à mettre la main à la poche.

Quand le *Brigantine* s'était engagé dans l'embouchure du Guadiana, le fleuve-frontière entre l'Andalousie espagnole et l'Algarve portugaise, j'étais au spectacle. Le voilier était remonté sur quelques kilomètres, avant de s'immobiliser au milieu du fleuve. Une fois le signal donné, les gabelous portugais étaient intervenus.

La prise avait été conséquente : une tonne de cannabis. J'avais fait mes comptes. Dans l'opération, je devais récupérer minimum deux cent mille francs.

De doux rêves, en réalité. Pour solde de tout compte, les Portugais n'avaient finalement pas jugé utile de me faire parvenir autre chose qu'un pourboire de cinquante mille francs. Assurant qu'ils avaient déjà raclé les fonds de tiroir. C'était Christian qui m'avait annoncé la nouvelle. Et je m'étais juré qu'on ne m'y reprendrait pas.

Carnet de cellule 7

357e journée de détention

Madrid, 15 septembre 1995

Dans la salle du tribunal de l'Audience nationale, le président José Antonio Jimenez Giralt vient d'accorder les extraditions réclamées. Quelques minutes plus tôt, il a déclaré que les services rendus aux autorités françaises par le prévenu ne pouvaient être pris en compte sur le territoire espagnol.

Jean-Paul Garcia, que j'ai fait citer comme témoin, a déclaré devant le tribunal que les douanes françaises me considéraient comme leur agent infiltré numéro un, et que je serais plus utile à l'extérieur qu'en prison.

Il a remis à la cour un document signé par Bercy, qui atteste de mon action auprès des services.

Le procureur a bien expliqué qu'il n'était peut-être pas juste de m'envoyer en Angleterre. Mais il ne lui revient pas de juger l'affaire sur le fond. Si la France doit intervenir, elle doit le faire auprès des autorités concernées de chaque pays demandeur.

Les relations diplomatiques entre l'Espagne et le Canada n'ont pas été rétablies.

Il y a déjà quelques semaines de ça, fin juillet, j'ai revu Mario. Nous nous sommes croisés ce matin dans la cage d'extraction de la prison. Il est enfermé au secteur des détenus déjà jugés. Mon ancien associé, tombé en même temps que moi avec le démantèlement de son organisation, doit être pris en charge par la *guardia civil*.

Nous sommes restés ensemble deux minutes, sans savoir trop quoi dire tant notre surprise était grande. Puis Mario est parti avec son escorte, alors que la mienne venait me récupérer.

LA MAIN DANS LE... SAC

Printemps 1989

Muñoz suivait mon travail de près. J'étais à la pêche aux infos. Depuis plusieurs jours, j'avais ainsi pu observer les nombreuses allées et venues des visiteurs : photos, appréciations personnelles, relevé des plaques numérologiques des voitures qui pénétraient à l'intérieur de l'établissement…

Pour y accéder, il était indispensable de montrer patte blanche. L'entrée était sévèrement contrôlée. Trop, probablement, car c'était ce qui m'avait mis la puce à l'oreille.

L'instinct du chasseur, sans doute.

Je planquais donc depuis plusieurs jours devant ce petit chantier naval situé tout près de l'aéroport de Gibraltar. Jusqu'à ce que Muñoz décide un matin d'intercepter deux habitués des lieux.

Les proies, deux Français, vivaient depuis longtemps en Espagne. Jean-Paul Clémente et Parra avaient derrière eux un passé tortueux : anciens gardes du corps de Chaban-Delmas, ils avaient ensuite pointé au SAC, le très trouble Service d'action civique créé par les gaullistes pour assurer les basses œuvres. Ramassis de barbouzes, de truands et de types peu fréquentables, l'organisation longtemps pilotée par Charles Pasqua n'avait jamais été très regardante sur la provenance de ses troupes, prélevées la plupart du temps dans des marécages fangeux. À la dissolution intervenue après l'affaire d'Auriol, les membres de cette sympathique maison étaient retournés à leurs affaires douteuses.

Il n'y avait donc rien de vraiment étonnant, par conséquent, à retrouver ici deux de ses anciens membres. Car les lieux, je ne l'apprendrais que plus tard, appartenaient aux Victori. Une puissante famille, étroitement mêlée au monde de la drogue. Du gros gibier.

Muñoz avait prévenu : il fallait avancer prudemment.

– Nous avons découvert que ces deux truands ont dans le passé servi de relais en France aux gens du GAL. Il est possible qu'ils possèdent encore de solides appuis.

Décidemment, mon instinct avait la fâcheuse tendance – ou l'heureuse, c'est selon – à ouvrir de fabuleuses perspectives : après le SAC, le GAL, donc. Les deux officines se ressemblaient assez. Elles étaient somme toute faites d'un bois similaire.

L'instigateur du GAL était un ancien ministre socialiste. À l'époque en fonction à l'Intérieur sous le gouvernement de Felipe Gonzales, José Barrionuevo entendait employer des « moyens appropriés » dans le combat contre l'ETA. Sous couvert d'un mouvement de défense spontané porté par un élan civique et patriotique, le GAL avait en réalité reçu pour mission de faire le sale boulot. En langage de la rue, il s'agissait de régler le cas des militants du mouvement indépendantiste basque, impossibles à coincer avec les moyens classiques de l'État régalien. Placée sous la direction opérationnelle de Rafael Vera, le secrétaire d'État à la Sécurité, l'organisation recrutait ses tueurs à gages aussi bien dans les services spéciaux que parmi la pègre. Évidemment, de tels souvenirs avaient créé quelques liens, et laissé des traces. Fernando Muñoz était trop fin pour l'ignorer : n'ayant rien de concret contre Clémente et Parra, il les avait aussitôt remis en liberté, après vérification d'identité.

Carnets de cellule 8, 9, 10

507e journée de détention
Londres, 12 février 1996

Dans l'avion de la British Airways, Ian Anderson vient de me retirer les menottes. L'agent des douanes anglaises me glisse qu'il est préférable de ne pas parler de mon affaire devant les deux policiers de l'escorte. Je suis installé dans un fauteuil contre le hublot, à côté d'Anderson et d'un des flics de Scotland Yard. Son collègue est assis devant nous.

J'attaque en silence le plateau-repas que les hôtesses de bord viennent de nous apporter, et me verse un verre du quart de vin français qui l'accompagne.

Je retrouve Heathrow comme je l'ai toujours connu. Sous une pluie fine parfaitement de circonstance. Les nombreuses voitures de police qui m'accueillent au pied de l'appareil sont moins habituelles.

538e journée de détention
Prison de Brixton, mars 1996

Parmi les pensionnaires de l'aile C, j'ai fait la connaissance d'un Colombien avec qui je dispute des parties d'échecs. Nous discutons aussi de la situation en Colombie. Mon compagnon de jeu a été arrêté à l'aéroport avec huit cents grammes de cocaïne sur lui. Il m'apprend que Londoño, un des fournisseurs des Orejuela, les successeurs d'Escobar, s'est fait descendre par les flics après une course-poursuite dans la banlieue de Medellin.

L'impressionnante milice qui ne le quittait jamais n'a rien pu faire.

Par ailleurs, le président Samper est sous le coup d'une enquête parlementaire pour avoir financé sa campagne électorale avec des narco-dollars de Cali. Il nie sans cesse.

Il peut nier, Londoño mort. C'est bien connu, les morts, ça ne parle jamais.

552e journée de détention
Prison de Wormwood Scrub, printemps 1996

J'ai le moral en compote. Mon état physique n'est guère plus reluisant. L'officier principal responsable de l'aile B a tenu à me faire transférer à l'infirmerie. Il ne souhaite pas prendre de risques. Et préfère que je passe quelques semaines sous assistance médicale, pour m'aider à surmonter la déprime qui me guette. Avec forces cachets, pour retrouver le sommeil.

Durant la journée, je pourrai toujours disputer quelques parties de scrabble avec d'autres détenus. Toutes les occasions sont bonnes à prendre pour oublier un peu le quotidien sinistre de la prison de Wormwood Scrub.

Mon classement en catégorie A – celle des détenus sous haute surveillance – me vaut quelques menues attentions. Un régime de faveur. Je continue ainsi de bénéficier des changements de cellule hebdomadaires. Et les fouilles sont toujours aussi nombreuses.

Au mépris des lois existantes, les autorités pénitentiaires m'empêchent de voir mes avocats. Mon *barrister*, Les Bennett, est tout de même parvenu à me confirmer que nous plaiderions bien non coupable pour le procès, fixé le 12 août.

Marc Lerestre, l'ancien attaché des douanes françaises à Londres, est venu me visiter. Par pure solidarité douanière, probablement. Il se veut persuasif, expliquant qu'il ne me reste plus qu'à plaider coupable, désormais.

– C'est la solution pour sortir rapidement, martèle-t-il. Tu seras libre courant 1997.

Philippe Galy, l'attaché d'ambassade, avait pourtant fixé le mois de février comme échéance.

Mon visiteur se braque devant mon mécontentement. Pour lui, tout est arrangé.

– Avec toi, c'est toujours pareil : tu t'emportes pour un rien !

ÉTROITE SURVEILLANCE

Été 1989

Roger était vraiment un type à part. Pour tout dire, je le trouvais dangereux et un peu fou. Sûr de sa bonne étoile, il ne s'entourait d'aucune précaution. Une attitude qui me déplaisait. À plusieurs titres. D'abord, j'entendais que le casting de la production en cours soit parfaitement distribué. En clair, qu'on sache exactement à quel camp j'appartenais : je me savais à peu près protégé, mais ne voulais surtout pas que les douanes espagnoles pensent que je jouais double jeu, profitant de mon immunité pour m'enrichir. Ensuite, j'avais une réputation de skipper sérieux, professionnel, compétent et prudent, à défendre aux yeux de mes clients potentiels. Par deux fois, j'avais donc refusé des marchés que m'avait proposés Roger, les estimant excessivement risqués.

La trentaine finissante, Martens était un type curieux. Il vivait seul à Sottogrande, à bord d'un voilier de sept mètres. À l'écart des autres bateaux. Ma société off-shore semblait l'intéresser au plus haut point. Alors que nous nous connaissions à peine, il m'avait demandé sans manière d'y faire immatriculer deux vedettes rapides qu'il possédait. En contrepartie, il proposait que j'en sois le pilote. J'avais accepté le marché. Martens avait disparu dans sa minuscule cabine. Il en était ressorti avec une liasse de vingt mille francs, qu'il m'avait tendue.

– À titre d'acompte, avait-il précisé. De ton côté, donne-moi tes papiers. Je vais les faire vérifier. J'aime savoir avec qui je travaille.

– Tu sais, des papiers…

– Oui, je sais. C'est facile à obtenir. Mais ça me rassure. Je te les rends ce soir.

J'avais laissé mon passeport, sans chercher à savoir ce que Martens comptait en faire. De toute façon, j'avais décidé de jouer la carte de la transparence. D'avancer à visage découvert.

Le meilleur moyen, dans mon esprit, pour donner confiance.

Dès que j'avais eu le dos tourné, mon nouveau commanditaire avait filé avec mes papiers chez l'un de ses amis. Un certain Carlos Gaston Ferran, propriétaire d'une très belle villa à Estepona, un petit port voisin sur la route de Malaga. Pas n'importe qui, l'ami de Martens. L'homme était bien connu sur toute la Costa del Sol: des habitudes et une réputation de notable pour la majorité des locaux, un parrain, pour les plus avertis.

Ferran était un boulimique. Un cumulard des affaires. Promoteur, agent immobilier, il possédait les boîtes de nuit les plus somptueuses de la région. Dont l'incontournable *El Presidente*, à San Pedro de Alcantara. Sans doute pas rassasié par son gigantesque parc d'immeubles et de villas, il contrôlait aussi un réseau de trafiquants. La police locale n'avait rien à lui refuser. Car Ferran dirigeait l'antenne locale du GAL. De plus, il savait vivre. En clair, se montrer extrêmement généreux envers les bonnes œuvres nécessiteuses.

La puissance de Ferran était telle qu'il avait obtenu du sous-ministre Rafael Vera que son appartement soit directement raccordé au fichier de la police. Évidemment, il avait conservé l'installation. Tout le monde le savait, et personne ne s'en inquiétait.

Un petit privilège qui lui permettait de naviguer en toute impunité dans les archives les plus secrètes de la police judiciaire espagnole.

Je n'avais appris la visite de Roger Martens chez le *señor* Ferran que bien des mois plus tard. Pour le moment, après que son ami lui avait tendu mon passeport, Ferran avait pu rassurer son visiteur: je n'étais pas fiché. Il avait tout de même prié Martens de le tenir informé de mes activités. Roger ne pouvait rien refuser à Ferran: il avait été son porte-flingue au GAL, recruté par Ferran lui-même.

À partir de ce jour, j'étais donc placé sous surveillance. Par mesure de sécurité.

Pour une raison toute simple: les requins n'avaient jamais aimé partager leur territoire.

Carnet de cellule 11

630e journée de détention

Royaume-Uni, été 1996

Le procès est toujours prévu pour le début du mois août. J'ai décidé de maintenir mon plaidoyer de non-culpabilité. Pourtant, depuis plusieurs semaines, je suis la cible d'un intense travail de lobbying. Qui mobilise bien des énergies. Visiteur assidu, Philippe Galy est des plus actifs. Il me tient informé de l'évolution de mon dossier, m'assure que tout est arrangé avec les Anglais et revient régulièrement à la charge pour me faire changer d'avis.

Une idée fixe, chez lui.

– Et puis, précise-t-il, la position des douanes françaises est délicate.

Pour que les choses soient parfaitement claires, il ne néglige pas d'accompagner ses recommandations amicales de menaces explicites. Au cas où je m'obstinerais.

Sur un autre front, les demandes d'informations envoyées auprès de la direction générale des douanes française par le cabinet Martin & Murray sont toujours sans réponse.

Carter Manning souhaite se rendre en France pour questionner les autorités compétentes.

Highdown HM prison est mon nouveau point de chute. Je suis installé dans l'aile C du bâtiment, réputée pour être la meilleure d'après les habitués. Highdown est un centre de détention tout neuf situé dans le Surrey. Mon quotidien est rythmé par les fouilles à nu et les changements de cellule, très réguliers. Plus quelques manœuvres vexatoires toujours bienvenues, et pratiquées avec une réelle expertise.

Avant d'atterrir à Highdown, j'avais été momentanément transféré à Bellmarsh, un établissement londonien classé sécurité maximum. L'entrée se trouve légèrement en retrait de la route d'accès, pour éviter de pouvoir prendre le moindre élan, si l'idée germait dans quelques esprits entreprenants de tenter d'ouvrir une brèche avec un camion.

Les Anglais font bien les choses.

À mon arrivée à Bellmarsh, les fonctionnaires m'avaient installé à l'étage où un certain John Short purge une peine de huit ans de détention. Par mégarde, certainement.

Car John Short, qui impose sa loi parmi les détenus de Bellmarsh, est une vieille connaissance.

Et il aimerait bien me parler du pays.

LES FUMÉES DE BERCY

Octobre 1989

J'avais retrouvé le ministre égal à lui-même. Charasse était en bras de chemise. Sans plus de manières, il m'avait immédiatement invité à m'asseoir. J'étais venu le voir pour l'impliquer financièrement dans l'achat d'un restaurant qui pourrait me servir de couverture. S'il n'avait pour l'heure pas de solution à me proposer, en revanche, le ministre avait réfléchi à l'épineux problème de l'infiltration.

– Nous avons besoin de gens infiltrés, avait-il attaqué. Cela ne se discute pas. Reste à déterminer les conditions de leur intervention. Vous le savez, la formule actuelle ne me convient pas. Ce sont des agents officiels des douanes qui devraient tenir ce rôle, comme le font les agents de la DEA aux États-Unis. Lors de notre première rencontre, vous m'avez expliqué avoir déjà obtenu de très bons résultats après six mois d'activité souterraine.

– C'est exact. Enfin, j'espère.

– J'ai donc fait un petit calcul : un fonctionnaire efficace infiltré dans le Milieu pourrait être extrêmement précieux pendant deux ans. Au-delà, c'est trop dangereux.

À l'évidence, le détenteur du portefeuille du Budget ne se nourrissait pas que de belles paroles. Il s'était brusquement levé, avait arpenté son bureau avant de s'immobiliser dos à la baie vitrée, en me fixant.

– Pour trouver des volontaires à ce genre de poste, terriblement risqué, il faut les intéresser financièrement. C'est essentiel, car ils verront sous leurs yeux des masses colossales d'argent changer de mains. En plus du danger. Ils doivent donc être eux-mêmes fort bien payés pour ne pas être tentés. J'ai pensé qu'on pourrait déposer un million cinq cent mille francs à la Caisse des dépôts et consignation, au moment de leur prise de fonction. Ils encaisseraient cette somme, nette d'impôts, à la fin de leur mission de deux ans. Qu'en pensez-vous ?

L'idée m'avait semblée excellente. Susceptible d'entraîner de réels progrès dans la lutte contre le trafic. À la demande de Hoguet, le patron de la DNRED, j'avais informé Charasse des besoins de ses services. Le ministre avait appris de ma bouche que ses hommes n'étaient toujours pas informatisés – à commencer par l'antenne nantaise. Qu'ils travaillaient encore avec des fiches en carton et des stylos Bic, à l'heure où les trafiquants utilisaient les moyens les plus sophistiqués mis à leur disposition par le progrès.

Charasse avait manqué d'en avaler son éternel cigare.

– C'est ahurissant, avait constaté mon hôte. Je m'en occupe tout de suite. Mais bon sang, pourquoi ne suis-je pas tenu au courant ? Passons… De votre côté, je vous avais demandé de réfléchir aux moyens de lutter contre le blanchiment de l'argent. Vous avez du nouveau ?

– Non. Je n'ai pas eu le temps.

– C'est un vrai problème. J'aimerais vraiment que vous y pensiez. Nous en parlerons la prochaine fois.

Carnet de cellule 12

677e journée de détention

Royaume-Uni, été 1996

Le procès à été reporté au 13 janvier 1997. Je l'ai appris le jour de ma comparution.

Dans les jours qui suivent, Philippe Galy est à nouveau venu me visiter. L'attaché d'ambassade a appris par les douanes anglaises, le *customs and excise*, que j'ai tenté de faire une déclaration devant la haute-cour de Croydon, le 6 août. Déclaration suspendue au bout d'une minute par le juge Devonshire, sur pression des avocats de la Couronne.

Galy a sa tête des mauvais jours. Il attaque d'emblée.

– Qu'est-ce qui vous a pris de vouloir faire des déclarations intempestives ? On vous demande seulement de plaider coupable. Et de la fermer ! Si vous persistez dans votre attitude, on s'arrangera pour que vous en preniez pour dix ans.

Pour tenter de me convaincre, tous les arguments sont bons. Aucun stratagème n'est à négliger. Après le chef du bureau consulaire de Gibraltar, Christian Gatard tente à son tour de jouer sur la fibre sensible pour enlever le morceau. Auprès de ma fille Muriel, il assure agir dans mon intérêt. En lui tenant un discours alarmiste.

– Mais qu'est-ce que fout votre père ? Tout était arrangé avec les autorités britanniques. Il ferait mieux de penser à la sécurité de sa famille.

Évidemment, l'obstination dont je fais preuve ne peut être que le fait de mon avocat, qui cherche à se faire de la publicité à bon compte avec un dossier sulfureux.

À l'évidence, j'agis sous influence.

Cet activisme n'est pas sans effet, non plus. Chantal ne comprend pas pourquoi je ne fais pas confiance aux autorités françaises.

– Arrête d'être égoïste et de ne penser qu'à toi, implore-t-elle au téléphone. Pense un peu à nous !

UNE FÊTE DE TOUS LES DIABLES

18 juin 1990

J'avais mis le plus grand soin à n'oublier personne. Près de quatre cents cartons étaient partis pour convier la crème des crèmes de la société locale. Ce soir-là, ils étaient plus de deux cents à avoir répondu à l'invitation. Ils se pressaient autour de nous et des buffets que j'avais fait installer à trois endroits différents du restaurant. En ce jour de fête, nous avions mis les petits plats dans les grands, avec Chantal, pour recevoir nos amis.

À nouveau maman depuis quelques mois, Chantal était rayonnante. Pour l'occasion, elle avait revêtu un fourreau de satin et la soirée s'annonçait bien.

Autour de 21 h 30, alors que la fête battait son plein, un invité de marque s'était présenté à l'entrée du restaurant. J'étais presque flatté que cet homme me fasse ainsi l'honneur de sa présence. De petite taille, toujours élégant, la chevelure grisonnante et ne se séparant jamais d'un petit sourire narquois, il semblait porter en permanence un regard sans illusion sur l'espèce humaine. Je le connaissais mal, mais j'avais tenu à lui remettre personnellement une invitation.

Le commissaire Ricardo Kohl était venu accompagné.

– Je me suis permis d'inviter un ami qui est passé me voir à mon bureau : *el señor* Carlos Ferran.

J'avais fait bonne figure. Après tout, c'est bien connu : les amis de nos amis…

– Vous avez bien fait. Je suis heureux que monsieur Ferran soit des nôtres.

La soirée avait repris son cours, se poursuivant agréablement, entre mondanités et bulles de champagne. J'avais fait servir deux coupes au patron de la police d'Estepona et à son ami.

J'étais donc restaurateur, désormais. Gatard, Le Squere et tous mes amis nantais pouvaient être satisfaits. Christian allait même devenir co-propriétaire du restaurant, quelques mois plus tard, en laissant sa signature en bas du contrat d'achat de l'établissement.

Mais pour le moment, les services n'avaient pas investi la moindre pièce dans l'affaire.

Ma hiérarchie était extrêmement favorable à l'acquisition du *Saint-Georges*. À condition que les autres se débrouillent pour régler la facture – ce qui était une vraie philosophie de vie, dans la maison. Dans l'esprit de Gatard, il fallait aller vite. Le plus vite possible. Pour autant, mon agent-traitant n'en avait pas automatiquement déduit qu'il devait sortir son chéquier.

Pour être tout à fait précis, c'était un vol retour à bord d'un avion des douanes françaises, en provenance de Nantes, qui avait tout déclenché. Pour comprendre les motivations de l'acquisition du *Saint-Georges*, il fallait donc remonter près d'une année en arrière…

Le bimoteur s'était posé sur l'asphalte, en bout de piste de l'aéroport. Il avait roulé quelques centaines de mètres puis s'était immobilisé devant les hangars de l'aviation d'affaires. À son bord, Jo Le Squere. L'adjoint de Gatard avait profité d'une mission en Espagne pour pousser jusqu'en Andalousie en ma compagnie.

Jo était un compagnon agréable. À ses heures perdues, il présidait un club de basket à Nantes. Les derniers résultats de son équipe semblaient d'ailleurs le tracasser bien plus que les miens. Que nous ne faisions généralement que survoler.

– Nous aurons le temps de parler de tout cela dans le détail, demain, avait-il immédiatement attaqué, fidèle à lui-même, à son arrivée. Mais ce qui est certain, c'est que nous devons te trouver une couverture. Tu ne peux pas rester en permanence à Gibraltar et n'avoir pour seule activité que le trafic. Très vite, on va finir par se demander comment tu fais pour passer toujours entre les mailles du filet. Il faut absolument trouver une solution.

Le lendemain, Le Squere était bien en mal de matérialiser ses propos de la veille. En dépit d'une évidente bonne volonté, Jo était à l'évidence infoutu de me proposer des solutions opérationnelles. Les seules qu'il avait avancées sans beaucoup de conviction ne dessinaient pas vraiment de pistes sérieuses. Le temps avançait et Jo continuait de me parler de transport de marchandises et d'import-export. Autant d'hypothèses auxquelles j'avais déjà réfléchi, et que j'avais aussitôt écartées après en avoir discuté avec Tito le consul.

Le Squere faisait peine à voir. Il paraissait sincèrement abattu, alors que nous nous épuisions à passer en revue tous les secteurs possibles d'activité. En pure perte.

Visiblement attentif à sa clientèle, le patron du restaurant où nous étions attablés avait profité de ce moment de dépit, à la fin du repas, pour venir nous saluer. Et très vite, sa conversation avait provoqué l'effet d'un électrochoc, nous sortant de la résignation dans laquelle nous menacions de sombrer. Souhaitant passer la main, le patron venait de mettre en vente son établissement. Pour le moment, l'acquéreur qu'il attendait n'avait pas encore poussé la porte de son établissement.

Son histoire avait fait tilt. Je m'étais mis à phosphorer à toute allure, soudainement énergisé par le souvenir de l'abattement qui était le nôtre quelques minutes plus tôt. J'avais immédiatement relancé, le mitraillant de questions sur un maximum de détails, le prix de vente, le chiffre d'affaires, le salaire du personnel. Jo n'avait pas prononcé un seul mot. Il semblait avoir compris ce qui me trottait dans la tête. Le propriétaire du *Saint-Georges*, aussi. Il avait attrapé une chaise, s'était assis à notre table et avait appelé son serveur d'un signe de la main.

– Cognac ! Du Rémy Martin, s'il vous plaît.

Le *Saint-Georges* proposait une cuisine française de bonne tenue. Situé à Estepona, charmante localité fort appréciée par les agents, les chefs mafieux et autres barbouzes qui avaient servi le GAL, l'établissement faisait face à la plage, dont il était seulement séparé par la route reliant Malaga à Gibraltar. Une situation privilégiée, les deux voies étant très fréquentées.

Ma religion était faite : c'était l'opportunité recherchée !

L'établissement avait belle allure, même si des travaux de réfection étaient probablement nécessaires. Il disposait même d'un appartement, à l'étage. Prolongée par une immense terrasse couverte, la salle de restauration était très spacieuse. Elle pouvait accueillir une bonne cinquantaine de couverts. Au fond de la pièce trônait une grande cheminée.

Le Squere était convaincu, lui aussi.

– Je vais en parler demain à Gatard, mais ça me semble une très bonne idée, avait-il commenté sur la route du retour. On pourrait en faire un point de rencontre pour les trafiquants. L'information à domicile, c'est tout de même l'idéal !

Pour forcer les douanes à aller au bout de leur engagement et à me soutenir financièrement, j'avais pris les devants. En allant voir Charasse. Avant d'aller retrouver le ministre, j'étais d'abord passé rue du Louvre. Cette fois, Jean-Henri Hoguet s'était montré plus avenant. Il m'avait même offert un fauteuil, se préoccupant presque de mon confort.

En position de force, j'en avais profité pour lui faire remarquer que le versement de mes primes était toujours aussi lent.

Hoguet avait promis de s'en occuper immédiatement.

Afin de réduire la facture de la prise de contrôle du restaurant, j'avais négocié un arrangement avec Jean-Marc Guillet, le patron du *Saint-Georges*. Je lui avais proposé de rester dans l'affaire en devenant mon associé, mais en le déchargeant de la gestion.

Les travaux de rénovation avaient englouti huit cent mille francs. Au total, l'opération m'avait coûté plus d'un million de francs. Tout ce que j'avais gagné pendant la dernière année. J'avais fabriqué un large escalier en bois qui permettait d'accéder à l'appartement du dessus sans passer par l'extérieur. Avec Chantal, nous avions choisi les meubles avec grand soin, chez Cavon, un antiquaire de San Pedro de Alcantara.

Ma femme était heureuse. Elle s'apprêtait à mettre au monde Mélanie.

De mon côté, je possédais désormais une activité officielle. Une couverture, comme on disait dans les services.

Après les mondanités de la veille, pour le premier jour d'ouverture du *Saint-Georges*, nous avions enregistré trente-cinq réservations. Une entrée en matière encourageante, pour une dizaine de tables au total. Les premiers clients étaient arrivés de bonne heure, soucieux d'être les mieux installés. Alors que nous commencions le service, j'avais eu la surprise de voir débarquer un visage connu. Celui du… commissaire Ricardo Kohl.

La nuit dernière, lors de la pendaison de crémaillère, je l'avais abandonné avec Carlos Ferran en fort agréable compagnie. Le policier semblait captivé par une très jolie femme, et j'en avais été ravi. Les deux hommes étaient ensuite repartis vers 22 h 30, après m'avoir salué.

Ce jour-là, derrière son sourire toujours figé, Kohl n'était pas venu pour parler du menu ou me faire des suggestions de recettes. Il s'était fait accompagner de deux inspecteurs, et les trois hommes n'avaient visiblement pas l'intention de négocier une demi-pension.

– Marc, votre soirée était absolument superbe, avait commencé le commissaire, avec un sens consommé de la perfidie. Malheureusement, un de mes hommes m'a fait remarquer ce matin que de nombreuses pièces administratives manquaient à votre dossier d'ouverture. J'ai essayé de minimiser, mais trop d'actes ne sont pas en règle… Ne vous inquiétez pas, je vais tout faire pour accélérer les procédures, le temps que vous ayez régularisé. En attendant, je dois malheureusement vous demander de fermer. Passez me voir au commissariat pour me tenir au courant. J'espère que je ne vous mets pas trop dans l'embarras, financièrement.

Le *Saint-Georges* avait donc failli ouvrir. Il avait eu droit à une belle fête pour sa pendaison de crémaillère. Et je pourrais peut-être lui en offrir une seconde.

Ce qui était certain, pour le moment, c'était surtout qu'on venait de me retirer ma couverture, sans que je comprenne pourquoi. Mais ce soir-là, j'avais la conviction que les motivations de cette surprenante décision ne répondaient pas uniquement à des considérations d'ordre administratif.

Carnet de cellule 13

734e journée de détention

Sud de Londres, 27 septembre 1996

La scène est surréaliste. J'assiste à la montée sur l'échafaud d'un condamné à mort. Aux premières loges. Car cet homme à qui on va trancher la tête, c'est moi.

Je viens de terminer ma déclaration de culpabilité. Les mots sont durs à dire, ils me brûlent la gorge, mais j'ai pris ma décision. Toutes les personnes présentes dans la salle de la cour de Croydon m'ont entendu.

Le conseiller de la reine du *customs and excise* vient de bondir de son banc. Il se relève, redresse sa perruque, qui gitait par la droite, et bombe le torse. L'œil conquérant, il se lance dans une violente attaque, dénonçant ma fortune, mes connaissances dans le monde de la finance internationale et mon savoir-faire. Pas un mot, en revanche, pour rappeler mes activités pour les autorités douanières françaises. Logique avec lui-même, il réclame la modique somme de trois millions de livres pour la Couronne qu'il représente.

Dans les travées, le représentant des douanes anglaises semble apprécier le moment. Il est hilare. D'une voix de castra, le juge Devonshire veut savoir si je plaide coupable, là encore, sur les nouvelles charges qui viennent d'être servies.

L'affaire est entendue depuis quelques semaines. Depuis ce jour où, en quittant la prison de Highdown, l'attaché des douanes françaises affichait un beau sourire. Dans sa chemise, il avait emporté une lettre dans laquelle je donnais l'ordre à mon conseil juridique de plaider coupable.

Philippe Galy peut être satisfait, en effet. Il s'est donné du mal. Beaucoup de mal. Il m'a menacé de m'en faire prendre pour dix ans.

En revanche, il a assuré que je serais libéré en février prochain au plus tard, si je suis ses conseils. Et peut-être même avant.

Je n'ai voulu prendre aucun risque.

Les Bennet, mon avocat, est déçu par ma décision. Pour lui, je n'ai pas à plaider coupable si je ne le suis pas.

Il doit bien se faire une raison.

L'ANGLAIS QUI EN VALAIT UN AUTRE

Mai 1990

Christel nous avait rejoints. J'avais été la chercher à l'aéroport de Malaga. Je voulais faire visiter la région à ma fille et j'avais décidé de profiter de sa présence pour m'accorder quelques jours de détente. J'en avais besoin.

Un soir, au retour d'une escapade, j'avais décidé de faire une halte au *Saint-Georges.* Bobby Mills était en grande discussion avec l'associé avec qui je venais de reprendre ce restaurant. Avec Christel, nous nous étions joints à eux, puis j'avais invité tout ce petit monde à prendre un verre au *Yates's*, le bar select d'Estepona.

Bobby et Christel s'étaient entendus à merveille. Ma fille parlait un anglais parfait. Ils s'étaient même donné rendez-vous le lendemain, pour une partie de tennis. C'était inespéré.

Je m'étais absenté quelques minutes, pour retourner au *Saint-Georges*, où j'avais retrouvé Francis Geoffroy, le douanier-stagiaire-à-tout-faire que m'avait envoyé Gatard.

Francis était en train de bricoler.

– Demain, tu remets ta casquette de douanier. Mills joue au tennis avec ma fille. Tu y vas aussi et tu fais une série de photos. Les Anglais veulent être certains que c'est bien lui qu'ils recherchent. Tâche d'être discret. Il n'est pas indispensable qu'on te voie.

C'était Jean-Marc Guillet, mon associé du *Saint-Georges*, qui m'avait le premier parlé de ce Bobby Mills. Mills, un de ses anciens clients, était venu un jour le saluer alors que nous étions en pleins travaux au restaurant. Guillet était formel : cet Anglais plein aux as tirait ses revenus conséquents de la drogue.

– Et à mon avis, ce n'est pas un simple dealer, avait-il ajouté, sans se douter une seule seconde de mes activités parallèles.

Guillet avait vu juste. Dès son signalement pour vérification de son identité, une réunion avait été convoquée en urgence à Paris. En présence des services de Sa Gracieuse Majesté. Les Britanniques semblaient s'intéresser de près aux tribulations de ce Mills.

J'avais évidemment été invité aux agapes, données rue du Louvre.

Les Britanniques étaient venus en force. Ils avaient fait le déplacement à quatre : le contrôleur Atkinson, Ratcliffe et deux autres officiers infiltrés, dont on ne m'avait communiqué que les prénoms, par sécurité, Dave et John.

À l'évidence, j'avais ferré un gros poisson. Les Anglais m'avaient mitraillé de questions, persuadés que j'étais un mythomane. Je savais d'ailleurs qu'Atkinson avait protesté de ma présence à ce tour de table. Coopérer avec des Français était suffisamment pénible pour ne pas devoir en plus échanger avec un vulgaire aviseur.

Presque à contrecœur, Ratcliffe avait confié qu'il entendait remonter jusqu'à du gibier plus lourd grâce à Mills. Des cibles dont il préférait pour le moment taire le nom.

La confiance régnait.

Malgré toutes leurs préventions, nos amis britanniques souhaitaient que j'entre en contact avec leur suspect et que je les tienne informés dès qu'il organiserait un chargement.

L'opération avait reçu un nom de code aux notes alcoolisées.

Bacardi, du nom d'un bateau avec lequel je soupçonnais Mills de travailler.

Désormais, la traque de Bobby Mills m'occupait quasiment à plein temps. Pour assurer le quotidien, j'effectuais quelques navettes entre le Maroc et Gibraltar sans jamais perdre de vue mon objectif principal. De l'alimentaire, en quelque sorte.

Il est vrai, aussi, que le *Saint-Georges* me laissait pas mal de liberté. La salle du restaurant restait désespérément vide. En cette fin d'été, je venais de perdre les bénéfices de toute une saison touristique.

Le commissaire Ricardo Kohl avait beau m'assurer de toute sa sympathie chaque fois que je lui rendais visite, il n'avait toujours pas autorisé la réouverture de l'établissement. Même s'il se lamentait sur le grave préjudice financier qu'il me causait. Il fallait voir le cirque qu'il me jouait dans ces moments : Kohl prenait le ciel à témoin de son impuissance face à une Administration plus tatillonne que jamais avec les capitaux étrangers. Un vrai numéro d'acteur ! Chaque fois, avec une compassion qui me touchait, il s'inquiétait de la façon dont je réussissais à nourrir ma petite famille. N'oubliant jamais de me féliciter pour mon courage et la sagesse avec laquelle je gérais cette situation.

Je n'arrivais pas à comprendre le jeu du commissaire. J'avais l'impression qu'il m'avait placé sous surveillance, sans savoir pour qui ni pourquoi. Un peu comme s'il avait voulu me garder à portée de griffes.

Faute de trouver une réponse à ces questions, je poursuivais mes activités d'infiltration en multipliant les précautions.

Même si cela leur coûtait, les douaniers anglais avaient bien dû se rendre à l'évidence. J'avais localisé leur homme. Depuis, ils ne cessaient de relancer Gatard.

Les Britanniques nous avaient appris que Mills s'était évadé d'une prison en Angleterre. Ils ne souhaitaient pas lancer pour autant de mandat d'arrêt international contre lui, persuadés qu'il allait les conduire sur une autre piste, encore plus intéressante. Celle menant à un mystérieux personnage, dont l'identité restait secrète.

Mills était donc en cavale surveillée. Et pour l'heure, c'était moi qui déroulais le fil de cette mise sous observation, sans savoir ce qu'il y avait au bout.

Carnet de cellule 14

752e journée de détention
Sud de Londres, automne 1996

Mes avocats ont demandé à entendre les autorités françaises. Ils souhaitent leur comparution devant la cour de Croydon. En mai dernier, les Français s'étaient engagés à envoyer un officier témoigner devant la justice anglaise.

Pourtant, un courrier signé Philippe Galy vient démentir ces promesses. La direction générale des douanes françaises refuse le témoignage de Christian Gatard, mon officier-traitant. Précisant qu'il en serait de même pour tous les autres témoignages qui pourraient être demandés.

Par ailleurs, la levée de l'immunité diplomatique de Philippe Galy est refusée. Galy a violemment reproché à Les Bennett d'avoir osé imaginer que la France accepterait de lever son immunité pour l'obliger à répondre devant un tribunal à des questions gênantes.

Parmi ces mauvaises nouvelles, une note d'espoir : d'après Philippe Galy, toujours lui, Bernard Puyanet, le patron de la DNRED à Paris, a laissé entendre que les douanes françaises seraient prêtes à suspendre la coopération interservices si les Anglais ne faisaient preuve d'une meilleure volonté pour arranger ma situation. Le *customs and excise* étant particulièrement friand des renseignements produits par nos patrouilles aériennes, l'argument pourrait porter.

Pour le moment, les douanes anglaises continuent de me réclamer trois millions de livres. Elles exigent que Chantal vende la maison pour régler l'addition.

Entre espoirs et désillusions, rythmés par ces innombrables tergiversations, la situation n'est pas brillante. Devant ce quotidien, je replonge en permanence dans mon passé.

Que je revois sans cesse, séquence par séquence…

POKER MENTEUR À TANGER

Août 1990

Les hommes à qui j'allais rendre visite n'étaient pas contents. Il y avait de quoi. Ils avaient la désagréable sensation d'avoir été les dindons d'une farce qu'ils goûtaient peu.

Par conséquent, le breuvage qu'on leur avait servi ne parvenait pas à passer.

Leur émissaire s'était directement présenté au *Saint-Georges*. Un soir, un peu avant le dîner, alors que je rangeais quelques papiers dans mon bureau. Les coups sourds sur la lourde porte en bois m'avaient fait sursauter. Ils avaient résonné jusqu'à l'étage, dans tout l'appartement.

J'avais momentanément abandonné mon rangement. J'étais descendu et avais ouvert à l'inconnu.

– Monsieur Fiévet ? avait demandé l'homme derrière un sourire timide. Des amis de Tanger m'envoient vous rencontrer. J'aimerais vous parler quelques instants. Je peux entrer ?

Je m'étais écarté et l'avais invité à entrer. Le messager n'avait pas perdu de temps. Il s'exprimait dans un bon français, teinté d'une légère pointe d'accent. Il était allé droit au but. J'étais convoqué sur place. Ses amis de Tanger, dont il avait soigneusement tu le nom, souhaitaient avoir des précisions sur mon récent voyage à Port-la-Nouvelle.

Je n'avais pas eu le temps de la réflexion. Il fallait une réponse. J'avais donc immédiatement décidé de l'attitude à tenir.

– Mais bien sûr, c'est normal, avais-je répondu, sur le ton le plus décontracté possible. L'opération a coûté cher. Je comprends qu'ils veuillent éclaircir tout cela.

J'avais donc promis de faire le déplacement. Je ne comptais pas me défiler.

Le Marocain m'avait indiqué le bateau qu'il me fallait prendre, le lendemain. Il avait précisé qu'on m'attendrait au débarcadère.

Je n'avais pas à m'inquiéter, l'homme qui viendrait me chercher me reconnaîtrait.

L'affaire qui préoccupait les hommes de Tanger remontait déjà à plusieurs mois.

Et visiblement, ceux qui venaient de m'envoyer cette invitation insistante avaient la rancune tenace.

– Demain, nous voyons des collègues de Lyon, avait annoncé Christian Gatard. Ici même. Ils ont besoin de toi.

Nous sortions à peine d'une réunion de travail avec des douaniers britanniques, et Christian m'avait rattrapé. Il m'avait accroché par la manche de ma veste, me tirant par le bras pour fixer ce nouveau rendez-vous.

Le lendemain matin, en arrivant rue du Louvre sur le coup des 10 heures, j'avais tout de suite compris qu'il ne s'agissait pas d'une réunion de routine. Dans le hall de l'immeuble, Gatard discutait avec deux hommes. Jo Le Squere était là, également. Dans l'ascenseur, Christian m'avait présenté Michel Ribatet, patron de la DNRED de Lyon, et Jean-Pierre Cazet, un de ses adjoints

À la terrasse du café du coin, Christian m'avait expliqué qu'ils avaient trouvé une solution pour régler mes problèmes financiers.

– Michel va t'expliquer.

Le douanier lyonnais avait pris le temps de la réflexion, comme s'il cherchait à mûrir son propos, puis s'était lancé. Ce qu'il avait à me proposer n'avait en effet rien de banal. Bien au contraire.

Il s'agissait d'un étonnant marché, contre une commission d'un million de francs.

– Nous savons que des producteurs disposent actuellement d'une tonne de cannabis au Maroc, qu'ils n'arrivent pas à écouler faute d'acheteurs. Ces acheteurs, nous les avons trouvés grâce à un agent infiltré. Deux Anglais installés à Amsterdam. Des grosses pointures. Ce marché les intéresse. Nous allons donc leur livrer nous-mêmes la drogue, à Lyon, et les arrêter dès qu'ils en auront pris possession. Pouvez-vous vous charger de l'enlèvement de la marchandise ?

L'opération telle qu'elle m'était présentée m'avait semblé totalement folle. J'avais du mal à croire ce que je venais d'entendre. Et j'avais voulu évacuer toute ambiguïté.

– Vous voulez dire que les douaniers montent l'opération de bout en bout ? Jusqu'à la livraison ?

– Absolument.

Très attentif, Gatard avait perçu ma gêne. Il avait préféré devancer toute nouvelle question.

– Marc, c'est la seule solution pour en finir une fois pour toutes avec tes problèmes financiers du *Saint-Georges*. Le reste n'est pas ton affaire. Nous avons besoin de toi, mais tu restes un exécutant.

Christian avait raison, après tout. Le choix des méthodes ne me regardait pas.

Quelques jours plus tard, un confrère avait débarqué à Sottogrande. Il se prénommait Gérard et exerçait lui aussi le doux métier d'aviseur. Gérard arrivait spécialement de Toulouse pour m'assister.

Jean-Pierre Cazet m'avait précisé l'endroit exact où je devais charger le cannabis. Le débarquement était prévu à Port-la-Nouvelle, près de Narbonne.

Cazet devait m'y attendre, pour la suite des opérations.

J'étais arrivé dans le petit port avec une journée d'avance sur le planning prévu. Du coup, j'avais dû patienter près de vingt-quatre heures avec plus d'une tonne de cannabis à bord du *Windarra,* que j'avais prudemment rebaptisé *Tancrède* pour l'occasion. Le jour J, sept douaniers étaient sortis de deux véhicules, avaient empilé de grands sacs de jute sur le pont, puis, sans la moindre précaution, avaient enfourné les quarante-trois ballots de cannabis. Ils les avaient ensuite déposés dans leur camion, jurant comme des déménageurs contre le poids excessif des colis.

La scène m'avait semblé complètement surréaliste : au vu de tous, dans un petit port français, des douaniers avaient chargé et déchargé en plein jour une tonne de cannabis devant une gendarmerie. Le boulot terminé, sans plus se poser de questions, les douaniers m'avaient salué et étaient repartis vers Lyon.

Au moment d'embarquer pour Tanger, j'avais vaguement expliqué à Chantal que j'allais au Maroc régler un différend. Je voulais éviter de l'affoler et m'étais bien gardé de lui dire la vérité, alors que je savais parfaitement que ce voyage pouvait être sans retour.

Ce jour-là, je tentai un véritable coup de poker. J'avais évalué toutes les solutions qui s'offraient à moi. Si je m'enfuyais, en refusant la confrontation, je reconnaissais implicitement ma faute. Ce qui revenait à signer ma condamnation. Car, un jour ou l'autre, un tueur à gages finirait par me retrouver. Et lui ne me demanderait pas d'explication. En revanche, si je me rendais à la convocation avec l'air du type qui a pour lui sa conscience tranquille, on pouvait penser que je n'avais effectivement rien à me reprocher.

Évidemment, je savais que la partie promettait d'être serrée.

Et que le moindre faux pas se révélerait fatal.

Après avoir chargé la marchandise à Port-la-Nouvelle sur le *Windarra-Tancrède*, les douaniers étaient arrivés à Lyon. La drogue avait ensuite été entreposée dans un hangar à la périphérie de la ville. Les gabelous avaient alors été rejoints par un Marocain. L'homme venait s'assurer que tout était en ordre. Il était évidemment à mille lieues de se douter que le chauffeur qui l'avait réceptionné à bord d'un 4x4 à sa descente d'avion à Barcelone était en réalité un douanier français. Après avoir compté les ballots et contrôlé leur contenu, le représentant des producteurs s'était fait conduire jusqu'à une cabine téléphonique. Il avait composé un numéro inscrit dans son calepin. Celui d'une chambre d'hôtel, à Paris.

Au George V, très exactement.

Quatre hommes se trouvaient dans la chambre. Deux Anglais – les acheteurs – et deux douaniers, qui s'étaient présentés comme les complices des livreurs. Tous quatre attendaient ce coup de téléphone pour régler les affaires en cours. L'arrivée de la marchandise confirmée, les Britanniques avaient remis trois cent cinquante mille florins pour le règlement du convoyage à Bastien, un des deux « narco-douaniers ». Une mise en bouche. Ils avaient ensuite rejoint Lyon, afin de prendre livraison de la cargaison. Et verser un solde de trois millions de francs aux organisateurs et intermédiaires de l'opération.

Les douaniers lyonnais, encore et toujours.

Le lendemain, les deux Anglais avaient garé leur puissante berline de location devant le hangar où la drogue avait été stockée. C'était Jean-Pierre Cazet qui les avait accueillis. Il était accompagné de deux hommes, qu'il avait présentés comme des agents de sécurité chargés de veiller sur le cannabis.

À leur tour, les trafiquants s'étaient assurés du contenu des sacs, avant d'ouvrir deux mallettes dans lesquelles des liasses de dollars étaient soigneusement alignées.

Deux jours plus tard, ça n'avait pas manqué. La presse s'en était donné à cœur joie. Les journaux affichaient sur plusieurs colonnes des titres accrocheurs qui barraient leurs unes : « Saisie record de cannabis », « Les douaniers roulent sur l'herbe », « Coup de filet anti-drogue », pouvait-on ainsi lire… Lors d'une conférence de presse à grand spectacle, les responsables locaux des douanes avaient raconté comment les fonctionnaires étaient tombés, grâce à leur flair, sur un véhicule anglais transportant plus d'une tonne de cannabis – une tonne deux cents, exactement. Lors d'un simple contrôle de routine. Un coup de chance inouï ! Les journalistes avaient apprécié la mise en scène, visiblement, puisqu'ils s'épanchaient avec force détails pour relater à leurs lecteurs ce coup de maître des enquêteurs lyonnais. Quelques vieux routiers du fait-divers avaient tout de même tiqué. Émettant un léger bémol à l'euphorie ambiante, ils saluaient le succès des douanes, bien obligés, mais ne semblaient pas croire au fameux coup de chance. Comme d'habitude, les enquêteurs avaient dû travailler sur renseignements.

Et ils n'allaient quand même pas donner leurs sources.

Quelques jours plus tard, dans le secret d'un bureau peuplé d'épais dossiers, un homme était plongé dans un rapport dont il ne parvenait pas à se décrocher. Le dossier qui l'accaparait ne faisait que quelques feuillets, certes, mais ce qu'il lisait était suffisamment prenant pour absorber toute l'attention de ce lecteur solitaire.

Jacques Dallest exerçait la fonction de juge d'instruction au palais de Justice de Lyon. Pendant de longues minutes, l'air soucieux, le juge Dallest passait et repassait donc sur le rapport que venait de lui remettre le SRPJ. Les hommes de la police judiciaire avaient hérité de l'enquête après la saisie record des douanes. Ils semblaient peu goûter la fable servie avec le bonheur que l'on sait aux journalistes. Ces perspicaces policiers avaient de bonnes raisons de douter. D'abord, ils étaient payés pour ça. Pour entretenir le doute. Mais, surtout, ils savaient que dans la même situation ils auraient… agi comme leurs collègues douaniers.

La courte note qu'ils avaient rédigée à l'intention du magistrat instructeur était éloquente. Elle révélait un détail pour le moins troublant: le hangar où la drogue avait été saisie par les douaniers avait été loué à la chambre de commerce de Lyon par un certain… Jean-Pierre Cazet.

Autrement dit, par les douanes elles-mêmes.

Le petit juge avait senti le sang lui monter à la tête. Il détestait ces méthodes. Et exigeait du commissaire en charge de l'enquête de poursuivre les investigations dans la plus grande discrétion. Il entendait s'appuyer sur un dossier parfaitement bouclé, démontant sans contestation possible tout le montage de cette opération à trop grand spectacle.

À Paris, à la direction des douanes, on avait senti le vent tourner. Chacun comprenait qu'un gros orage se préparait. Comme il se devait, j'avais été le seul à ne pas être informé de la tournure des événements. Aussi, j'avais débarqué un matin dans le bureau de Jean-Henri Hoguet avec un large sourire, persuadé de repartir avec un joli chèque d'un million de francs. Pour une fois que mes employeurs semblaient disposés à me payer, je n'avais aucune raison de bouder mon plaisir. Je m'étais à peine étonné de croiser Gatard et Ribatet – sans doute le grand patron comptait-il nous inviter à dîner.

J'avais vite compris que quelque chose ne tournait pas rond. Gatard et Ribatet étaient extrêmement tendus. Ils s'étaient armés de dossiers, ce qui n'était pas dans leurs habitudes. Hoguet, lui, était de fort méchante humeur. Il m'avait à peine salué et avait attaqué ses deux collaborateurs sur un ton que je ne lui connaissais pas.

– Qu'est-ce que c'est que cette connerie ? avait-il hurlé d'entrée.

Ribatet s'était jeté à l'eau, tentant de justifier l'injustifiable. Autrement dit l'opération de Lyon, par la nécessité de faire tomber les deux Anglais, qui passaient depuis des années entre les mailles du filet. Pour donner plus de poids à son propos, Ribatet avait sorti de ses dossiers une dizaine de fiches répertoriant les activités des deux trafiquants.

Hoguet lui avait coupé la parole. Brutalement.

– Je me fous de vos chiffres. Je sais que vous n'avez pas interpellé des petits dealers de Belleville. C'est l'opération que je condamne. Il fallait m'en parler. Et j'aurais dit non. Le montage est cousu de fil blanc. Je peux vous assurer que le magistrat de Lyon ne va pas nous lâcher. Et je vous conseille de préparer votre défense. Je ne couvrirai pas cette opération, je vous le dis clairement.

Hoguet ne m'avait pas adressé un regard. Mais je me doutais qu'il ne m'avait pas fait venir uniquement pour être le témoin de cette explication musclée. J'attendais donc mon tour avec une certaine appréhension, même si je n'étais pour rien dans ce montage osé.

Brusquement, le directeur s'était tourné vers moi.

– Quant à vous, monsieur Fiévet, vous imaginez bien que je ne vais pas vous verser un million de francs…

J'avais tenté de défendre ma cause.

– C'est ce qui était convenu, et j'ai rempli ma mission.

– Sans mon accord, on peut toujours convenir de beaucoup de choses.

– Je ne vais pas vous téléphoner avant chaque contrat pour vérifier que vous êtes bien au courant !

– C'est certain. Mais celui-là, nous allons le renégocier. Et c'est à prendre ou à laisser. Je vous propose cinq cent mille francs.

– Ce sont des méthodes de voyous ! Ceux que je vous livre, au moins, respectent leurs contrats.

Malgré mon écœurement, je ne disposais d'aucun moyen pour faire plier Hoguet. Il était évidemment hors de question de prendre un avocat pour plaider mon cas, ou d'aller réclamer mon dû devant les prud'hommes. J'avais besoin de cet argent, j'étais piégé.

Gérard Estavoyer, l'adjoint d'Hoguet, le savait aussi. Il m'avait conseillé d'accepter la sacoche, sans faire d'histoires. Sans attendre de réponse, Hoguet, sûr de lui, m'avait tendu une enveloppe. Plus un reçu prétendant que cet argent était prélevé sur les fonds réservés des douanes. Une vaste blague. Comme tout le monde dans ce bureau, je savais pertinemment qu'il provenait de l'argent saisi aux Anglais. Hoguet ne couvrait peut-être pas l'opération, mais il encaissait quand même la mise pour son service. Un argent, je le savais, qui partait alimenter la caisse noire de la DNRED, puisque les fonds réservés n'y suffisaient pas.

Quoi qu'il en soit, je me retrouvais avec cinq cent mille francs en liquide sur moi. De grosses coupures plutôt encombrantes pour prétendre prendre un avion, c'était mon cas, pour regagner l'Espagne. À mon passage au contrôle, on risquait de me demander des comptes.

Gatard et Ribatet ne s'étaient nullement sentis concernés par le problème. C'était finalement l'adjoint de Hoguet, Gabriel Bastien, qui m'était venu en aide. Une âme charitable.

Bastien avait appelé ses collègues, à Orly. Pour obtenir la garantie que je ne serais pas inquiété en quittant le territoire national.

– Et pour entrer en Espagne ?

– Là, c'est plus délicat. Il va falloir tapisser.

Après avoir extrait plusieurs rouleaux d'un placard anonyme, Bastien avait entrepris de m'enturbanner, en recouvrant de ruban adhésif les liasses de billets qu'il m'avait plaquées sur le dos et le torse. Sa tâche accomplie, j'avais hasardé un regard dans le miroir qui me faisait face. Dans l'atmosphère glaciale de ce local à fournitures, j'avais l'impression d'être la momie la plus friquée au monde.

Quelques jours plus tard, le téléphone de l'appartement s'était mis à sonner. Gatard avait sa voix des mauvais jours.

– Le juge de Lyon a bouclé son dossier. Il sait que nous avons monté le coup. Pour l'instant, tu n'apparais pas. Les flics ne t'ont pas identifié, ils ne cherchent pas trop dans cette direction. Mais fais attention, si tu as de la visite. On ne sait jamais.

En France, l'affaire avait provoqué un joli scandale. Le juge Dallest était furieux, désormais. Pour ne pas risquer l'annulation de la procédure, il avait décidé de saisir la chambre d'accusation. C'était maintenant à la justice de dire si les douaniers avaient outrepassé les limites admises dans la lutte contre le trafic de stupéfiants, en poussant trop loin la provocation.

Face à ce déchaînement, chacun avait ouvert le parapluie. Embarrassé, le parquet lyonnais avait mollement reconnu avoir été averti le 23 mai de cette opération, tout en certifiant qu'elle n'avait pas été présentée de cette façon. Les magistrats avaient pensé que les enquêteurs se contenteraient de filer et de contrôler les trafiquants tout le long du voyage. Mais pas que les douaniers convoieraient eux-mêmes la drogue pour la livrer aux trafiquants.

Hoguet, de son côté, s'était défendu comme il avait pu. Et même s'il avait juré qu'il ne couvrirait pas cette histoire, il avait été bien obligé de l'assumer. Il s'était retrouvé piégé : que le directeur des douanes puisse ne pas avoir été alerté d'une telle opération ne faisait pas très sérieux. Hoguet avait donc bien malgré lui justifié l'action de ses hommes en rappelant que les trafiquants arrêtés étaient de gros bonnets.

Ça n'avait pas suffi à stopper le feu qui menaçait et à calmer l'ardeur du magistrat instructeur.

Au téléphone, Le Squere m'avait confirmé que la justice connaissait le rôle joué par les douaniers en France. Mais pour le moment, elle ignorait qu'ils avaient en réalité pris livraison de la marchandise au Maroc, par mon intermédiaire. À moins, peut-être encore, qu'elle n'ait simplement préféré ne pas le… savoir. Quoi qu'il en soit, l'action d'agents infiltrés était à peine évoquée, sans plus de précisions.

Si la justice ne savait pas que j'étais allé à Port-la-Nouvelle, d'autres ne l'ignoraient pas. À force de jouer avec le feu, j'allais finir par me brûler.

Un matin, Roger Martens, mon voisin narco, était venu me saluer alors que je préparais le *Windarra* pour une sortie. Il tenait un exemplaire du *Monde* à la main. Et m'avait montré l'article sur Lyon.

– Dis donc, ce n'est pas toi qui as déchargé ça à Port-la-Nouvelle ?

J'avais préféré ne pas chercher à nier.

– Ne me parle pas de ça ! Bien sûr que c'est moi. Tu réalises, j'ai livré une tonne deux cents de cannabis à des douaniers ! J'ai eu la chance qu'ils veuillent remonter jusqu'aux commanditaires, ça m'a laissé le temps de filer. Si j'avais traîné dans le port, j'étais bon le lendemain, c'est sûr. Heureusement, j'avais un pavillon français et j'avais aussi pensé à changer le nom du bateau.

Roger avait hoché la tête.

– T'as eu du pot.

Momie friquée ou pas, ma peau ne valait pas très chère, pour l'heure. Et du pot, sûr que j'allais en avoir besoin dans les minutes qui s'annonçaient.

Le bateau était arrivé à Tanger. À ma descente du ferry, j'avais eu la désagréable sensation d'être suivi. Sur le quai, un homme m'avait dépassé, puis m'avait désigné d'un bref signe à un inconnu. Qui s'était à son tour dirigé vers moi.

Je ne m'étais pas trompé.

– Fiévet ? On va par là.

Sans un mot, j'avais été invité à grimper à l'arrière d'une Mercedes sans âge. Deux hommes étaient déjà installés et le véhicule avait démarré. Dans un silence pesant, nous avions longé la côte pendant quarante minutes interminables.

Je savais que les questions n'allaient pas manquer. J'avais refusé le choix de la fuite et d'une traque dont je connaissais l'issue. Pour avoir une chance de sauver ma peau, il allait falloir faire preuve d'habileté.

Après ce long trajet, la voiture était entrée dans un parc face à une superbe villa dominant la mer, sur laquelle on apercevait l'île Persil.

Les premières minutes n'avaient pas été aussi terribles que j'avais pu le craindre. Nous étions passés à table et mes hôtes s'étaient présentés. Ils se disaient producteurs de cannabis. De mon côté, mon identité ne faisait pas de doute. À mon arrivée, un des gardes du corps qui entouraient les trois hommes en costume blanc m'avait fouillé et s'était emparé de mon passeport. Il l'avait tendu à l'un des hommes en blanc, qui l'avait lentement feuilleté, avant de le glisser dans sa poche, sans un mot.

Pendant le repas, les trois hôtes m'avaient questionné de façon courtoise sur mon passé et mes activités. Brusquement, à l'heure du café, le ton avait changé. Devenant agressif et heurté. J'avais alors eu droit à un interrogatoire en règle. Les hommes en blanc voulaient des explications sur l'opération de Lyon. Ils exigeaient de savoir qui étaient mes équipiers, quel avait été mon trajet exact, pourquoi je n'avais pas été inquiété. D'autres choses, encore.

Avant de venir me jeter dans ce qui pouvait se transformer en piège mortel, j'avais fait l'effort d'anticiper toutes ces questions. Et je m'efforçais maintenant d'y répondre le plus précisément possible, en m'en tenant à la version servie à Roger Martens : j'avais eu une chance inouïe, je ne savais pas que je livrais à des douaniers et ils ne m'avaient pas arrêté parce qu'ils voulaient aller plus haut.

Ces explications n'avaient pas semblé suffire. Les trois truands exigeaient toujours plus de détails, d'autres précisions.

Les heures s'étaient écoulées, il faisait de plus en plus chaud et la pression ne retombait pas. J'avais envie de marcher, de bouger. Pour la troisième fois, les narcos avaient quitté la pièce, me laissant sous la surveillance de deux gorilles.

Ils étaient finalement revenus au bout de vingt minutes.

– Pourquoi tous ces visas : Irak, Jordanie, Turquie ? avait interrogé l'un d'eux en me tendant mon passeport. Qu'est-ce que tu faisais, exactement ? Drogue, armes, barbouze ?

Alors que je m'appliquais à répondre le plus précisément possible, un des hommes que je prenais jusque-là pour un garde du corps avait pris la parole.

– Il faudrait être fou pour venir ici après avoir balancé. Si Fiévet nous avait trahis, je pense qu'il aurait pris le premier avion pour la France avec sa famille, lorsque nous l'avons convoqué.

Mes trois juges avaient écouté avec attention l'intervention de cet homme, qui représentait un de leurs associés. Ils s'étaient concertés du regard, puis l'un d'eux avait répondu à mon défenseur.

– Tu as peut-être raison, Antoine. Raccompagne-le au ferry.

Carnet de cellule 15

814e journée de détention
Sud de Londres, 17 décembre 1996

Ce mardi, la journée commence tôt. Je viens de me réveiller, brutalement. Ébloui par le plafonnier. Je sors hagard de ce rêve qui me ramenait vers un passé proche – du temps ou j'étais un homme libre et actif pour le compte des douanes françaises.

Les préparatifs pour mon transfert ont débuté. Ma montre indique 6h45. Un gardien m'escorte jusqu'au service des sorties pour une fouille à nu. On m'a remis une combinaison réservée à ce genre de voyage. Elle est en partie recouverte de bandes jaunes phosphorescentes soulignant les parties non-vitales. Une coquetterie destinée à faciliter les… tirs de l'escorte, en cas de besoin.

Un gardien m'a passé les menottes. Avec beaucoup de professionnalisme, il vérifie la résistance de ces lourds bracelets. Pour faire bonne figure, on me rattache également à un autre maton. Ainsi empaqueté, je traverse les dix mètres qui me séparent du fourgon blindé. Des maîtres-chiens forment une haie d'honneur pour compléter cet impressionnant dispositif. Une fois jeté dans la cage à l'intérieur du fourgon, nous roulons enfin vers Croydon.

Arrivé à bon port, j'ai retrouvé mes vêtements civils, et même un café au lait très britannique. Après avoir échangé quelques paroles dans la salle d'audience avec le juge Devonshire, Carter-Manning m'annonce qu'il a deux nouvelles pour moi.

– S'il vous plaît, Marc, asseyez-vous, insiste-t-il préalablement. Oui, Marc, deux nouvelles : une bonne et une mauvaise. Je commencerai par la bonne. Mais j'aimerais que vous vous asseyiez, Marc.

Les poursuites financières ont été abandonnées. Pas les charges de conspiration. La fameuse mauvaise nouvelle reste à venir. Carter-Manning n'a pas fini.

– Maintenant, la mauvaise nouvelle : le *détective sergeant* David Canon, de Scotland Yard, est à la porte du tribunal pour vous arrêter au cas où vous seriez libéré à l'audience, comme nous le pensions. Il a un mandat d'arrêt international délivré par le Canada !

UNE BANQUE POUR LES NARCOS

Novembre 1990

Le ministre du Budget m'avait immédiatement fixé un rendez-vous, à peine avais-je demandé audience. Il était à l'évidence beaucoup plus à l'écoute de mes préoccupations que son Administration. J'étais rassuré de pouvoir compter sur une oreille si haut placée, et pour dire vrai assez fier de ce contact privilégié. Comolli et Gatard avaient également été conviés à se joindre à nous. Je comptais relater au ministre l'épisode de Tanger. Il était impératif qu'il se rende compte des conditions, dangereuses, dans lesquelles je devais mener mes actions. À mon entrée dans son bureau, il m'avait chaleureusement félicité pour le panache avec lequel je m'étais sorti de ce mauvais pas. Charasse semblait décidé à faire bouger les choses. Il entendait toujours déposer un projet de loi pour clarifier la situation des agents infiltrés.

De mon côté, je souhaitais aborder une question qui me tenait à cœur – celle des circuits de l'argent sale.

– Monsieur Charasse, j'ai bien réfléchi. La meilleure façon de savoir comment l'argent de la drogue circule, notamment dans les banques, c'est de l'attirer dans notre propre banque. Je pourrais en créer une dans un pays un peu trouble des Balkans. La Croatie, par exemple. Le seul problème, et il est de taille, c'est que je n'ai pas la surface financière pour monter un tel projet.

La réponse du ministre m'avait laissé sans voix. Elle était certes enthousiaste. Mais pas vraiment comme je l'attendais.

– Mais si, monsieur Fiévet, mais si. Vous allez souffler cette excellente idée à vos amis trafiquants et les associer au projet. Ils ne savent plus que faire de leur argent. Ce sont eux qui vont financer leur propre perte. Avouez, c'est génial.

J'étais consterné. Affalé au fond de mon fauteuil, comme un poids mort, les mains accrochées aux accoudoirs, la bouche ouverte, j'accusai le coup. Groggy, je regardais fixement le ministre du Budget, qui me souriait de toutes ses dents. À l'évidence, Michel Charasse ne plaisantait pas. Et je me sentais incapable de prononcer le moindre mot. Rien ne venait.

Très fier de lui, le ministre avait pris cette soudaine incapacité comme une approbation de son génial plan.

– Vous voyez cela, et vous me tenez au courant.

Il m'avait fallu un moment pour recouvrer mes esprits. Tout cela pouvait effectivement sembler génial, mais personnellement je constatais surtout qu'on m'en demandait toujours plus. Ce n'était plus de l'infiltration mais du détournement de (bas) fonds. Je n'étais plus une taupe, j'étais un lamparo !

Dans le même temps, on ne me payait pas souvent.

– Comment? avait bondi Comolli, le directeur général des douanes, à peine avais-je évoqué le sujet. Je vous ai déjà versé un million sept cent vingt-deux mille francs.

Je n'avais pas eu le temps de protester. Gatard m'avait décroché un formidable coup de pied, tout en me fusillant du regard. Je ne comprenais pas son attitude, mais je m'étais finalement abstenu de tout commentaire.

– Ce n'était ni le moment ni le lieu pour contester.

Dans la voiture dans laquelle il me raccompagnait à Orly, Gatard avait tenté de se justifier.

– Ne t'inquiète pas, tu seras payé. Mais Comolli n'a pas à se mêler de notre gestion. Il faut le laisser avec ses certitudes.

– Peut-être, mais en attendant, il est persuadé de m'avoir versé un million sept cent vingt-deux mille francs. Il ne l'a pas inventé. Quelqu'un lui a dit que cet argent qu'il a sorti de sa caisse m'était destiné. C'est faux. Alors, pourquoi ?

– Tu sais très bien que nous avons à gérer des situations délicates et inattendues. Les administratifs ne comprendraient pas. Alors, nous nous arrangeons.

– Oui, sur mon dos. Ça ne me plaît pas du tout.

Tout cela me paraissait extrêmement trouble. Et je n'étais pas au bout de mes surprises. J'avais signalé à Gatard que mon associé, Guillet, souhaitait se retirer du *Saint-Georges* à la première occasion. Cette décision me mettait à nouveau dans une situation délicate. Mon agent traitant m'avait rassuré. Il avait une solution.

– Les douanes vont racheter sa part. Le contrat de vente sera établi à mon nom et à celui d'un autre douanier qui va descendre te rejoindre. Il est actuellement en formation. Il doit s'habituer à sa nouvelle identité : nous l'avons baptisé Michel Rotard. Officiellement, il viendra te seconder dans ton restaurant.

J'avais coupé Christian dans son élan. J'avais mon compte d'informations pour la journée : entre ma promotion en Croatie à la tête d'une banque et mon association dans la restauration avec les douanes, c'était suffisant. J'avais besoin de respirer. Et mieux valait évoquer un peu les dossiers en cours.

Sur le terrain, Bobby Mills restait mon objectif numéro un. J'étais parvenu à le faire venir sur une affaire : il avait besoin de moi pour livrer six cents kilos de cannabis marocain à ses partenaires anglais. Marc Romyn, de retour à Sottogrande, ne semblait pas me soupçonner malgré le fiasco de notre dernière livraison. J'avais donc loué son voilier, l'*Indigo*, pour effectuer un transport vers l'Angleterre pour le compte de Mills. Tout était prêt. Ne restait plus qu'à savoir comment les douaniers britanniques comptaient opérer.

Le plan des Anglais était simple. Trois fonctionnaires devaient venir skipper le bateau. Il me revenait de les présenter à Mills comme des marins et des amis sûrs. Il n'était pas prévu, en revanche, que je participe au voyage. Ce qui m'arrangeait bien.

Une réunion avait été organisée à Londres pour peaufiner les derniers détails de ce plan. À cette occasion, le contrôleur Atkinson m'avait présenté l'équipage que je devais réceptionner. Le planning était extrêmement précis. En tout, l'opération devait durer cinq bonnes semaines. J'avais exigé que l'*Indigo* soit ramené dans un port du Portugal, à Faro. Le bateau ne devait pas être saisi, car d'énormes soupçons pourraient alors peser sur moi.

Je prenais assez de risques comme ça.

Carnets de cellule 16, 17

818ᵉ journée de détention

Sud de Londres, 20 décembre 1996

Dans ma cellule de Highdown, je viens de recevoir un courrier de mon avocat. La missive porte la date du 18 décembre 1996. Les Bennett m'informe que le juge a décidé de ne plus me poursuivre pour les éventuels profits que j'aurais réalisés avec le trafic de drogue. Cela fait pourtant déjà vingt-six mois que je dors en prison, aux frais des contribuables.

Le 23 décembre 1996, l'honorable juge Devonshire confirme la lettre de Les Bennett. Comme prévu, il déclare devant la cour de Croydon que Marc-François Fiévet ne peut être poursuivi financièrement, puisqu'il est démontré qu'il n'a fait aucun bénéfice sur l'argent de la drogue. Beaucoup moins prévue, en revanche, sera la sentence : le magistrat me condamne à quatre ans d'emprisonnement – déjà effectués, en partie.

En décidant de cette peine paradoxale, le juge a fait un mécontent. À l'audience, le *détective sergeant* David Canon, de la très honorablement connue maison Scotland Yard, a produit un mandat d'arrêt signé des autorités canadiennes à mon encontre. Prêt à m'arrêter. En voilà au moins un qui aurait été satisfait si le jugement avait été plus favorable.

822ᵉ journée de détention

Sud de Londres, 24 décembre 1996

Nous sommes la veille de Noël. Aujourd'hui, j'ai eu droit à un cadeau : un officier est venu m'annoncer que je passais de la catégorie A au rang de prisonnier B. Me voilà dégradé !

Ce déclassement me vaut de retrouver mes cartes de téléphone. Et d'être transféré dans une cellule pour trois de dix mètres carrés, dans une autre aile de la prison. Disposer d'une cellule individuelle est un privilège réservé aux seuls A.

Ainsi va la vie, à l'ombre des geôles d'Albion.

Ce Noël de l'année 1996 est le troisième que je passe en prison, loin des miens. Mes filles me manquent, et grandissent. Il ne me reste plus qu'à laisser passer les fêtes, désormais. Dehors, mes protecteurs sont en famille et ont d'autres chats à fouetter.

Il ne se passera rien jusqu'à la rentrée.

AU FIN DOUANIER (GOURMAND)

Décembre 1990

Il ne restait plus que quelques jours d'ici les traditionnelles fêtes de fin d'année. Avant de recevoir la visite du vieillard à la barbe blanche, j'avais eu celle de Gatard. Il ne portait pas de robe rouge, mais sa hotte était garnie, pourtant. Dans sa valise, mon agent-traitant transportait deux cent cinquante mille francs en liquide. Il venait pour signer le contrat du *Saint-Georges*. Michel Rotard, le troisième associé, n'était toujours pas là, en revanche.

Il n'était pas prêt, d'après Christian qui disposait d'une procuration.

L'acte de vente avait été établi aux noms des deux fonctionnaires.

S'il était absent en ce jour, l'arrivée prochaine de Rotard, mon nouvel associé, était confirmée. Je devais lui trouver un appartement. Mais avant ça, je souhaitais en savoir plus sur son rôle et ses fonctions.

– Ton secteur est très actif, avait commenté Christian. Il te fallait du renfort. Avec Rotard, tu auras un agent officiel à tes côtés. Ce sera plus facile pour prendre des décisions.

– Mais il sort d'où ce type ? Il est en poste à Paris ?

– Oui, mais il bouge beaucoup. Il est souvent en mission.

J'avais dû pousser Christian jusque dans ses retranchements. Il avait fini par m'avouer que mon nouvel associé travaillait aussi pour la DGSE. Il était d'ailleurs en stage à la « piscine ».

Cette fois, Kohl n'avait rien pu faire. Nous avions pris les devants et un avocat de Malaga s'était chargé de monter un dossier inattaquable. J'avais engagé une cuisinière, une hôtesse d'accueil et un serveur. Pour donner à ma couverture toute la crédibilité qu'elle méritait, j'avais décidé de travailler moi-même en salle. Chantal aussi.

Nous devions jouer aux parfaits restaurateurs. J'avais d'ailleurs décidé de ne proposer qu'un service du soir.

Le 16 janvier 1991, le *Saint-Georges* pouvait enfin rouvrir.

Quatre clients n'avaient pour rien au monde voulu manquer l'événement, passant outre la guerre du Golfe qui venait de débuter.

Roger Martens était venu me relancer. Il voulait que je pilote à nouveau sa vedette rapide, le *Scarab,* enregistrée sur une seconde société off-shore que j'avais créée pour l'occasion. Propulsée par deux moteurs Mercury de 350 CV, cette cigarette de onze mètres était un monstre délicat à manier. À plein régime, le *Scarab* volait au-dessus des vagues à cent vingt km/h. Mieux valait placer un tel engin entre des mains expertes.

Après deux tentatives infructueuses – qui avaient tout de même permis de payer les salaires et les charges du restaurant –, Martens m'avait proposé un contrat d'un tout autre calibre. Il s'agissait de convoyer une tonne de cannabis entre Melilla, au Maroc, et Fuengirola, petit port entre Marbella et Malaga. Cette fois, nous faisions dans le commerce de gros. Dès que je l'avais prévenu, Gatard avait aussitôt répercuté l'info sur Muñoz.

Le jour du départ, un premier incident était venu bouleverser les plans. Malade et cloué au lit, j'étais incapable de prendre la mer. J'avais trouvé un remplaçant au pied levé : Pascal, un jeune garçon que je savais compétent. Gatard et Muñoz avaient été prévenus de ce changement qui ne modifiait pas l'opération en cours.

Lorsque le *Scarab* était arrivé, les hommes de Muñoz étaient en place à leurs postes d'observation. Téléobjectifs, camionnette radio banalisée aux vitres sans tain, tout avait été prévu pour surveiller les allées et venues dans le port.

À l'intérieur du « sous-marin » en planque, le climat était plutôt détendu. Les quatre douaniers savaient qu'ils avaient du temps à tuer avant le déchargement, moment choisi pour déclencher l'intervention, en donnant le signal d'alerte au reste des troupes qui patientaient pour l'instant à l'écart, à l'extérieur du port.

Un des hommes venait d'égrener un nouveau numéro, celui de la plaque d'immatriculation d'une camionnette qui approchait. L'opérateur radio l'avait noté presque machinalement sur son registre quadrillé, avant de le transmettre pour vérification de l'identité du propriétaire.

Le retour n'avait pas tardé. L'opérateur s'était retourné vers son collègue, amusé.

– Arrête tes conneries, c'est une fourgonnette de la *guardia civil* !

L'homme de guet avait réajusté ses jumelles.

– Je ne déconne pas. Qu'est-ce qu'ils foutent là ? Je suis sûr qu'il y a du monde là-dedans.

– Ils sont en planque comme nous !

Dans la camionnette des douanes espagnoles, on ne s'ennuyait plus. La tension était montée et, désormais, tout pouvait arriver.

– Mais qu'est-ce que c'est que ce cirque ? Qu'est-ce que c'est que ce cirque ?

Le chef de bord de l'équipe en planque ne parvenait plus à renouveler le disque.

En liaison directe avec Muñoz, il avait tout de même pu décrire l'arrivée soudaine d'un petit fourgon bleu de marque Toyota. Le véhicule était venu se garer le plus près possible du *Scarab*, et les quatre hommes qui en étaient descendus s'étaient immédiatement engouffrés à bord de la vedette.

– Que fait la *guardia* ? avait interrogé Muñoz.

– Pour l'instant, elle ne bouge pas.

La décision d'intervenir était prise.

En un éclair, huit douaniers avaient investi le *Scarab* et ses occupants avaient été priés de se regrouper dans la cabine. Du cannabis était déjà rangé dans des sacs disposés un peu partout.

Alors que la fouille du bateau commençait, un officier de la *guardia civil* avait déboulé dans le carré.

– Qui êtes-vous ? avait-il lancé au douanier qui s'avançait vers lui, en exhibant sa carte.

– Douane : SVA[3]. Que se passe-t-il ? Et vous, que faites-vous ici ?

Quatre autres policiers en uniforme avaient rejoint leur chef.

– Opération anti-drogue. Nous savons qu'il y a du cannabis sur ce bateau.

– Nous aussi. Une tonne.

Le policier avait paru surpris, mais n'avait pas relevé. Il avait immédiatement enchaîné, en souriant.

–Vous étiez là les premiers. Je vous laisse travailler.

Les policiers redescendus à terre, les douaniers avaient repris leur besogne. Ils n'avaient pas tardé pas à découvrir les premières savonnettes de cannabis.

Après quatre heures de recherche et d'un « déshabillage » méthodique de la cigarette, cinq cents kilos de cannabis avaient été rassemblés sur le pont.

En apprenant la saisie de son bateau, Martens avait blêmi. Mais il s'était immédiatement ressaisi pour affirmer aux deux douaniers qui lui avaient rendu visite qu'il avait loué sa vedette. Par conséquent, il n'était pas concerné par cette histoire.

Il m'avait ensuite téléphoné et je lui avais assuré n'être au courant de rien.

J'avais retrouvé Muñoz à Algesiras. Pour le patron des douanes, il n'y avait pas l'ombre d'un doute. Si les policiers de la *guardia civil* surveillaient le bateau, c'était pour le protéger.

Restait à savoir qui avait pu obtenir un tel service.

Pour Muñoz, à lui seul Martens n'avait pas la carrure.

– En revanche, à la grande époque du GAL, il avait été recruté par Carlos Ferran comme porte-flingue. Je pense qu'il trafique toujours sous son contrôle. Et Ferran, lui, peut obtenir ce qu'il veut de certains policiers amis.

En l'espace d'une seconde, beaucoup d'événements troublants survenus au cours des derniers mois s'étaient éclairés d'une tout autre lumière.

---

3 SVA : Servicio vigilancia aduanera.

– Quels amis policiers ?
– Celui qui t'a tracassé lors de l'ouverture de ton restaurant, par exemple. Ricardo Kohl ne le quitte pas…

Tout devenait clair. Martens avait probablement parlé de moi à Ferran, après notre première rencontre. Lorsqu'il s'était invité à l'inauguration du *Saint-Georges*, celui-ci savait donc qui j'étais. Il avait certainement demandé à son ami le commissaire de me tenir en laisse pour contenir mes ambitions.

Ce n'était pas tout. Une autre chose était claire, également. Après la saisie du *Scarab*, Martens et surtout Ferran allaient se douter qu'ils avaient été donnés. Et j'allais me retrouver en première ligne sur la liste des suspects. Après mon histoire de Tanger, qui n'avait pas échappé à Martens, ma réputation risquait de devenir sulfureuse.

Mes craintes étaient fondées. La confirmation était arrivée rapidement. Muñoz avait appris par un informateur que Ferran demandait déjà à tous ses proches qui savait que le *Scarab* devait transporter une tonne de cannabis. Car les douaniers avaient bien parlé d'une tonne aux policiers, pas de cinq cents kilos.

Ces informations n'avaient rien de rassurant. Je venais de me mettre en porte-à-faux face une organisation puissante et structurée, qui n'avait visiblement pas pour habitude de se laisser faire. La partie devenait terriblement risquée.

Quelques jours plus tard, Jean-Paul Garcia, l'attaché des douanes de l'ambassade de France à Madrid, me remettait cent mille francs dans le sous-sol de l'hôtel Convention. Le prix de ma participation à l'opération. J'avais besoin de prendre de l'air et d'un peu de vacances.

Le moment était venu d'emmener Chantal visiter sa famille en Martinique. Elle comme moi avions besoin de détente.

Carnet de cellule 18

28e mois de détention

Pénitencier de Highdown, janvier 1997

La nouvelle année a commencé comme la précédente s'était conclue : désespérante.

À l'extérieur, la vie respire son propre rythme, en partie dicté par le calendrier des fêtes. Pas toujours évident à apprécier en prison, où rien ne ressemble plus à un jour qu'un autre jour. Il faut donc encore attendre que chacun reprenne sa place. Et espérer du nouveau.

Ma double tâche qui consiste à servir le thé et nettoyer les bureaux de l'administration m'aide à tuer le temps. Et me permet de démontrer à tous ces *roastbeefs* la qualité supérieure du service hôtelier à la française. Pas sûr, au demeurant, qu'ils soient à même d'en percevoir toute la finesse. Je suis injuste : le gouverneur de la prison, lui, est un homme cultivé. Qui sait apprécier ce qui est bon. Il m'a proposé de devenir l'auxiliaire du bâtiment des isolés. À condition de m'engager à ne pas révéler ce à quoi je pourrais assister.

J'ai repoussé cette offre douteuse.

Je suis désormais susceptible de bénéficier d'une éventuelle libération conditionnelle. Le service compétent étudie mon dossier. Sur lequel se penche également celui de l'immigration, qui doit prendre les mesures pour m'expulser dès ma sortie de prison. Reste, évidemment, le problème canadien. Et le fameux mandat d'arrêt, qui n'est que provisoire.

Philippe Galy semble décidé à prendre le taureau par les cornes. Il m'assure que la France a les moyens de convaincre les Canadiens de me laisser en paix. Il a obtenu un rendez-vous avec l'attaché de la *Royal canadian mounted police* en poste à Londres. Une réunion est organisée avec les autorités canadiennes.

Il n'en est rien sorti. Si ce n'est que Galy a appris que l'enquêteur était le seul maître à bord. Et l'enquêteur, le gendarme Fournier de Bathurst, n'entend pas se compliquer la tâche.

Philippe Galy devait également rencontrer Scotland Yard. Par ailleurs, il m'a suggéré de demander mon transfert en France pour terminer d'y purger ma peine. Une convention bilatérale passée entre les deux pays rend la chose parfaitement envisageable. Reste que les autorités britanniques finissent par refuser d'instruire mon dossier, après avoir égaré, oublié, archivé, puis détruit ma première demande.

Galy a tout de même reçu la confirmation de Bernard Puyanet, le directeur de la DNRED, que j'avais bien informé son service du chargement de trente-trois tonnes de cannabis afghan, en octobre 1993. Les douanes canadiennes n'avaient rien signalé à la *Royal canadian mounted police*. La gendarmerie royale avait pourtant intercepté vingt-sept tonnes de cannabis, lors de l'opération *Belt*, et cinq tonnes avaient été saisies en Angleterre, par les douanes britanniques durant l'opération *Canberra* – comme en attestent des « blancs » établis en août 1996.

C'est tout pour ce mois de janvier.

Ah, oui ! J'oubliais : la haute cour de justice, confirmant la décision du juge Devonshire, a décrété le 16 janvier qu'il ne pourrait y avoir de confiscation de mes biens, puisque je n'avais fait aucun bénéfice du narcotrafic.

COUSIN MICHEL

Mars 1991

À mon retour des Antilles, Michel Rotard nous attendait. Gatard lui avait demandé de me remplacer à la tête du restaurant pendant mes vacances. Nous n'avions pas eu le temps de faire connaissance, mais ce petit homme moustachu au crâne dégarni et au ventre rebondi m'avait immédiatement déplu. Une question d'instinct.

C'était pourtant bien lui que je devais présenter à Estepona comme mon cousin.

La première impression s'était confirmée. Amplifiée, même. Outre le fait qu'il chaloupait entre les tables comme entre les mots, le faux Rotard se complaisait dans un mélange de sadisme et de provocation. Dès mon retour à Estepona, il m'avait annoncé qu'il me fallait dorénavant l'assumer, très à son aise dans cette attitude de proxénète.

– Ce n'est pas mon salaire des douanes qui va me faire vivre ici.

Le « cousin Michel » n'avait pas tardé à me révéler d'autres aspects de son détestable personnage. L'agent secret était aussi un escroc. Un matin, il était parti pour La Linea au volant de sa Rover, me demandant de le suivre. Arrivé sur l'avenue faisant face au poste frontière avec Gibraltar, il était entré dans un parking souterrain après m'avoir fait signe de l'attendre. Il était ressorti, quelques minutes plus tard. À pied. En grimpant dans mon 4x4, il m'avait confié qu'il venait de vendre sa Rover.

– Elle va partir de l'autre côté. Ma compagne avait besoin de liquidités. Elle l'a déclarée volée à son assurance. Avec ce qu'on leur laisse, les assureurs peuvent bien nous dépanner de temps en temps.

J'avais enclenché la première et ouvert grand ma vitre. J'avais besoin d'air.

Devenu méfiant, j'avais transmis le numéro d'immatriculation de la vieille Simca 1300 de Rotard à un ami policier. L'intuition était bonne. La voiture appartenait à un ressortissant turc arrêté pour trafic d'héroïne à Lille. Les douanes l'avait saisie, mais la plaque minéralogique était restée la même.

– Tu veux dire que n'importe quel service de renseignement pourrait arriver à ce constat en passant simplement par Interpol ?

– Absolument, avait répondu mon ami depuis Cambrai.

J'avais raccroché. Les gens de Nantes étaient inconscients. Je venais de faire tomber une équipe de narcos parrainée par le GAL, et voilà qu'ils m'envoyaient un soi-disant cousin au volant d'une voiture que le plus crétin des commissaires pouvait identifier comme un véhicule saisi par les douanes. À croire qu'ils voulaient ma mort !

Rotard roulait désormais japonais. Je lui avais offert une Galant, pour remplacer sa peu discrète Simca, dans laquelle je lui avais interdit de circuler.

Il ne s'était pas plaint de cet échange.

Carnet de cellule 19

29e mois de détention

Highdown, sud de Londres, février 1997

Je suis désormais locataire d'une cage en Angleterre depuis treize mois.

Cette fois, Philippe Galy, le très affable attaché des douanes à l'ambassade de France de Londres, est définitivement hors jeu. Malgré ses promesses et ses efforts, il est vrai, bien peu productifs. À la fin de l'année dernière, il m'avait confié que j'avais été délibérément sacrifié à la raison d'État. N'était-ce pas tout simplement pour une simple histoire de guerre services entre français et anglais !

Il a été placé sur la touche. Suite à une réunion organisée à Paris entre Pierre-Mathieu Duhamel, le directeur général des douanes françaises, Michel Derrac, son adjoint, et Bernard Puyanet, le directeur de la DNRED, ordre lui a été transmis de ne plus intervenir dans mon dossier.

Au téléphone, après m'avoir annoncé la nouvelle, il me lance une dernière affirmation à la volée.

– Ils négocieront avec les Canadiens !

Dieu l'entende !

LES ILLUSIONS DE LA LOI

Mai 1991

L'avant-garde était arrivée par la route. Celle de Marbella. Au même titre qu'il n'y avait pas de fumée sans feu, il n'y avait donc pas de ministre sans émissaires ni protocole.

Le maître de Bercy se déplaçait en personne pour venir me voir, cette fois. Je l'avais rappelé, m'attendant à être convoqué sur les bords de la Seine, et il avait décidé d'autorité de ce déplacement.

Les hommes du ministre avaient bien fait les choses. Le *Puente-Romano* était un des plus luxueux établissements de la côte andalouse. Pour ne rien gâcher, on y cultivait avec bonheur raffinement et discrétion. Dans les couloirs, d'épaisses moquettes étouffaient les pas et les lumières des salons étaient délicatement tamisées. Au centre du vaste bar de l'hôtel, une magnifique cave à cigares attendait l'arrivée de Michel Charasse.

De quoi satisfaire aux attentes ministérielles, par conséquent.

Tout était donc en ordre.

En cette fin de matinée de samedi, Charasse m'attendait au bar, confortablement calé au fond d'un canapé de cuir. Devant lui, sur une table basse, son passeport diplomatique ne parvenait plus à avaler les liasses de billets qui débordaient de la couverture bleue. Cette façon d'étaler l'argent en public m'avait paru déplacée. J'avais appris, de mon côté, à cultiver une certaine discrétion.

J'étais arrivé à pied. Mon taxi m'avait déposé, à ma demande, cinq cents mètres avant l'hôtel. Je voulais m'assurer que je n'avais pas été suivi. Pour brouiller les pistes, j'avais également veillé à choisir des vêtements différents de ceux que je portais habituellement.

Le ministre était parfaitement détendu. Très en verve, comme à son habitude. Il parlait de l'aspiration des peuples à respirer l'air de la liberté et de leur capacité à déclencher des révolutions contre les pouvoirs établis. Il dissertait ainsi sur les rêves et les idéaux des hommes sur cette terre.

–Vous savez, cher ami, la liberté est à la fois une logique mais aussi une imposture.

Il se relançait tout seul, spectateur ravi de ce monologue.

– Question à cent balles: demain, comment ferons-nous avaler aux nôtres nos propres turpitudes lorsque nous n'aurons plus celles des autres à l'Est, pour tout justifier au nom de la liberté ?

Je n'avais rien ajouté. Je pensais inutile de l'amener à constater que lui-même était responsable de nombres des turpitudes dont il parlait, au nom d'une soi-disant raison d'État trop souvent aiguillée par des intérêts personnels.

J'avais préféré couper court aux grandes idées, pour revenir à ma situation personnelle. L'homme de Bercy m'avait écouté attentivement, sirotant un cocktail aux reflets bleutés. À la fin de mon exposé, il avait posé son verre sur la table basse pour trancher.

– L'entretien de votre bateau vous coûte trop cher. Il faut vendre le *Windarra,* même à perte. Je vous dédommagerai si vous n'obtenez pas le prix que vous souhaitez.

Charasse était passé à un autre sujet. Il devait présenter son projet de loi le mercredi suivant, en conseil des ministres. Il s'agissait d'autoriser légalement les agents infiltrés à acheter, transporter et vendre de la drogue. À condition que les procureurs soient informés de ces actions. Le projet me paraissait certes louable, mais il ne concernait que les fonctionnaires. Et les aviseurs resteraient toujours sans statut juridique.

Michel Charasse avait écarté les bras en signe d'impuissance.

– Nos juristes ont planché sur ce sujet. Ils n'ont trouvé aucune solution légale. Il faut donc limiter au maximum le nombre d'aviseurs. L'idéal serait même de les remplacer totalement par des fonctionnaires infiltrés, comme cela se fait aux États-Unis. Mais ça me paraît illusoire.

Carnet de cellule 20

33e mois de détention

BellMarsh, Royaume-Uni, mai 1997

Less Bennett est venu me l'annoncer en personne. Martin & Murray, le cabinet d'avocats qui s'occupe de ma défense sur le sol anglais, refuse de continuer à gérer mon dossier.

Même mes avocats m'abandonnent.

– Demandez à votre ambassade de venir vous sortir de la merde dans laquelle elle vous a mis, se contentera de commenter suavement le très flegmatique Bennett.

Toujours sous contrôle, mon désormais ex-défenseur ajoutera un dernier commentaire.

– Nous, on ne peut plus rien faire pour vous !

J'ai été transféré à BellMarsh, pour préparer mon départ pour le Canada. J'ai donné mon accord. Le 25 avril dernier, jour de la saint... Marc, j'ai revu Philippe Galy. Il m'a expliqué que sa hiérarchie me laissait libre de choisir la défense que je souhaitais présenter, en cas de transfert au Canada. Libre d'expliquer la réalité de ma situation et de plaider non coupable.

La forteresse de BellMarsh est considérée comme la crème des prisons du Royaume-Uni. Une réputation pleinement justifiée. La sécurité y est maximale. Classé AA, je suis à l'isolement total, sous surveillance permanente. Ici, pas question de respirer sans autorisation préalable. La promenade s'effectue dans une cour parfaitement grillagée. J'ai droit à une fouille à nu quotidienne et à un changement de cellule tous les deux jours.

C'est Scotland Yard qui a tenu à m'offrir le couvert dans cette unité spéciale, dans l'attente de mon transfert. Les services ont jugé le lieu, relié au tribunal par un souterrain, plus adapté à mes besoins que la traditionnelle *Bow street magistrate court*, dans le centre de Londres, d'où ils craignaient que je ne tente de m'évader lors de ma comparution devant les magistrats. En conséquence de quoi j'ai droit à la cour de justice habituellement réservée aux membres de l'IRA.

La fin de mon séjour anglais approche. J'ai signé mon acte d'extradition.

Je pars pour un nouveau pays, un nouveau continent, de nouvelles prisons.

Je ne sais pas quel sort l'avenir me réserve.

UN BATEAU POUR « BIG JOHN »

Décembre 1991

Le *Anne-Liese* était amarré dans le port de la Duquessa, entre La Linea et Estepona, au nord de Gibraltar. Ce bateau de pêche était certes ventru et fatigué, mais il tenait encore la mer. Son propriétaire, un Allemand, me l'avait fait visiter la veille du départ, pour me montrer les différentes caches, notamment aménagées dans des réservoirs d'eau et de fuel.

Blond et la carrure sportive, un large pull-over tombant sur un jean délavé, Gero Knor avait basculé dans le trafic par goût pour la vie de bohême. Les salons mondains ne l'attirant pas plus que les tables à dessin, cet ancien architecte avait pris le large et fait de biens mauvaises rencontres.

C'était mon vieil ami Marc Romyn, à qui j'avais pourtant causé déjà bien du tort, qui m'avait proposé d'enlever trois tonnes cinq cents de cannabis au Maroc pour les convoyer jusqu'en Hollande.

Vu ma situation, je ne pouvais faire la fine bouche. Pour appliquer les consignes du ministre, j'avais mis en vente le *Windarra*. Je comptais au départ en tirer neuf cent mille francs, mais j'avais du me résoudre à le brader pour deux cent quatre-vingt mille francs. Évidemment, je n'avais pas reçu un centime des douanes, pourtant censées compenser la vente à perte. J'avais également dû me résoudre à fermer le *Saint-Georges*, qui s'était révélé un gouffre financier. Avec Chantal, nous l'avions transformé en magasin d'antiquités. Du coup le « cousin Michel » avait même dû faire ses valises. Il était furieux, alors que j'étais naturellement ravi de le voir prendre le large.

J'avais calculé à l'avance ce que l'opération allait me rapporter, puis j'avais prévenu Gatard.

Douze minutes. C'était le temps qu'il nous avait fallu pour transborder les trois tonnes et demie de cannabis, une fois arrivés sur zone. Du travail de pros.

Nous avions ensuite mis le cap au nord, en direction des côtes de France. Après avoir été un peu secoués dans le golfe de Gascogne, nous naviguions maintenant sur une mer plus calme. Au loin, l'île de Sein était en vue. Le moment choisi par un bimoteur qui nous avait survolé. L'équipage n'y avait pas prêté attention. De mon côté, j'avais reconnu le Piper des douanes, basé à Nantes.

Au retour, alors que je voguais vers l'Espagne, j'avais calculé à nouveau le montant de ma prime. Elle promettait d'être assez confortable.

À l'heure qu'il était, les douaniers hollandais avaient saisi le cannabis à terre.

Je connaissais vaguement Heidi. Chantal m'avait prévenu qu'elle cherchait à me joindre depuis plusieurs jours. Heidi était la petite amie de Bob Mills. Elle occupait une jolie villa, sur les hauteurs de Marbella. J'avais composé le numéro de téléphone qu'elle avait laissé. Un riche Anglais, pour qui elle travaillait, souhaitait me rencontrer. John Short, c'était son nom, cherchait un skipper.

Nous étions convenus d'un rendez-vous pour le lendemain, chez Heidi. Je ne me faisais évidemment aucune illusion sur la nature des activités de ce Short. De toute façon, je n'avais pas le choix. Ma situation financière était toujours aussi délicate.

Et ce n'était pas la mirifique prime de... mille francs que les douaniers hollandais m'avaient versée pour solde de tout compte après la saisie de l'*Anne Liese* qui avait arrangé les choses.

Il était évident que Short brassait de très grosses affaires. Grand, massif, le regard acéré, Short avait une sœur fleuriste à Piccadilly. Il s'exprimait à une vitesse vertigineuse, avec un délicieux accent cockney. Évidemment, suivre sa conversation n'était pas aisé pour qui n'avait pas fomenté ses premiers coups dans la basse banlieue de Londres. Mills travaillait également pour lui. Nous étions donc en terrain de connaissance.

John Short avait besoin d'un bateau et d'un skipper pour enlever rapidement de grosses quantités de drogue, cannabis en Afghanistan et cocaïne en Amérique du Sud. Des colis à livrer en Écosse. Mais je n'étais plus l'homme providentiel, puisque je venais de me séparer du *Windarra*. J'avais dû le décevoir.

– Il faut absolument que je charge cette marchandise, avait rebondi l'Anglais, après un petit moment de doute. Trouvez un bateau et achetez-le. Je vous finance.

Carnet de cellule 21

912e journée de détention

Nouveau Brunswick, Canada, 12 juin 1997

Le voyage s'est parfaitement déroulé. Nous sommes arrivés à bon port, en dépit de vents contraires qui ont opposé une belle résistance à la progression de notre vol. Je suis passé de palpations en fouilles, évidemment nu. Et mes accompagnateurs ont mis les moyens. J'ai eu droit à un déploiement de forces hallucinant : cinq véhicules au départ de Bellmarsh, un hélicoptère pour m'escorter et un jet privé de la gendarmerie royale canadienne – le *Westwind* – pour effectuer le grand saut. Le tout encadré d'hommes armés de pistolets-mitrailleurs.

Après une première escale en Islande et une seconde à Goose Bay, dans le Grand Nord canadien, nous avons atterri à Charlo Airport. Je suis monté à l'arrière d'une luxueuse limousine noire qui m'attendait au pied de l'appareil. Au loin, sur un toit terrasse, les caméras de télévision et les téléobjectifs superpuissants des photographes n'ont rien manqué de la scène. Six chaînes de télé se bousculaient pour en être. Du très grand spectacle, qui aurait pu me donner l'illusion d'un destin tout autre. Pas moins de dix véhicules, gyrophares agressifs et sirènes hurlantes, m'ont accompagné, informant la population canadienne que la loi de leur pays savait se faire respecter dans le monde.

J'ai intégré mon nouveau pied-à-terre, à Bathurst, sur la Baie des Chaleurs. Le service de la maison ne me paraît pas fameux, à en juger par le poulet et les frites déjà froides qui me sont offerts.

Depuis mon départ du sol anglais, je n'ai pas eu le loisir de me reposer.

J'éprouve le besoin de souffler.

LES ASSOCIÉS

Janvier 1992

J'étais de retour au pays des digues et des tulipes. Installé à Rotterdam, j'avais épluché avec soin les petites annonces des journaux spécialisés. Le reste du temps, je visitais des navires. Pour le moment, aucun ne correspondait à ce que je recherchais. Ils étaient soit trop sophistiqués soit trop chers, et parfois même les deux, pour l'usage auquel ils étaient destinés.

John Short voulait que j'achète un cargo. Il était prêt à investir, et à payer cash. Gatard, lui aussi, était intéressé. Quand je lui avais parlé des démarches en cours, il m'avait assuré du soutien de la DNRED, en cas de difficultés pour le montage financier du projet.

Le *Larissa* n'était pas tout jeune. À l'intérieur de la salle des machines flottait une puissante odeur d'huile. En me penchant sur ses vieilles bielles et sa mécanique rudimentaire, j'avais eu l'impression de retrouver ces moteurs de camions que j'avais autrefois si souvent rafistolés sur les pistes d'Irak ou d'Arabie. S'il faisait son âge, les structures du *Larissa* étaient encore saines. À première vue, une remise en état sommaire et un bon coup de peinture pourraient faire l'affaire.

J'avais obtenu sans trop de difficultés une remise conséquente, jouant habilement sur le caractère un peu vieillot du bateau. Après une heure et demie d'une négociation pointilleuse mais courtoise, nous étions tombés d'accord. Le *Larissa* changeait de propriétaire pour cent dix mille dollars.

Avant de signer, néanmoins, j'avais tout de même demandé un délai de réflexion. Short devant m'apporter la moitié de la somme, il me manquait encore trois cent mille francs.

À ma surprise, Christian Gatard avait confirmé son engagement, quand je l'avais appelé depuis mon hôtel.

Dans l'atmosphère enfumée de ce bistrot du port, je l'avais immédiatement repéré. Roux comme une Guinness, l'émissaire de Short était arrivé deux jours plus tard. Je n'avais pas jugé utile de vérifier le contenu de la petite mallette noire qu'il m'avait remise.

Les coursiers de Gatard étaient arrivés à leur tour. Jo Le Squere semblait sincèrement heureux de me revoir. Mes aventures l'amusaient. En revanche, son collègue Philippe Capitaine, que je ne connaissais pas, était glacial. Dans ma chambre du Novotel Sud d'Anvers, Capitaine m'avait tendu une grande enveloppe remplie de billets de banque. Contrairement à l'Anglais de Short, il avait tenu à me les faire compter, puis à me faire signer un reçu. Le collègue de Jo ne quittait pas les billets des yeux, pendant que je les faisais glisser entre mes doigts.

J'avais l'impression de lui arracher un héritage.

Même dans ses accès de générosité, l'Administration restait l'Administration.

On ne se refait pas.

Le propriétaire du *Larissa* n'avait pas paru étonné que son bateau lui soit payé en liquide. Pas plus que le banquier devant lequel nous avions effectué la transaction.

Ralf De Groot était un homme gros, débonnaire et jovial. Une bonne nature, derrière d'inséparables lunettes rondes, et un compagnon charmant. En réalité, il avait l'allure d'un parfait père de famille. Capitaine de la marchande, ancien armateur, De Groot devait m'aider à diriger les travaux de réfection du bateau. Pour récompenser son investissement, Ralf devait recevoir un salaire de deux cents florins par jour, auquel il convenait d'ajouter les frais.

Il était compétent, professionnel en diable et très discret. En détaillant le fonctionnement de la timonerie, derrière la barre, il avait glissé simplement, sans s'attarder sur une anomalie.

– Toutes ces parties-là sont creuses. On pourrait y cacher des trésors.

Le *Larissa* avait vécu. Il s'appelait désormais le *Melor* et était enregistré à Saint-Vincent.

Le *Larissa* avait trop mauvaise réputation.

J'avais jeté mon dévolu sur un chantier proche de Parkhaven, sur le Rhin, John Short ayant accepté de consentir la rallonge supplémentaire. De Groot avait aussitôt fait installer un équipement radio sophistiqué et nous avions commandé un radar, un GPS, un radiocompas et un telex Inmarsat. Après quelques tests, le pilote automatique avait manifesté une humeur défaillante. Il était préférable de le remplacer. Sur le pont, j'avais également fait installer une grue télescopique pour charger et décharger rapidement. Enfin, je tenais à faire aménager confortablement les cabines et le carré. J'allais passer de longues journées en mer et je savais par expérience que le confort était un élément de paix sociale. L'heure n'était plus au bricolage.

Pour moi, la drogue était une industrie, dorénavant.

Dans l'ouverture de la porte de ma cabine, la solide stature de Ralf, qui occupait tout l'espace, semblait avoir été encadrée. L'image avait quelque chose d'amusant. De Groot, lui, n'avait pas vraiment l'air réjoui.

– Marc, nous avons de la visite.

Cinq douaniers hollandais m'attendaient sur le pont. Ils demandaient à visiter le bateau et à vérifier tous les documents administratifs. Me sachant totalement en règle, je m'étais exécuté de bonne grâce et avais observé, amusé, leur manège. Ils savaient avant même de monter à bord que *le Larissa* et le *Melor* ne faisaient qu'un et ils tenaient à relever les transformations apportées au navire. La fouille avait duré deux bonnes heures. Au terme desquelles le chef de l'équipe m'avait salué en me remerciant pour ma coopération et en me félicitant pour la qualité de l'équipement du bateau. Exceptionnel, en effet, pour un bâtiment de cet âge.

Mais pas autant, assurément, que son actionnariat, association détonante et contre nature des douanes françaises et d'un trafiquant notoire.

À mon retour à mon hôtel, un message m'attendait. Je n'avais pas eu le temps de parler à Gatard de la visite de ses confrères néerlandais sur ce qui était aussi son bateau.

– Marc, l'Anglais que tu as levé, John Short, c'est celui que les « perfides[4] » espéraient ! Le gros poisson dont ils nous parlent depuis si longtemps. Ils nous l'ont dit, en oubliant bien sûr de nous remercier. Mais j'ai l'impression que ce type ne les intéresse pas seulement pour la drogue. Il doit y avoir autre chose. Je ne sais pas quoi. Nous verrons bien.

4 . Surnom donné par les douaniers français à leurs homologues britanniques, en hommage à la brumeuse Albion.

Carnets de cellule 22, 23

913e journée de détention

Prison provinciale de Bathurst, Canada, 13 juin 1997

Fournier est venu me réveiller pour le café. Depuis deux jours, le gendarme est sur un nuage. Il semble vivre un bonheur réel. Un grand moment. Désormais, Degresley, le chef de Fournier, est une sorte de héros national. Il fait la une des tabloïds, et les télévisions s'arrachent sa présence sur les plateaux. C'est une déferlante. Les manchettes des quotidiens rivalisent de superlatifs, dans une concurrence féroce, pour rendre compte de ce qui est une grande victoire pour le Canada.

Le seigneur de la drogue que je suis va devoir répondre de ses crimes. Et personne ne peut douter que la justice canadienne saura faire son travail. L'exemplarité ne se préoccupe pas de la nature des certitudes dont elle se nourrit.

Mon nouvel avocat s'appelle Jean-Guy Savoie. Il m'a été présenté par Fournier, son ami. J'ai accepté, faute d'argent. De toute façon, le cabinet de Fredericton que j'ai initialement sollicité m'a opposé une fin de non-recevoir. C'est donc Jean-Guy Savoie qui assurera ma défense. Au titre de l'aide légale, ce qui est plutôt pitoyable pour un narcotrafiquant de mon standing.

913e journée de détention

Tribunal de Bathurst, 13 juin 1997

La cour de Bathurst possède cet aspect gentiment désuet, et pour tout dire un peu vieillot, des tribunaux de l'Ouest américain. Une sorte de solennité qui ne présage rien de bon. Asphyxiant.

Comme un poisson dans son bocal, le procureur Michel Bertrand attaque bille en tête. Pour lui, le doute n'est pas permis : il a sous la main un des instigateurs de la fameuse affaire du *Pacifico*, qui a défrayé la chronique en 1994. J'ai joué un rôle de premier niveau dans la planification du complot, le financement du bateau, le largage de la drogue en pleine mer par avion et son débarquement au sud des côtes de Shelburne.

L'homme chargé de me juger en tire toutes les conséquences, qu'il me faudra ensuite assumer. Il est parfaitement qualifié : Frédéric Arsenault a été suspendu plusieurs mois pour un grave accident de circulation qu'il a provoqué en état d'ivresse ! Et le magistrat n'a pas perdu sa passion pour le gin depuis son retour aux affaires. À trois reprises, il arrête la séance pour se… jeter un verre du délicieux breuvage.

Sous l'emprise de l'alcool, il finit par interrompre les travaux. En ayant, au préalable, accédé à la demande de la Couronne et prononcé mon incarcération.

PROMENADE IRLANDAISE

Mai 1992

Le rendez-vous avait été fixé au bar d'un hôtel du centre de Dublin. Le scénario était parfaitement huilé. Il était digne des meilleurs polars. Au jour et à l'heure fixés, je me trouvais à mon poste. Pour patienter et me donner de la contenance, j'avais commandé un coca. En face de moi, une vieille réclame continuait à faire de la publicité pour la Pelforth, la boisson nationale, pendant qu'un jeu de fléchettes attendait qu'on veuille bien le sortir de sa torpeur.

Comme prévu, le téléphone à l'extrémité du bar s'était mis à sonner. À l'autre bout du fil, une voix avait réclamé un client. Le barman avait fait répéter plusieurs fois, puis, l'air de rien, s'était retourné vers les consommateurs du jour, demandant à la volée qui était *mister* Fiévet.

– *Mister* Fiévet ?

Le barman m'avait interrogé du regard. Oui, j'étais bien ce monsieur Fiévet. Ça se voyait, non ?

J'avais attrapé le combiné.

Mon interlocuteur ne m'avait pas laissé le temps de l'initiative.

– Je suis un ami de John. Vous allez sortir de votre hôtel et remonter la rue à contresens de la circulation. Marchez doucement.

Le moment m'avait semblé totalement surréaliste. J'avais l'impression que tout cela n'était qu'un jeu. Un jeu, oui, mais drôlement excitant.

J'étais sorti de l'hôtel. J'avais commencé à marcher, lentement, en regardant rapidement à droite et à gauche. Tout semblait normal. Je tentais de dévisager les passants que je croisais, comme le hasard des déplacements humains les jetait furtivement dans ma vie.

Derrière moi, un homme avait pressé le pas. Arrivé à ma hauteur, il m'avait soufflé de bifurquer vers la chaussée. Sur le bord du trottoir, alors que nous attendions pour traverser, il s'était tourné à moitié vers moi.

– Je m'appelle Sean. Demain, à 10 heures précises, dans la première salle du musée national de Dublin.

Sean n'avait pas jugé utile de prolonger l'échange, et avait disparu dans le bruit et le mouvement de la ville.

La lumière sur la toile était admirable. Le soleil était au rendez-vous, ce matin, pour célébrer la beauté des œuvres rassemblées ici et le génie de leurs créateurs. J'étais arrivé un peu en avance. À 10 heures, j'étais plongé dans la contemplation d'un tableau. Je n'en connaîtrais jamais l'auteur, puisque mon mystérieux contact d'hier venait de réapparaître.

Sean s'était glissé à mes côtés.

– Je sors le premier, avait-il précisé, toujours aussi directif. Vous me suivez de loin. Entendu ?

Sean m'avait alors entraîné dans un véritable jeu de piste. Une petite gymnastique destinée à semer d'éventuels suiveurs. Finalement, au bout d'une bonne demi-heure de promenade, et alors que je commençais à me lasser de la fantaisie de mon lièvre, nous nous étions assis sur le banc d'un parc public. Mon mystérieux guide avait déplié un journal devant lui, m'invitant à en faire de même. Ainsi dissimulés derrière les pages politiques de l'*Evening Standard*, nous avions enfin pu lier connaissance.

Sean opérait bien pour le compte de l'IRA et son organisation avait un besoin urgent de liquidités pour financer la cause. Il fallait faire vite, car les besoins de la lutte ne pouvaient attendre. Et le combat clandestin engloutissait des fonds importants. L'argent investi pour l'achat de la drogue permettrait de renflouer les caisses grâce aux larges bénéfices réalisés lors de la revente. Sean entendait que je parte dès que possible pour les Caraïbes. J'avais tenu à le rassurer sur ma disponibilité.

– Mon bateau est prêt et j'ai déjà été repérer un site, près d'Oban, pour décharger la cargaison. J'ai trouvé un petit port.

L'homme de l'IRA m'avait interrompu dans mon élan.

– L'Écosse n'est plus d'actualité, avait-il tranché. Tous nos plans ont changé. Il faudra vous habituer à ce mode opératoire et vous adapter à ces changements de programme au dernier moment. Ce sont des mesures de sécurité.

– Ne perdez tout de même pas de vue que je ne peux pas improviser des opérations aussi lourdes.

– Nous le savons et nous en tenons compte dans nos plans.

– Bien. Quel est votre nouveau plan ?

Sean avait tourné une nouvelle page de son journal, puis s'était mis à détailler le programme, en détachant chaque mot, comme un véritable chef de guerre.

– Vous allez vous diriger vers le Surinam, au-dessus de la Guyane. Une fois sur place, nous vous communiquerons la position d'enlèvement, où vous attendrez. Cet arrêt sera impératif. Vous devrez être très précis, car nous tenons compte de la portée des radars installés par la DEA sur les côtes du Venezuela et du Guyana. Nous essayons également de prévoir ceux embarqués à bord des Awacs américains. En deux passages, un avion parachutera cinquante colis, contenant chacun vingt kilos de cocaïne, autour de votre bateau. Votre canot devra être à la mer lors du largage, afin de récupérer les paquets le plus rapidement possible pour éviter qu'ils ne dérivent. Une fois la drogue chargée, vous mettrez cap Sud Irlande. Au retour, nous vous indiquerons un point où larguer à nouveau les colis, cette fois rassemblés dans un filet. Un autre bateau viendra les récupérer.

J'avais écouté le déroulé de son scénario sans dire un mot. Fasciné par la logistique déployée. À la fin de l'exposé, j'avais quand même demandé à Sean pourquoi nous ne transférions pas directement la cocaïne de bateau à bateau. La réponse avait été immédiate et violente.

– Certainement pas. Malgré nos précautions, nous risquons toujours de tomber dans l'œil d'un radar. Et deux bateaux qui se rapprochent puis se mettent bord à bord en haute mer sont immédiatement suspects. Avez-vous d'autres questions ? Nous ne devons pas rester trop longtemps ensemble.

– Non, tout est clair.

– Parfait. Dernier point : deux de nos hommes vont venir vous voir à Rotterdam pour acheter le bateau qui nous servira à récupérer la drogue au large de l'Irlande. Pouvez-vous les aider ?

– Bien sûr.

– Alors Short vous contactera. C'est lui également qui vous fournira la radio de bord qui nous permettra de communiquer en haute mer lorsque vous arriverez au Surinam.

L'entretien était terminé. Sean avait replié son journal, puis avait disparu.

Il m'avait demandé d'attendre quelques minutes sur mon banc avant de me lever.

J'étais passé à la page des sports.

Short m'avait affranchi quelques jours plus tôt au sujet de l'IRA. Nous étions en train de faire le point sur les travaux sur le *Melor* et il m'avait donné quelques éléments sur l'opération en cours. De quoi justifier l'intérêt très fort que les douanes britanniques lui portaient.

– Marc, tu pars dès que le bateau est paré. Tu vas charger une tonne de cocaïne aux Caraïbes, que tu livreras à des gens de l'IRA. C'est urgent, ils ont besoin d'argent, et moi aussi. Nous avons déjà perdu trop de temps. Je te préciserai le programme plus tard. Pour l'instant, je peux juste te dire que tu déchargeras près d'Oban, en Écosse. Tu peux aller repérer les lieux et chercher le site qui te convient. Tiens-moi au courant.

Je savais que Short ne tenait pas à s'épancher plus pour le moment, mais je l'avais tout de même relancé sur l'information qu'il venait de me donner sans la moindre précaution.

–John, l'IRA donne dans le trafic de drogue ?

–Allons, Marc, tu n'es pas naïf. Ça coûte cher la clandestinité. À ton avis, ils vivent de quoi ? Des dons des militants ? Et les armes ? Les bombes, ça ne pousse pas dans les champs comme les salades… Au revoir Marc, je te rappelle.

Après le GAL, l'IRA, donc. Après tout, quoi de plus anonyme et discret qu'une livraison dans un charmant petit port pour alimenter une caisse noire ? Pas de paperasse, pas de trace, pas de TVA. Quelques nez pour aspirer tout ça, et hop, le tour est joué…

Me concernant, j'avais en tout cas la certitude que je venais de franchir un palier décisif. J'avais navigué en eaux troubles jusqu'à présent, je plongeais en eaux profondes désormais. Avant d'appeler Gatard, je m'étais servi une large rasade de whisky. Du pur malt irlandais. J'avais levé mon verre à la santé de John Short. Lui, l'Anglais, qui approvisionnait l'armée républicaine irlandaise.

Je ne buvais jamais d'alcool fort, habituellement.

Carnets de cellule 24, 25

1 012ᵉ journée de détention
Pénitencier de Renous, Canada, 2 juillet 1997

Six jours déjà que je ne m'alimente plus. Je commence à accuser le coup. J'ai pris la décision d'entamer une grève de la faim devant l'indifférence dans laquelle m'abandonnent ceux qui devraient s'inquiéter de ma situation. Je vis reclus dans une cellule du bâtiment 4 de la prison de Renous, au bout du couloir des isolés. Derrière une porte et une vitre blindées.

J'ai préparé une lettre pour la remettre à Olivier Arribe, le consul général de France à Moncton, que j'ai contacté la semaine dernière. Le destinataire de ces quatorze pages est un membre émérite du gouvernement Jospin. Je tiens à ce que Dominique Strauss-Kahn, le nouveau ministre de tutelle des douanes françaises, soit informé de ma situation et prenne connaissance de la liste des témoins que je compte citer.

1 020ᵉ journée de détention
Renous, 10 juillet 1997

Dans la cafétéria qui sert de parloir, celui qui me fait face est une vieille connaissance. Un visage connu : pour venir jusqu'à moi, Christian Gatard a parcouru plus de quatorze mille kilomètres. Il est accompagné d'Olivier Arribe et de Bernard Roux, l'attaché des douanes françaises en poste à Washington. La nuit a totalement enveloppé le pénitencier, désormais. Et j'éprouve le besoin de vider mon sac.

Gatard a conclu sèchement la conversation. Précisant que ce serait ma parole contre la sienne. Je n'ai pas le choix : surtout, n'emmerder personne, donc plaider coupable.

Christian prend tout de même le temps de préciser que la solution passe par mon retour en France. Il ajoute qu'il va faire envoyer de l'argent à Chantal.

Maintenant que mes visiteurs sont partis, je peux informer mes geôliers de la fin de ma grève de la faim. Affalé négligemment dans un fauteuil du check point du couloir central, juste à côté du portique de détection, un des gardiens se lève et part en cuisine. Il a tenu à marquer à sa manière ce grand moment.

Pour le dessert, en guise de fruit, le fonctionnaire m'a rapporté un… oignon.

LE NERF DE LA GUERRE

Mai 1992

À l'autre bout du fil, Christian n'avait pu contenir un long sifflement qui marquait son intérêt pour le poisson ferré.

– C'était donc ça : les *British* se doutaient que par Bob Mills et John Short, ils allaient remonter jusqu'à l'IRA. Je comprends mieux, maintenant. Il ne s'agit plus seulement de saisir des stups, mais surtout de coincer salement les indépendantistes irlandais. C'est une autre histoire.

Il était évident que tous les mouvements clandestins du monde, de droite ou de gauche, avaient recours aux trafics pour se financer. Pour autant, le lien entre drogue et financement du mouvement n'était jamais évident. Les États, de leur côté, n'aimaient pas mettre la main à la poche. Par conséquent, si les protégés qu'ils sponsorisaient pouvaient se débrouiller pour subvenir tous seuls à leurs besoins, ils préféraient détourner pudiquement les yeux sur leurs méthodes, et éventuellement donner un petit coup de pouce, si nécessaire. Ce qui ne les empêchait pas, dans le même temps, d'engloutir des sommes colossales dans la lutte contre les trafics, à grand renfort de beaux discours.

Chacun vit bien avec ses petites contradictions, après tout.

Quand il avait appris que je m'apprêtais à livrer pour l'IRA, le contrôleur Atkinson avait émis une sorte de petit glapissement qui semblait traduire chez lui un intense plaisir. Immédiatement, il avait proposé de mettre un de ses hommes à ma disposition pour aller repérer les lieux de la livraison. Un rendez-vous avait été calé à l'ambassade de France, au *115 High Holborne*, dans le bureau de l'attaché des douanes, Marc Lerestre. Nicole, la secrétaire de la DNRED de Nantes, m'avait accompagné, pour représenter le service.

J'avais loué un véhicule à mon nom, à l'aéroport de Glasgow. Sans oublier d'inscrire comme conducteur celui de John Hector, l'officier des douanes anglais qui m'accompagnait en Écosse. D'une part, je n'aimais pas la conduite à gauche, mais cette trace écrite était aussi une façon de sceller notre coopération avec les douanes anglaises dans une sorte de contrat écrit.

Nous étions restés sur place trois jours. Dans la zone du golfe de Murray, où le canal calédonien relie la côte ouest à la côte est de l'Écosse. C'était ici que l'IRA souhaitait que je livre. Mes trois compagnons de voyage ne m'avaient pas été d'un grand secours, leur connaissance des manœuvres maritimes étant très limitée. Du coup, notre séjour écossais s'était vite transformé pour eux en circuit touristique. Je leur avais d'ailleurs souvent abandonné la voiture, prospectant les ports et longeant les côtes seul, et à pied.

J'avais fini par fixer mon choix sur un petit port assez isolé, près d'Oban, où je pensais pouvoir mouiller sans trop attirer l'attention.

Un travail de repérage qui, au final, s'était révélé inutile, Sean l'Irlandais ayant décidé quelques jours plus tard de changer ses plans…

Carnet de cellule 26

1 025e journée de détention
Canada, 15 juillet 1997

Il est 8 heures du matin. Ma comparution devant la cour provinciale de Bathurst doit intervenir à 10 h 30. Hier soir, le fourrier de la prison m'a préparé un jean, une chemise et un blouson de toile. Il les a fait déposer sur un cintre par un autre détenu. Je vais pouvoir quitter ma combinaison verte et retrouver une tenue moins discriminante.

C'est un grand rire. Sec, nerveux, volumineux. Incontrôlé et incontrôlable. Impossible à contenir face à l'énormité de la situation. Quand la porte arrière s'est ouverte, je n'ai pas pu résister. Carlos Hernandez-Reumbeaut porte la même tenue que la mienne, et avec notre jean, notre chemise à carreaux et notre blouson, nous avons l'air de deux faux jumeaux un peu attardés. Hernandez-Reumbeaut a beaucoup grossi, pourtant, depuis notre dernière rencontre. Encadré par les hommes en armes de la gendarmerie royale canadienne, il descend difficilement du van, gêné par les chaînes qui entravent ses pieds et ses mains.

J'ai l'impression d'avoir été engagé dans une superproduction. Dont je suis bien malgré moi l'épicentre.

Le véhicule dans lequel je me trouve dispose de deux cages. Une fois à bord, Carlos prend à peine le temps de me raconter à voix basse son arrestation en Suisse. Il tient surtout à m'expliquer que je dois faire comme si nous ne nous connaissions pas.

Nous pouvons rouler à nouveau vers la cour.

COKE EN CARGO

Mai 1992

Je faisais dans le lourd, désormais. La très grosse artillerie. Coke en cargo, ni plus ni moins. De quoi donner satisfaction à tous ceux, toujours plus nombreux, qui comptaient sur moi. Je tenais la barre, solidement, et continuais ma progression dans la hiérarchie. M'adaptant à chaque interlocuteur. Ses besoins, ses exigences, sa psychologie.

Il n'y avait qu'à demander.

Après ma balade au bois de Dublin, j'avais immédiatement appelé Gatard depuis mon hôtel pour l'informer des suites de l'affaire. Puis j'avais réservé une place sur le premier avion pour Amsterdam. Short avait clairement annoncé la couleur, quelques jours avant de m'envoyer prendre l'air avec son ami irlandais. Cette fois, le temps du gentil bricolage était dépassé. Désormais, j'entrais dans l'ère de l'industrie. Du sérieux.

J'allais devoir renoncer à mes petits trafics de cannabis entre le Maroc et l'Espagne. Ce n'était plus Tanger, désormais, qui devait aimanter mon esprit, mais le soleil des Caraïbes. Avec, sous ses rayons, des montagnes de cocaïne.

Évidemment, cette montée en puissance s'était répercutée sur les moyens mis en œuvre. Il avait fallu concéder quelques investissements, afin que l'outil de travail soit à la hauteur des attentes de ma clientèle. Nous étions désormais sur de longs voyages et de longues distances qui imposaient des séjours prolongés en haute mer. Nous avions évalué les besoins avec Ralf De Groot. Et l'addition avait très vite grimpé. Car la sécurité a un prix.

On n'a rien sans rien, en ce bas monde.

Mon commanditaire anglais avait fini par accepter de régler la note. Il avait parfaitement compris qu'il était indispensable d'ouvrir son propre porte-monnaie avant que celui des autres ne vienne copieusement le garnir. Il savait également qu'un navire parfaitement adapté aux conditions de navigation était la meilleure publicité pour attirer les clients exigeants. Et puis, c'était l'assurance que les commandes arrivent à bon port.

La décision de réaliser des aménagements lourds sur le *Melor* m'avait obligé à rester à Rotterdam deux mois et demi. À la sortie, le navire disposerait d'une autonomie de soixante-dix jours de mer. Pour cela, il fallait installer de nouveaux réservoirs de fuel, donc de nouvelles canalisations. L'ampleur des travaux n'avait pas échappé aux douaniers hollandais, déjà intrigués par l'équipement de bord du *Melor*. Logiquement, ils étaient venus demander des explications sur mes projets. Cette fois, l'heure n'était plus aux civilités et j'avais fini par me fâcher. Expliquant que j'étais libre de faire ce que je voulais avec mon bateau. Et que, pour leur information, j'avais l'intention de monter une affaire avec un pays d'Amérique centrale. Par conséquent, j'avais besoin de transporter du matériel. Ce qui, jusqu'à preuve du contraire, n'était pas interdit.

Le douanier avait grommelé quelques remarques dont la signification m'avait échappé. Je savais qu'il ne se contenterait pas de ces explications. Il me fallait donc réellement lancer un projet avec un pays d'Amérique centrale. Ou en donner l'impression.

De façon tout à fait arbitraire, j'avais décidé d'implanter un complexe hôtelier sur la côte atlantique du Guatemala. Seul un projet ambitieux pouvait motiver les autorités locales à me fournir les justificatifs dont j'allais avoir besoin. Avec l'aide d'un juriste, j'avais monté un projet avec le plus grand sérieux, puis j'avais contacté l'attaché commercial de l'ambassade du Guatemala à Madrid. Mon projet avait un point de chute, désormais : Puerto Barrios. Enfin, pour donner le change jusqu'au bout, j'avais envoyé mon fils Laurent et Patrice, un ami cadre commercial, étranger à tout trafic, faire du tourisme à Guatemala City. Avec un objectif, tout de même : multiplier les actes écrits avec les autorités et les entreprises locales.

Grâce aux efforts de Ralf, les travaux n'avaient pas pris de retard. Et j'avais pu annoncer à John Short que le *Melor* serait bientôt prêt à appareiller. Ainsi paré, il me fallait maintenant m'occuper du financement des travaux. John Short avait tenu parole. Il m'avait invité à le rejoindre au *Croydon Palace Hôtel*, juste en face du palais de Justice, dans la banlieue de Londres, il me remettrait l'argent pour payer la première facture du chantier de Parkhaven. Short s'était tout de même inquiété.

– Comment comptes-tu sortir une telle somme en liquide d'Angleterre ? avait-il légitimement demandé.

– Je me débrouillerai. J'ai l'habitude.

En réalité, j'avais surtout appelé Gatard pour qu'il demande l'aide de son homologue anglais. Ainsi, quelques jours plus tard, j'étais passé devant les douaniers de l'aéroport d'Heathrow sous la discrète protection de John Hector, un des leurs, sans avoir à montrer la moindre pièce d'identité. Je n'avais même pas pris la peine de dissimuler les liasses de livres serrées dans une pochette en plastique au fond de mon sac de voyage.

Pour plus de sûreté, John Hector portait lui-même mon sac.

On n'est jamais mieux servi que par soi-même, après tout.

Carnet de cellule 27

34e mois de détention

Pénitencier de Renous, Canada, juillet 1997

Il m'a fallu trois jours de négociations acharnées pour téléphoner enfin à Chantal.

Christian Gatard doit lui faire parvenir une somme d'environ dix mille livres. Le divisionnaire nantais Hervé Maignier est chargé de la lui remettre en mains propres dans le parking de l'aéroport de Malaga.

D'après Christian, il faudra encore patienter un an pour obtenir mon retour en France.

J'ai ma petite idée sur l'enveloppe qui doit être envoyée à Chantal. Encore faut-il que mes « chers amis » trouvent une bonne raison de sortir cette somme. Ils ont eu l'idée de m'affecter une prime sur une opération réalisée sur un navire, le *Cipango*, que j'avais signalé de nombreuses années auparavant.

Concernant le montant, on pourra se passer de la signature du ministre du Budget : elle n'est nécessaire que si la somme dépasse cent mille francs. En dessous, l'accord de la direction générale suffit. Autrement dit, celui de Jean Puons, nouveau directeur de la DNRED. L'ancien collaborateur de Georgina Dufoix n'a eu aucun mal à trouver l'argent qui servira au règlement : les services de Christian Gatard, désormais directeur des douanes à Marseille, viennent de réaliser une importante saisie de cigarettes et d'espèces en… livres sterling. De quoi accélérer le paiement. Question de priorité, sans doute, avant ma comparution devant la cour de Bathurst, celle devant laquelle je dois déclarer ma culpabilité.

PARÉ À APPAREILLER

Juillet 1992

Short m'avait apporté la radio promise. Une énorme Kenwood que nous avions immédiatement installée. Puis c'était Gatard qui était arrivé à son tour avec une balise Argos. Tout le monde tenait absolument à savoir en permanence où je me trouvais.

J'avais également installé un télex à bord me reliant directement au *Saint-Georges* à Estepona. Chantal servirait de simple relais. Selon les informations passées, elle pourrait alerter soit Gatard à Nantes, soit Heidi, qui assure le lien avec Short et l'armée révolutionnaire irlandaise.

Hervé Maignier, le divisionnaire des douanes de Nantes, spécialiste des affaires maritimes, m'avait conseillé d'embarquer un dernier équipement.

– Marc, tu ne dois pas partir sans armes. Des bateaux de plaisance sont victimes de pirates dans ce secteur bien qu'il n'y ait pas grand-chose à voler à bord. Alors tu imagines, un cargo chargé d'une tonne de cocaïne… Même si l'opération est entourée d'un maximum de discrétion, des fuites sont toujours possibles. Des trahisons aussi. Des mauvaises rencontres ne sont pas exclues.

J'avais pris ce conseil au sérieux et, dès le lendemain, j'étais parti à Anvers, où j'avais acquis deux fusils à pompe à bon prix dans une armurerie. J'avais également récupéré une carabine Remington, type grande chasse, munie d'une lunette réglée à cent cinquante mètres.

Il ne me restait plus désormais qu'à composer mon équipage avant le départ. J'avais enrôlé, une fois de plus, mon fils Laurent, ainsi que deux hommes qu'on m'avait recommandés sur un quai de Rotterdam – un mécanicien portugais, Fernando, et un cuisinier français, Gilbert.

Carnets de cellule 28, 29

34e mois de détention
Renous, établissement Atlantic, juillet 1997

Les autorités françaises n'ont pas encore fait transférer mon pécule, qui court toujours derrière moi – il se trouvait en Espagne, aux dernières nouvelles. C'est incroyable. Galy avait pourtant promis de faire le nécessaire. J'avais appris que le mandat était arrivé d'Espagne en Angleterre deux jours après… mon départ de Bellmarsh. Désespérant.

Il faudrait que je prenne le temps d'écrire tout ça. Ce que je suis en train de vivre. Il faut que je témoigne pour que mes filles sachent. Dieu… elles me manquent tant !

Peut-être pourront-elles bientôt venir, avec Chantal…

1 046e journée de détention
5 août 1997

Dans quelques minutes, je vais entrer dans cette salle. Pour me retrouver face au juge. À tous ceux qui me jugent et me condamnent par avance, à l'accusation et la presse.

Je vais comparaître.

Pour le moment, nous avons pu nous isoler un instant, l'espace d'une poignée de minutes, avec le consul de France.

– Calme et sérénité, recommande Olivier Arribe, avec une mine convaincue.

Facile à dire.

Il est un peu plus de 13 heures. Le bel ordonnancement a déraillé. Par ma faute. Je viens de demander une interruption de séance, alors que celle-ci vient seulement de démarrer. L'audience est momentanément suspendue.

Pour le moment, nous tenons une réunion dans une salle annexe. Les gendarmes Degresley et Fournier enregistrent mes propos, moi ceux de Michel Bertrand.

Le procureur est décidé à demander au tribunal une condamnation à perpétuité. Dans ce bureau, nous sommes en train de parler de mon sort, de ma vie. Les choses se bousculent, au grand troc de la justice.

Bertrand accepte tout de même que je puisse être dispensé d'une durée minimum de détention. Également l'idée que la sentence qu'il se fait fort d'obtenir puisse être exécutée ailleurs qu'au Canada.

Pour faire un bon condamné, il faut parfois accepter quelques concessions.

Pas question, en revanche, de prétendre parfaire la connaissance du dossier, sur le fond, de monsieur le procureur. Alors que je tente de lui glisser un ou deux éléments sur ma qualité, les deux gendarmes me coupent aussitôt, surtout Fournier, me demandant de ne pas compliquer la situation.

AU NOM DE LA CAUSE

Août 1992

Nous avions repris la mer. Le voyage avait été long, et on s'était ennuyé ferme à bord. L'inactivité était devenue pesante et des tensions étaient apparues entre les membres de l'équipage. Pour passer le temps et varier les menus, nous avions installé des lignes à la traîne à l'arrière du bateau. En réalité, nous avions tous hâte de passer à l'action.

Après onze jours de navigation, j'avais vraiment été heureux d'annoncer à mon équipe que nous nous trouvions désormais à la hauteur du Surinam. Pour fêter l'événement, après avoir jeté l'ancre, le chef nous avait gratifiés d'un dîner de gala dont il avait le secret, accompagné de deux excellentes bouteilles de bordeaux qu'il avait fait remonter de ses réserves cachées.

Le lendemain, comme prévu, j'avais contacté par radio un mystérieux correspondant dont Short m'avait donné les coordonnées avant le départ. L'homme avait noté la position exacte du navire et m'avait fixé un autre rendez-vous.

À midi pile, il avait rappelé pour me donner ses ordres. Sèchement.

– Placez-vous par 11° nord et 55° ouest. Maintenez cette position et attendez. On vous contactera quand l'avion arrivera. C'est nous qui appelons.

L'appareil devait décoller depuis une de ces pistes clandestines tracées dans la forêt colombienne pour le trafic de la drogue. Il lui fallait ensuite piquer le plus vite possible vers la côte Est, en survolant l'Amazonie brésilienne, la Guyane, puis le Surinam, afin d'éviter les radars installés par les Américains sur le territoire colombien. Le pilote était parfaitement rompu à ce type d'exercice. L'attente ne devait donc pas durer trop longtemps.

Quelques heures seulement avaient été nécessaires pour positionner le *Melor* au point indiqué par mon correspondant. Nous avions jeté une ancre flottante, puis j'avais demandé à Laurent de vérifier une dernière fois le matériel de plongée et le système de mise à l'eau du Zodiac. À nouveau, nous en étions réduits à une exaspérante attente.

Les heures avaient passé, s'égrenant lentement, et la Kenwood était restée désespérément muette. Plusieurs fois, j'avais vérifié qu'elle fonctionnait bien.

Le ciel était bas, déjà, sur l'horizon. J'avais renvoyé le cuisinier dans sa cambuse pour préparer le dîner. Il me paraissait impossible désormais qu'un avion largue, de nuit. Il y avait trop de risques de perdre les colis. Nous pouvions donc nous détendre.

La livraison serait pour le lendemain.

Dès le lever du soleil, nous nous étions retrouvés accoudés au bastingage à ne savoir que faire. Nous n'avions même pas un jeu de cartes à bord. Laurent avait perdu patience le premier. Il souhaitait que j'appelle nos contacts.

– C'est inutile, avais-je répondu. Le dernier message était clair : ce sont eux qui nous préviennent. S'ils ne le font pas, c'est qu'il y a un problème et il est peut-être plus prudent, précisément, de ne pas appeler.

Pour faire quelque chose, j'avais tout de même envoyé un télex à Chantal, pour qu'elle se renseigne auprès de Short. La réponse avait un peu traîné. Et nous n'étions pas vraiment plus avancés après son arrivée.

Il fallait attendre.

Je ne l'ai appris que bien plus tard : à des centaines de kilomètres de notre ennui mortel, la roulette avant du train d'atterrissage du bimoteur qui devait nous survoler s'était tordue alors que l'appareil tentait de quitter la piste gluante de boue. L'avion était parti en dérapage sur le nez, avant de terminer sa course folle en bout de piste, la queue en l'air face à la jungle colombienne. Il n'était plus question de le faire décoller dans cet état et les quelques hommes présents sur ce terrain de fortune n'étaient pas parvenus à le dégager.

Désormais, il ne restait plus qu'à attendre de trouver un appareil de remplacement pour pouvoir livrer les clients de l'IRA.

Pendant ce temps, sur le *Melor*, nous continuions à attendre dans la plus parfaite ignorance. Au bout de neuf jours de ce régime abrutissant, je ne tenais plus en place, épuisé nerveusement de tourner en rond. Le cuisinier m'avait d'ailleurs alerté sur la nécessité de prévoir une escale pour se réapprovisionner. Une idée qui n'avait rien pour plaire, car je me voyais mal m'arrêter dans un port avec une tonne de cocaïne à bord, sur le chemin du retour. Je devais prendre une décision.

J'avais rédigé un télex, dans lequel je demandais à Chantal de prévenir Short que je rentrais. J'avais prévu une escale à Saint Vincent, pour faire le plein de vivres. Si l'opération était finalement maintenue, nous ne serions pas trop loin et nous pourrions revenir sur nos traces. Mais, dans l'immédiat, nous ne pouvions plus rester sur zone.

Arrivés dans la baie de Kingstown, la situation n'avait toujours pas évolué. J'avais envoyé un nouveau télex à Chantal pour la prévenir de mon retour précipité en Angleterre, afin de voir ce qui se passait. Le navire patienterait à Saint Vincent, le temps que la situation s'éclaircisse.

Pendant que je regagnais l'Europe, la situation allait s'emballer, jusqu'à ce que se noue un véritable drame. Un grain de sable aux conséquences désastreuses.

Tout était parti de mon télex. Par un effet de déperdition, le texte originel avait connu de menues déformations qui, ajoutées les unes aux autres, avaient contribué à créer en bout de chaîne un tout nouveau message, bien différent de la matrice que j'avais transmise. Ainsi, mon retour annoncé s'était transformé, aux oreilles de la hiérarchie de l'IRA, en annonce de l'arrivée du *Melor* pour le lendemain. L'information avait bien sûr un peu surpris la direction du mouvement, mais l'alerte générale avait été décrétée, sans que personne ne pense à vérifier préalablement cette info qui n'en était pas une.

Dans l'improvisation la plus totale, la direction de l'IRA avait immédiatement mobilisé le second bateau chargé de récupérer la drogue au sud-ouest de l'Irlande, dans la baie de Dantry. Si le *Melor* annonçait son arrivée – le doute n'était pas permis –, c'était qu'il était finalement parvenu à charger.

Les deux hommes chargés de l'opération étaient arrivés au port de Dantry en catastrophe. Ils avaient aussitôt levé l'ancre, sans s'arrêter sur l'avis de tempête diffusé sur toutes les ondes. Et ils avaient pris la mer, en bons soldats de la cause, alors que tous les bateaux de pêche étaient rentrés se mettre à l'abri. Les hommes de l'IRA savaient que l'Organisation avait un besoin impératif de cette cargaison pour maintenir ses troupes en état opérationnel. La digue séparant le port de la mer en ébullition à peine franchie, leur bateau avait été immédiatement happé par les flots en fusion. La coque de cette bille de bois devenue folle s'était mise à grincer et gémir dans un raffut de tous les tonnerres, sous les coups de boutoir d'une mer démontée. Des tonnes d'eau s'étaient fracassées sur le pont, les vitres de la cabine disparaissant sous un épais manteau formé par l'écume en furie. Le vieux navire fatigué, rafistolé de toutes parts, n'avait pas résisté bien longtemps à ces furieux assauts.

Une dernière charge avait fini de le balancer cul par-dessus tête.

À l'intérieur de la cabine, les deux marins s'étaient fracassés contre les parois de l'habitacle. Sous la violence des coups, ils avaient perdu connaissance et n'avaient pu envoyer le moindre signal de détresse, alors que l'eau s'engouffrait goulûment dans la carcasse de leur tombeau.

À mon arrivée à Londres, après m'avoir informé de ce qui venait de se passer, John Short avait souligné que ce drame n'avait fait qu'accroître le besoin d'argent des Irlandais. Comme à son habitude, l'IRA entendait assumer financièrement les conséquences de cette tragédie, en assurant l'avenir des familles des deux militants disparus. Il y aurait donc probablement de nouvelles opérations à mettre en place.

Dans l'immédiat, Sean nous avait informés que celle du Surinam était annulée.

Carnets de cellule 30, 31

104e journée de détention
Bathurst, Canada, 5 août 1997

Coupable. Je suis coupable ! Comment pourrait-il en être différemment, d'ailleurs, puisque je l'ai moi-même reconnu quelques jours plus tôt face au tribunal ? Parfaitement conscient que cet aveu se suffisait à lui-même, j'ai précisé dans la foulée ne rien avoir d'autre à ajouter.

Olivier Arribe m'avait accompagné du regard, acquiesçant du chef devant ce beau moment de justice.

Nous sommes en phase.

Je suis donc coupable de complot d'importation au Canada de cinq mille quatre cent dix-neuf kilos de cocaïne, d'une valeur approximative de un milliard cinq cent mille dollars.

Le juge Frederik Arsenault peut bien demander un report de quinze jours pour le prononcé de la sentence, les dés sont jetés, désormais.

104e journée de détention
Renous, 6 août 1997

J'ai pesé chaque mot. Comme si ma vie en dépendait. Comme si j'allais vraiment jouer cette scène dont on m'a privé. Pleinement, en donnant tout, comme j'aurais voulu le faire.

J'ai éprouvé le besoin d'écrire, comme pour exorciser cet acte manqué.

La lettre est adressée à l'ambassadeur de France à Ottawa. Je la remets à Olivier Arribe, qui vient me visiter. Les mots noircissent la page blanche.

« Après la visite d'Olivier Arribe au pénitencier de Renous, je tiens à vous faire parvenir pour information le texte que j'aurais souhaité lire devant la cour

de Bathurst en guise de plaidoyer de défense. Cette déclaration m'aurait permis de stopper le jugement exemplaire réclamé par la Couronne, voire même de provoquer le rejet des poursuites à mon encontre, mais la sécurité de ma famille, ma sécurité et les "vœux" formulés par les autorités douanières françaises m'ont décidé à plaider coupable. Je ne chercherai donc pas à "emmerder" les autorités canadiennes. Devenant ainsi l'exemple vivant de l'apparente efficacité des services de lutte anti-drogue.

« Cette escroquerie morale est bien dans le style de l'action menée par tous ces services, dont l'incompétence, l'irresponsabilité, les inepties et les magouilles de toutes sortes ne sont plus à démontrer. C'est notre propre système qui génère ces comportements, et je ne me sens pas de taille à lutter, depuis ma prison.

« Bien que m'ayant laissé carte blanche pour mon système de défense à mon départ d'Angleterre, la douane française s'est empressée de déléguer Christian Gatard pour m'avertir que je devais m'attendre à perdre le soutien des autorités françaises en cas de plaidoirie "non coupable".

« Lorsque vous recevrez ce courrier, une sentence inique et exemplaire aura été prononcée par une marionnette du système, ratifiant la performance policière au détriment de la justice. Qu'importe le flacon, pourvu qu'on ait l'ivresse !

« J'ai tenu à vous adresser ce document pour vous informer de la réalité de l'invraisemblable situation que je traverse avec ma famille.

« J'ose espérer un transfert ultra-rapide sur la France.

« Sincères salutations.

« Renous, le 6 août 1997 »

AVIS DE TEMPÊTE

Octobre 1992

À peine revenu dans le sud de l'Espagne pour embrasser les femmes de ma vie, j'avais trouvé un message de Christian. Il m'indiquait qu'il me fallait déjà repartir pour Londres. Les Anglais souhaitaient me voir avant que je ne regagne les Caraïbes.

Dans l'immeuble du *King's Gate House*, j'avais retrouvé Marc Lerestre avec beaucoup de plaisir. J'avais exposé la situation en précisant que le lieu exact du prochain chargement n'était pas encore arrêté. En revanche, il y avait de fortes chances que la livraison s'opère à nouveau au large de l'Irlande. Ma présentation terminée, le chef de la délégation britannique avait pris la parole.

– Monsieur Fiévet, nous envisageons une intervention en mer d'Irlande lorsque le bateau de l'IRA viendra récupérer la drogue que vous aurez larguée. Mais il est évident que si l'un de nos bâtiments croise dans le secteur, les Irlandais le repèreront et abandonneront la marchandise. Nous enverrons donc sur place un sous-marin. Et vous devrez nous communiquer l'endroit précis du largage pour qu'il se positionne avant intervention.

Immédiatement, j'avais pensé aux risques insensés qu'un tel plan allait me faire courir.

– C'est impossible, avais-je répondu. Je serai le seul à connaître l'endroit où je jetterai les colis et, de surcroît, il ne me sera communiqué que peu de temps avant l'opération. Vous imaginez bien que, si un sous-marin surgit, les gens de l'IRA identifieront immédiatement la personne qui les aura trahis.

– Ce n'est pas certain, avait repris le chef de la délégation britannique. Il peut y avoir des agents infiltrés dans leurs rangs.

– Vous les prenez pour des imbéciles. À moins que ce ne soit moi que vous preniez pour un idiot. J'ai une femme et des enfants, et je n'en ferai pas une veuve et des orphelins pour que vous réussissiez une belle affaire.

– Monsieur Fiévet, vous serez payé – et fort bien – pour agir comme nous le souhaitons. Pas pour nous raconter comment vous apportez votre concours et votre compétence aux trafiquants. D'autre part, pour être payé, il faudra venir témoigner devant un tribunal.

Cette fois, c'en était trop. J'avais littéralement explosé.

– Vous êtes des salauds et vos méthodes sont immondes. Je vous ordonne de quitter cette ambassade.

Marc Lerestre n'avait pas bronché. Il s'était tout de même levé, pour conclure la réunion avec beaucoup plus de diplomatie.

– Je pense effectivement qu'il vaudrait mieux reprendre nos travaux lorsque le nouveau projet sera plus élaboré.

Toujours pas calmé, je l'avais coupé.

– Marc, arrête. Il n'y a plus de projet ni d'opération possible avec ces gens-là.

Un peu embarrassé, Marc avait reconduit la délégation anglaise jusqu'à la porte. En revenant, il m'avait livré ce seul commentaire.

– Tu ne t'es pas fait des amis, aujourd'hui. Méfie-toi, désormais.

Carnet de cellule 32

1061e journée de détention

Bathurst, Canada, 20 août 1997

C'est une peine réputée sans chiffres. C'est ainsi que ma perpétuité vient d'être qualifiée par le tribunal. Elle correspond en réalité à une condamnation à quinze ans de prison.

La fin de peine est fixée au 5 août 2012. Je serai permissionnaire le 12 juin 2001. Et libérable le 12 juin 2004. Tout cela est précisé sur les documents fournis par le service correctionnel canadien. Qui ne tiennent pas compte de la date de mon arrestation.

Le juge Arsenault a prononcé un discours moralisateur pour célébrer ce grand jour. Je l'ai écouté calmement, dans un état second. Seul, sans avocat. En pensant à Balzac et à ce qu'il écrivait sur les magistrats dans *Splendeurs et misères des courtisanes*.

Frédéric Arsenault n'a jamais eu connaissance de ma qualité d'aviseur des douanes françaises. De la belle ouvrage, assurément.

Pas sûr que les choses aient beaucoup changé un siècle et demi après Balzac.

HORS TAXES

Janvier 1993

Gero avait quitté la maison vers 1 heure du matin. Pour cette soirée du réveillon, nous avions également invité un couple d'amis français et Heidi. Depuis que Bob Mills était hébergé dans un pénitencier du sud de Londres, dans le Sussex, la jeune femme vivait seule sur la Costa del Sol. Gero rentrait à Gibraltar, où il devait regagner le *Melor.* D'origine allemande, témoignant d'un sens aigu de la discipline, mon nouveau capitaine m'apparaissait comme la recrue idéale pour les opérations que je prévoyais pour les mois à venir. Un capitaine d'un genre un peu particulier, à dire vrai : en effet, c'est moi qui l'avais promu en achetant son diplôme en Hollande. Architecte de formation, Gero Knor avait immédiatement encadré le document certifiant ses qualifications. Il semblait en être très fier. Mon ami Marc Romyn m'avait confirmé les compétences de ma nouvelle recrue. Et puis, je pouvais bien lui donner une chance de se refaire : Gero avait perdu le peu d'argent qu'il possédait dans la saisie des trois tonnes de cannabis marocain que j'avais fait opérer par les autorités hollandaises sur le *Anne-Liese*, son bateau.

Malgré une nuit plutôt courte, dès 9 heures du matin, j'avais gagné l'entrée des faubourgs de La Linea, ville frontière entre l'Espagne et Gibraltar. La traversée de ces zones en friche, où les détritus disputaient l'espace à des cabanes de fortune, n'était pas des plus réjouissantes. Bien que le week-end fût chose sacrée pour les *Yanitos*[5], la principale activité économique de Gibraltar ne faisait pas relâche. Elle m'avait immobilisé plusieurs minutes sur le boulevard extérieur qui longeait la mer. Le temps que les porteurs aient pu livrer les « magasins » des revendeurs avec les cigarettes de contrebande

5 Surnom donné aux Gibraltariens.

débarquées des vedettes rapides par caisses, protégés par des jeunes gens qui bloquaient les véhicules.

Depuis quelques mois, les opérations se déroulaient en plein jour, au nez et à la barbe des autorités. Ces dernières ne faisaient pas vraiment dans l'efficacité pour endiguer le trafic. Il est vrai aussi que cette zone économiquement sinistrée ne pouvait survivre sans cette manne. Par conséquent, il était sans doute préférable de fermer les yeux sur ces activités contrebandières, sous peine de troubles autrement plus graves. Lors d'une de ses précédentes visites, Christian Gatard, médusé, avait pu lui-même assister à cet étonnant spectacle.

Une queue s'étirant sur plusieurs centaines de mètres s'était maintenant formée. Il n'y avait plus qu'à patienter, dans l'attente que la circulation se débloque et reprenne son cours normal. Dans une dizaine de minutes, je devrais pouvoir être à bord du *Melor*, amarré sur le quai intérieur, à proximité des docks Nord désaffectés.

Avant de nous quitter, quelques heures plus tôt, Gero m'avait informé que le projet de reconfiguration du cargo était prêt. Il souhaitait me le soumettre rapidement, avant lundi, au cas où j'aurais voulu y apporter quelques modifications.

Une fois à bord, le capitaine m'avait offert une tasse de café dans le salon voisin de sa cabine. Visiblement, il avait fait du bon boulot. Les plans qu'il avait dessinés et les devis qu'il avait fait établir en attestaient. Même si le coût global présenté dépassait largement mes possibilités. D'après lui, la facture se montait au bas mot à soixante mille livres. Sans compter le carénage, pour lequel j'avais demandé à Tito de me présenter le nouvel exploitant des bassins de *radoub*[6] de Gibraltar, histoire d'obtenir un prix d'ami.

Parmi les modifications que j'avais réclamées, je souhaitais notamment que soit réalisée dans la salle des machines une ouverture vers la soute. J'avais aussi demandé des congélateurs et l'installation d'un gros générateur, plus puissant que ceux actuellement en service. Je souhaitais également que le système hydraulique soit révisé.

---

6 Bassin pour la réparation des navires.

Carnet de cellule 33

35e mois de détention

Springhill, Canada, fin de l'été 1997

Dehors, le baromètre est en chute libre. À l'image de mon moral. S'il n'y avait l'espoir d'un retour en France, je crois bien que j'envisagerais une solution radicale.

Au téléphone, Hélène Albert, la vice-consul de France, m'apprend qu'elle a pu parler à Chantal. J'ai la gorge nouée. Les petites vont bien.

Ma situation va s'arranger, forcément. Il faut que je tienne, simplement.

Depuis la mi-août, j'ai été transféré au pénitencier de Springhill, en Nouvelle-Écosse. Pour fêter l'événement, j'ai eu droit à mon arrivée à un jeu d'échecs et une radio. Je dois ces petites attentions à Jürgen Kirchhoff. Le capitaine du *Pacifico* est lui aussi pensionnaire de Springhill.

La radio, notamment, est bienvenue. Elle remplacera mon poste qui n'a pas supporté le dernier déménagement.

À la bibliothèque, je viens de croiser un autre visage familier. Celui de Teddy Rogers. Je n'en croyais pas mes yeux : j'étais persuadé que Rogers appartenait à la DEA – c'était d'ailleurs la raison pour laquelle j'avais autrefois refusé de l'embaucher pour le compte de Locatelli. C'est donc une vraie surprise de le trouver ici, en détention. Au moment de son arrestation, son bateau transportait dix tonnes de cannabis.

Teddy me recommande chaudement un avocat. Il le connaît bien, m'assure-t-il. Il ne peut évidemment pas imaginer un seul instant que j'aie renoncé à faire appel, pas plus que je ne peux lui expliquer ma situation. De toute façon, je n'ai pas un sou.

Et Teddy, lui, me croit riche.

À propos d'argent, justement, le mien est toujours quelque part entre Londres et Moncton. Il doit normalement parvenir directement au consulat de France de Moncton.

Pourvu que ce soit avant mon transfert pour la France.

AFFAIRES COURANTES

Janvier 1993

En ce début d'année, les problèmes financiers générés par le *Melor* ne m'avaient guère accordé de répit. Surtout qu'ils se superposaient aux difficultés du *Saint-Georges*. L'ancien restaurant, que j'avais transformé en magasin d'antiquités, n'était toujours pas rentable, trois ans après son ouverture. John Short venait de me confirmer le chargement à la Jamaïque. Il n'avait pas non plus renoncé au projet négocié lors de notre dernier voyage à Dubaï avec ces Pakistanais souhaitant charger 15 tonnes de cannabis afghan. Short souhaitait que je récupère sans tarder les cent mille livres destinées au paiement des nouveaux équipements du *Melor*. En l'appelant pour l'informer de mon séjour londonien, j'avais prié Gatard d'alerter Marc Lerestre, l'attaché des douanes françaises en Angleterre.

À l'arrivée du vol de Malaga, à Gatwick, John Short m'avait réceptionné avec Gilbert, un de mes marins. Nous avions pris place à bord de sa Bentley pour gagner le centre de Croydon, où il vivait avec sa nouvelle *girl friend*. Après un café très anglais, un de ses hommes de main était passé à l'appartement déposer un sac en plastique siglé *Mark and Spencer*. Pour dissimuler une partie de cette volumineuse masse de billets, Gilbert avait emprunté l'imperméable de John. Au moment du retour, je n'avais évidemment pas parlé de John Hector, l'officier du *custom*, sur lequel je savais pouvoir compter pour franchir sans encombre les contrôles à l'embarquement. De retour au *Saint-Georges* à 20 heures, il nous avait encore fallu près d'une heure pour mettre les billets en ordre, rangés par liasses. L'opération terminée, Gilbert avait immédiatement pris la route pour Lyon, pour y acheter les Skorpio, les pistolets de gros calibre et les munitions que nous avions commandés auprès d'hommes de l'art. Puis j'avais prévenu Christian Gatard, à Nantes, que tout s'était bien déroulé.

Vu le montant de la somme que je venais déposer, j'avais demandé à voir le directeur, pour éviter le guichet. Le personnel de l'agence de la *Barclay's Bank* de Gibraltar me recevait toujours avec beaucoup d'égards. Ceux dus à un bon client : chaque mois, j'approvisionnais le compte de la *Rio Plata limited* avec du cash.

Une fois ressorti sur Main Street, je décidais de passer à bord du *Melor* pour remettre dix mille livres au capitaine Gero, pour la caisse de bord.

Les dimanches matins, *El Yate*, un restaurant situé sur le port d'Estepona, était le lieu de rencontre à la mode. Accompagnés de leur fils Arturo, Patrice et son épouse avaient accepté notre invitation à partager quelques *tapas* à la terrasse de l'établissement, face aux voiliers amarrés dans la marina. Ex-cadre financier, Patrice était arrivé depuis déjà plusieurs années en Andalousie. Il avait tenu un bar à musique, à Estepona, avant de partir découvrir de nouveaux horizons outre-Atlantique. Après un revers de fortune, il avait dû accepter un petit boulot pour un salaire de misère. Il prenait cette mauvaise passe avec pas mal de philosophie, contrairement à sa jeune épouse qui laissait deviner quelques signes d'essoufflement.

Avant de quitter la terrasse du *Yate,* j'avais discrètement salué Ricardo Kohl d'un signe de la main. Comme chaque dimanche, le commissaire prenait l'apéritif avec son ami Carlos Gaston Ferran. Le patron des services de la police nationale d'Estepona avait une autre fonction. Officieuse, celle-là : il était responsable des « contacts » avec les hommes du GAL. Dont Carlos Gaston Ferran, son voisin, était un des patrons reconnus. Depuis l'intervention des douanes espagnoles dans la marina de Fuengirola sur un bateau du GAL chargé de cannabis marocain, le commissaire Ricardo Kohl et Carlos Gaston Ferran savaient pour qui je travaillais. Les douaniers n'avaient pas vraiment fait preuve de discrétion. Pas de quoi, évidemment, améliorer ma position de plus en plus intenable. Et Kohl et Ferran savaient également que je savais qu'ils savaient.

Entre gens de connaissance, l'échange resta donc courtois et urbain. Mais distant.

Ce lundi 11 janvier 1993, au QG de la direction nationale des douanes britanniques, à Londres, John Hector, officier des douanes de Sa Très Gracieuse Majesté, attendait Ian Anderson. Le responsable du secteur cannabis du service l'avait convié pour envisager avec lui la meilleure stratégie pour coincer ce *fucking froggy bastard* qui les avait humiliés fin 1992, à l'ambassade de France, en présence de l'attaché des douanes françaises, l'excellent Marc Lerestre. L'accord de la direction générale avait été donné pour infiltrer auprès de Bob Mills un agent chargé de le mettre en confiance. Narcotrafiquant notoire, Mills purgeait un reliquat de peine de deux ans à la prison d'Highdown et pouvait espérer bénéficier du régime de libération conditionnelle avant la fin de l'année. Dans l'esprit d'Anderson et d'Hector, jamais M.F. – mes initiales, telles qu'elles figuraient sur les « blancs » établis par les services des douanes anglaises – ne pourrait se méfier de son « ami » Mills. C'était, en tout cas, la conclusion de cette réunion.

L'envoyé de John Short était arrivé le premier. Nous nous étions installés au yacht club de Sottogrande, d'où nous dominions le quai d'honneur de cette marina parmi les plus sélectes de la province de Cadix. Victor était venu m'informer que Sean, l'Irlandais de l'armée républicaine que j'avais rencontré à Dublin en 1992, souhaitait me revoir. Sean prévoyait de venir jusqu'à La Linea de la Conception, la ville frontière avec Gibraltar. Visiblement, l'affaire pressait, l'IRA ayant un besoin urgent d'argent frais.

Au téléphone, dès que je lui avais annoncé cette nouvelle relance des émissaires de l'IRA, Gatard n'avait rien trouvé de plus pertinent que de me demander, après m'avoir gratifié de son célèbre « on va y arriver ! », si je n'avais « rien qui montait vers chez lui ». Consternant.

Le lendemain matin, Patrice était arrivé à l'heure pour me conduire à l'aéroport de Malaga. Il n'était pas encore 6 heures. L'avion pour Amsterdam ne décollait qu'à 7h30, mais je préférais patienter dans les salons business-class plutôt que risquer de rater mon vol. Ralf De Groot, mon correspondant sur place, devait me récupérer à l'arrivée pour aller voir sur un chantier un navire qui semblait avoir toutes les qualités.

En salle d'embarquement, Raymond Nakachian, le célèbre homme d'affaires, était arrivé au dernier moment. Nakachian avait fait la une des journaux quelques années plus tôt. Une salle histoire dont il avait été la victime, sa fille Mélodie ayant été enlevée par des malfrats de la région nantaise[7]. Nous étions les deux seuls passagers de la business-class, ce jour-là. Nous nous croisions régulièrement, mais ne faisions que nous saluer d'un signe de tête. Je savais qu'il réalisait du très gros tonnage avec Carlos Gaston Ferran. Ils stockaient leur marchandise sur Estepona où ils rencontraient la plus grande bienveillance des services de police du commissaire Ricardo Kohl.

Ralf De Groot m'attendait dans sa voiture, son éternel cigare froid au bec. Délicate attention, en réalité : Ralf n'oubliait jamais que je ne fumais plus depuis plusieurs années. Nous étions arrivés à Schiedam, dans les faubourgs de Rotterdam, vers 11 h 45. Le navire-hôpital que nous venions visiter se trouvait dans la darse intérieure du chantier. Son directeur nous attendait au pied du bâtiment.

Le *Poséidon* avait autrefois appartenu au gouvernement allemand. Battant pavillon hollandais, il possédait un équipement au-dessus du lot. À bord, une chambre de décompression avait été installée, ainsi que tout le nécessaire pour la plongée. La salle des machines était aussi grande qu'une cathédrale. Son MAK de 1 100 chevaux avalait à lui seul cinq tonnes de fuel léger par jour. Pas moins de onze générateurs, capables de se transférer sur un secteur éventuellement en panne, le soutenaient pour les nécessités du bord. Ses réservoirs garantissaient au navire une autonomie d'environ dix-huit mille miles marins et les trente-cinq cabines des hommes de bord offraient un confort au-dessus de la moyenne. Les officiers, eux, disposaient de dix cabines situées sur le pont intermédiaire et la suite du capitaine n'avait rien à envier à celle d'un armateur. L'infirmerie disposait d'autres lits montés sur un système de cardans à trois axes, qui garantissait une position stable même par mer agitée. Enfin, des ateliers de chaudronnerie, de mécanique générale, de menuiserie et des chambres froides complétaient un équipement hors du commun.

---

7 *Les auteurs avaient été condamnés en Espagne en 1992, notamment Alain Coelier, dit « Petit Alain », devenu depuis un baron de la drogue, et arrêté par la marine espagnole en août 2006.*

Mon vol de retour était prévu à 17 heures. Avant d'embarquer, j'avais eu le temps d'acheter des cadeaux pour mes princesses dans les boutiques hors taxes de Schipol.

Ce soir-là, l'avion était complet.

Carnets de cellule 34, 35

39e mois de détention
Springhill, Canada, décembre 1997

Olivier Arribe n'y comprend plus rien. Ça tombe bien, moi non plus. Mon transfert traîne en longueur. Il n'est toujours pas effectif.

Au téléphone, Chantal m'annonce l'arrivée du froid sur l'Andalousie. Un doux nom, cher à mon cœur, qui me ramène à une autre vie. Celle d'avant. Les petites se serrent avec leur mère autour de la cheminée du salon. Chantal a regardé une émission sur les agents infiltrés à la télévision. Elle a pensé à moi.

Les autorités françaises m'ont fait passer un formulaire. Je dois le renseigner pour justifier de ma nationalité. Il réclame les dates de naissance de mes parents, de mes grands-parents et de mes arrière-grands-parents.

Dieu les chérisse !

40e mois de détention
Springhill, Canada, janvier 1998

En ce début d'année, l'hiver a recouvert le Québec d'une épaisse couche de glace. Au point de barrer l'accès de certains buildings à la fée électrique. Une partie du pays se retrouve dans le noir et le froid.

J'ai débuté la rédaction d'un document sur ce que j'appelle mes années noires, telles que je les traverse. Depuis mon arrestation, j'ai accumulé des carnets entiers de notes. Mais je découvre que l'exercice n'est pas aussi facile que je l'imaginais.

Chantal possède quelques écrits sur la période espagnole de ma vie de détenu. J'y aurai accès une fois libre. Dans combien de temps ?

Toujours incarcéré à Renous, Carlos Hernandez-Reumbeaut s'apprête à plaider non coupable devant le tribunal. Sur les charges sur lesquelles, moi, l'agent infiltré, j'ai dû plaider coupable. Hernandez-Reumbeaut ne craint qu'un seul témoignage : le mien. Les autorités canadiennes m'ont d'ailleurs informé que Carlos Hernandez-Reumbeaut a proféré des menaces de mort contre ma famille. Qu'il compte mettre à exécution dans le cas où je me déciderais à témoigner contre lui. Tout le monde a l'air de prendre les propos du narcotrafiquant cubano-espagnol au sérieux.

Loïc Hennekinne, l'ambassadeur de France, et les douanes françaises ont été alertés.

• Le Poséidon.
Un des motor-yacht de Marc Fiévet, affrété pour l'organisation Locatelli sur lequel ont été saisies 6 tonnes de cannabis au milieu de l'Atlantique.

• Le Melor.
Cargo prévu pour l'enlèvement des 80 tonnes de cannabis au large du Pakistan.

• **Eve Pacific**.
Appelé Pacifico, il a été mis en service acceléré par Locatelli pour se substituer au Poseidon. Il fera l'enlèvement des 5,4 tonnes de cocaïne parachutées au large de la Guyane française.

• **Le restaurant Le Saint-Georges**.

• **Marc Fiévet** s'apprêtant à monter à bord de l'hélicoptère MS 530 des ses amis des SVA (douanes espagnoles)

MON AMI LE CONSUL

15 janvier 1993

Installé sur la principale artère commerçante de la ville, le consulat de France à Gibraltar ne payait vraiment pas de mine. Tito, le maître des lieux, m'avait demandé de passer pour rencontrer une connaissance susceptible d'affréter le *Melor* pour une rotation régulière entre Casablanca et Valencia. Son ami n'étant pas encore arrivé, j'en avais profité pour appeler l'antenne de la DNRED à Nantes. Christian Gatard étant absent, j'avais à nouveau expliqué à Jo Le Squere, son adjoint, la situation créée par la prochaine venue de l'émissaire de l'IRA. Le Squere n'avait pas su quoi dire et m'avait conseillé de rappeler Christian.

Après avoir sauté dans un taxi, nous nous étions attablés chez *Da Paolo*, à Marina Bay, autour d'un bon *rioja*. Ahmed, le serveur marocain, nous avait reçus comme des membres de la famille royale. J'avais salué Dave Sheldon et sa sœur, qui se trouvaient côté bar. Ils avaient été nos voisins, du temps où nous habitions dans la marina, sur le *Windarra*. Le père de Dave Sheldon était un contrebandier très connu à Gibraltar. Dave et sa sœur rigolaient au bar avec un des fils Victori, rejeton d'une autre famille vivant du narco-business. Peter Isola, mon avocat, était venu nous saluer à son tour. J'en avais profité pour lui demander un petit service : j'avais besoin d'une intervention auprès des autorités portuaires pour que le *Melor* puisse rester quelques jours de plus à quai. Et je savais qu'on ne pouvait rien refuser à la famille de Peter.

Après avoir quitté Tito, j'avais repris un taxi pour rejoindre Sheppard's Marina. John Simson se tenait derrière son comptoir. Je venais le voir de la part d'Heidi, la jeune femme suisse que j'avais invitée le soir du réveillon. Installé à Gibraltar depuis plus de vingt ans, le patron du *Rifle's bar* connaissait tout le monde à Gibraltar.

Immédiatement, il m'avait parlé de Bob Mills, le fiancé d'Heidi, évoquant leurs aventures de jeunesse du temps où ils écumaient le quartier jamaïcain de Brixton, à Londres. Je lui parlais à mon tour du *Melor*, qu'il m'avoua avoir remarqué, lui expliquant mon souhait de trouver un affréteur. Il pensait à quelqu'un et me promit de m'appeler dès qu'il y aurait du nouveau.

Carnets de cellule 36, 37, 38

1 386e journée de détention

Roissy, aéroport Charles-de-Gaulle, 10 juillet 1998

Je viens de poser le pied sur la terre ferme. Celle de la mère-patrie. La nuit estivale enveloppe le sommeil de mon pays.

J'ai voyagé encadré par deux fonctionnaires du service des transferts internationaux. Le vol Air France qui nous a ramenés à Roissy a été assez désagréable. Il est vrai que débarquer dans la cabine d'un Airbus menottes aux poignets n'est sans doute pas le meilleur moyen pour soigner sa publicité. Le personnel de bord ne m'a témoigné aucun égard. Et la chef de cabine s'est laissée aller à des attitudes dignes d'un chef de détention.

Ils n'aiment visiblement pas les passagers avec menottes, chez Air France.

En guise de cadeau de bienvenue, j'ai été envoyé méditer pendant plus de quinze heures dans un cachot du sous-sol du TGI[8] de Bobigny, avec une dalle de ciment pour literie.

Ces petits désagréments ne parviendront pas à gâcher ma satisfaction de rentrer en France. Je vais enfin pouvoir déclarer sur le fond. Et laver l'opprobre qu'on a voulu répandre sur moi.

48e mois de détention

Paris, septembre 1998

Je loge à la maison d'arrêt de Villepinte. L'établissement est une de ces sinistres réalisations héritées du plan « 13 000 », œuvre du ministre Chalandon.

---

8 Tribunal de grande instance.

Madame Molina, substitut du procureur de Bobigny, m'a annoncé qu'elle allait demander vingt ans de réclusion criminelle à mon encontre. Alors qu'elle s'adressait à moi, elle a eu beaucoup de mal à me regarder fixement, droit dans les yeux.

Pendant ce temps, de l'autre côté de l'Atlantique, un homme ressort libre du tribunal de Moncton. Le narcotrafiquant Carlos Hernandez-Reumbeaut vient d'être acquitté.

Il a plaidé non coupable.

1582[e] journée de détention
Bobigny, début 1999

J'attends ce moment depuis longtemps. Pouvoir m'expliquer devant la justice de mon pays. Jean Puons, le directeur interrégional de la DRNED, a fait parvenir un courrier au président du tribunal, dans lequel il écrit noir sur blanc que j'ai «bien été un informateur régulier de l'administration des douanes». Le tribunal de grande instance de Bobigny doit maintenant traduire le jugement canadien en droit français.

L'audience a duré quatre minutes, pas une de plus. Montre en main. Le vice-président Thierry Bloch, qui préside la séance, a bien tenu son affaire. À huis clos, la 13e chambre correctionnelle du tribunal de Bobigny vient de me condamner à vingt ans de réclusion.

Je suis libérable en 2017. La peine prononcée par les Canadiens s'achevait en 2012. Je pouvais espérer des permissions de sortie dès juin 2001 et une libération conditionnelle en juin 2004. Cette fois, la justice française a ajouté une période de sûreté à la peine, s'asseyant sur l'accord franco-canadien qui écarte pourtant toute aggravation de peine en cas de transfert d'un détenu.

Sonia Djemni-Wagner, la procureur qui a requis vingt ans, a conclu sa prestation en m'expliquant que je n'avais qu'à demander la grâce présidentielle, désormais.

Jacques Vergès, mon avocat, n'a rien trouvé à redire.

Jean Puons ne semble pas s'inquiéter. Il a un plan. Le directeur de la DNRED me rend visite en prison pour m'encourager à ne pas faire appel du jugement de Bobigny. Un recours en grâce présidentielle sera plus rapide, selon lui. Et la démarche est impossible en cas d'appel.

Pour appuyer la demande de grâce, Puons rédige un courrier dans lequel il atteste de ma qualité d'informateur régulier des services pour la lutte contre les stupéfiants.

L'IMPASSE JAMAÏCAINE

Février 1993

Ce dimanche-là, John Short avait décidé de se déplacer en personne. Le rendez-vous avait été fixé au bar du casino de Marbella. Il ne s'était pas attardé. Ponctuel, il voulait savoir si le cargo était enfin prêt. Comme je lui certifiais que tout serait en ordre pour la fin du mois, il m'avait confirmé l'enlèvement de huit tonnes d'herbe à la Jamaïque. L'opération devait avoir lieu directement dans le port de Kingston, au sud-est de l'île. Sans même me laisser le temps d'articuler une seule parole, il m'avait tendu un téléphone Motorola de couleur grise, avec son chargeur, précisant qu'il me donnerait ses directives dès que je serais sur place, une fois évacuées les formalités d'arrivée au port.

Short ne savait pas que j'avais installé un capitaine à bord du *Melor.* Je ne voyais d'ailleurs pas l'intérêt de l'en informer. Je lui avais demandé de m'appeler le samedi suivant.

– Tout sera en place, avais-je encore ajouté.

Satisfait, il avait enfin esquissé un sourire, avant de disparaître.

J'avais passé le reste de mon dimanche avec mon épouse et mes deux filles dans le vieux Mijas, charmant village accroché sur une crête dominant Fuengirola. Nous nous étions arrêtés déguster des côtelettes d'agneau, puis avions terminé l'après-midi par la visite du musée des miniatures. Dès notre retour, j'avais prétexté des coups de fil à passer pour m'isoler dans mon bureau, envahi comme le reste du *Saint-Georges* par les antiquités. Depuis que j'avais transformé le restaurant en magasin pour éviter de supporter des frais de personnel, nous avions sur le dos des stocks de meubles anciens dont nous cherchions à nous débarrasser sans grand succès.

La mission confiée par John Short et ses amis de l'IRA ne m'inspirait rien de bon. Je la jugeais excessivement risquée. La Jamaïque, située au nord-ouest de la mer des Caraïbes, restait sous la surveillance permanente des gardes-côtes US. Il me paraissait impossible que le *Melor* parvienne à passer à travers les mailles en évitant tout contrôle. Short se foutait éperdument que le cargo se fasse « sauter », que ce soit par les gardes-côtes ou par la *Drug enforcement agency.* La seule chose qui comptait à ses yeux, c'était que la marchandise soit enlevée. Je savais que cette obstination était motivée: Heidi, qui m'avait fait des confidences, m'avait expliqué qu'il avait déjà encaissé trois cent mille livres sur l'opération. Et les Jamaïcains n'étaient pas des gens à rigoler.

Sur la somme encaissée, Short m'avait donné cent mille livres lors de mon passage à Londres, en avait versé autant à Sean, l'Irlandais de l'IRA, et avait conservé le solde pour ses besoins personnels. Je me demandais si je n'étais pas en réalité en train de servir de leurre pour protéger un chargement plus important. C'est dire la confiance que j'avais dans l'opération. Surtout que je m'étais fait une raison concernant Christian Gatard, dont j'avais compris qu'il ne me serait d'aucune aide pour sortir de ce mauvais pas.

Objectivement, je me retrouvais plongé dans une drôle de galère, sans solution de repli.

25 janvier 1993

Un peu avant minuit, Gilbert, le marin du *Melor*, m'avait confirmé par téléphone que la cargaison d'armes était au complet. Il avait chargé Laurent, mon fils, de la ramener à bon port. Il s'étonnait d'ailleurs qu'il ne soit pas arrivé, puis m'avait précisé qu'il comptait rester quelques jours à Toulon avec ses enfants. Je lui avais donné mon accord, lui précisant que sa présence sur place n'était pas requise pour le moment, puisque rien ne devait se produire avant la mi-février.

Laurent avait fini par arriver sur le coup de 3h50 du matin. Dans son sac de voyage, il y avait bien les deux pistolets mitrailleurs Skorpio, des chargeurs de quinze et vingt-cinq balles, ainsi qu'un 11.43.

Les armes, dont les numéros de série avaient été limés, avaient l'air neuves. Cette livraison venait compléter l'embryon d'arsenal que j'avais commencé à constituer avec les deux fusils à pompe et la carabine Remington que j'avais achetés à Anvers. John Short m'avait demandé avec insistance de sécuriser au maximum nos cargaisons. Il avait même voulu me fournir un lance-roquettes et des grenades, qui venaient de Croatie. J'avais décliné.

Comme chaque semaine, j'étais passé au consulat rendre visite à Tito. Je n'étais pas de très bonne humeur et mon hôte, qui commençait à bien me connaître, l'avait immédiatement senti. Tito n'était que le chef de cette antenne du quai d'Orsay, et dépendait directement du consulat général de France à Londres. Il n'était pas diplomate de carrière et n'avait obtenu son passeport français que depuis l'arrivée à l'Élysée de François Mitterrand. Gibraltarien pur jus, il avait pas mal bourlingué dans son enfance, dans les pas d'un père pilote de port qui avait travaillé un peu partout sur le continent nord-africain. À Gibraltar, Tito était considéré comme le consul en titre. Il assumait d'ailleurs toutes les charges de la fonction, sans en avoir tous les avantages. En me voyant débouler dans son bureau, il m'avait proposé d'appeler mes correspondants habituels, mais avait vite renoncé devant la mine renfrognée que j'avais affichée.

– Pourquoi n'arrêtes-tu pas ? m'avait-il interrogé, après que je lui avais expliqué la situation dans laquelle je me trouvais.

Ma réponse avait fusé :

– Avec quoi ?

Tito ne comprenait pas que j'étais sans argent et que j'étais donc coincé. Son évident manque de clairvoyance m'avait fait exploser.

– Explique-moi comment je peux faire de l'argent quand les affaires que je signale sont systématiquement ratées ou « sautées » par les services officiels ? Je ne touche rien, ni d'un côté ni de l'autre, puisque je n'ai aucun intérêt avec les contrebandiers.

Ce n'étaient certainement pas les fonds réservés que je recevais qui pouvaient me permettre de tenir le rang que je me devais d'afficher pour donner le change. Entre les déplacements, le téléphone, le restaurant, les hôtels, les voitures, les taxis, les salaires des hommes qui travaillaient pour moi, les agios bancaires – conséquence de la cavalerie que je me retrouvais obligé de pratiquer –, les sommes versées par les douanes étaient insuffisantes pour couvrir les frais engagés. Et je me refusais à monter une opération qui aurait pu me rapporter de quoi enfin arrêter.

– Je ne suis pas un narco : je suis infiltré, avais-je précisé à mon ami. Et pas fictivement. Je n'ai pas à organiser moi-même les trafics. Tu comprends ça, Tito ? Tu comprends que ça n'est pas du cinéma ? Bien sûr, je reçois de l'argent des organisations criminelles pour régler les frais de logistique et de transport. Mais je dois justifier mes dépenses. Et je me vois mal commencer à faire dans la fausse facturation pour récupérer quelques miettes.

En réalité, cette discussion mettait le doigt sur la profonde incompréhension qui s'était installée avec Gatard et sa hiérarchie. Jean-Henri Hoguet, le patron de la DNRED, ne comptait que les fonds que je pouvais utiliser sans jamais regarder les dépenses. Évidemment, c'était sans doute trop difficile à comprendre pour mes employeurs, qui pouvaient compter sur des cartes de crédit American Express, des voitures gouvernementales, des avions et des matériels préemptés, des billets remboursés et des personnels à disposition, sans oublier les fonds réservés.

Je rappelai à Tito l'épisode de la ligne de fax, que j'avais dû lui payer de ma poche.

– Lorsque j'avais voulu me faire rembourser, Hoguet m'avait répondu : « Mais c'est normal que vous ayez payé cette ligne : vous êtes plein aux as ! » Plein aux as ! Tu parles !

Tito m'avait laissé écouler ma rancœur, sans piper mot. Pour passer à autre chose, nous étions sortis manger un poulet grillé aux bananes et à l'ananas *Chez Bianca*, à Marina Bay.

À mon compte, bien sûr.

2 février 1993

L'idée m'était venue progressivement, alors que je tournais désespérément en rond. Elle allait peut-être me permettre de renoncer au voyage de la Jamaïque que Short tenait à me voir faire. Paradoxalement, c'étaient mes correspondants de Nantes qui allaient peut-être me sauver indirectement du naufrage que je pressentais. Malgré eux : j'avais en effet récupéré la balise Argos que Gatard m'avait confiée l'année précédente pour localiser le *Melor* lors du périple que j'avais effectué en Atlantique nord. Après tout, les « services » pouvaient parfaitement avoir équipé le *Melor* d'un mouchard pour suivre ses mouvements. L'hypothèse selon laquelle le cargo aurait été placé sous surveillance après son voyage aux Caraïbes de l'année précédente n'avait rien de farfelu. À mes yeux, c'était en tout cas ma seule porte de sortie pour éviter le pire. Restait à alerter Short de cette inquiétante découverte, à même de justifier le report de l'opération de Kingston.

Carnet de cellule 39

63e mois de détention

Fresnes, décembre 1999

Dans quelques jours, ce sera Noël. Un de plus passé derrière les barreaux.

Je viens d'être transféré en ambulance à l'hôpital de Fresnes, où je dois être mis en observation. J'entame mon 95e jour de grève de la faim.

J'ai décidé cette action en septembre dernier. Il fallait que je fasse quelque chose, face à l'immobilisme des administrations françaises.

La journaliste de *Libération*, Patricia Tourancheau, semble s'intéresser de près à mon affaire. Le mois dernier, elle m'a consacré une pleine page du quotidien.

Chantal est venue me visiter, avec Oriane et Mélanie. Elles sont restées moins d'une demi-heure.

Je traverse un moment très difficile.

VISITE CHEZ L'ANTIQUAIRE

2 février 1993

La terrasse du *Saint-Georges* était restée allumée. 20 heures. Décidément, ce client savait se faire attendre. Lors de sa visite, deux heures plus tôt, l'homme s'était montré très intéressé par une table andalouse dont le prix n'avait pas suffi à le faire trembler. Il avait précisé à Chantal qu'il allait revenir avec sa femme. J'avais vaguement émis un doute, mais Chantal semblait y croire.

Vu l'heure, mon épouse était à la cuisine où elle préparait le dîner. Finalement, une voiture s'était immobilisée devant la maison. Une Renault 5 blanche.

Trois coups secs avaient résonné au heurtoir de la porte cochère.

– Qu'est-ce que vous voulez?

– Ta gueule, enculé! Ferme-la. Et surtout ne nous regarde pas si tu veux rester en vie!

La violence du coup que je venais de recevoir m'avait semblé suffisamment persuasive, et je n'avais nullement l'intention de désobéir. L'homme avait frappé sans retenue, à la tempe, avec la crosse de son pistolet. Il me tenait, en me tirant violemment par la cravate, sous la menace de son automatique. Il était entré le premier, avant d'ouvrir à deux individus qui s'étaient engouffrés dans la maison. Très vite, ils l'avaient quadrillée. L'un portait un bas sur le visage, l'autre une cagoule. Tous trois étaient armés.

Pour maîtriser Chantal, qui avait tenté de s'échapper vers l'arrière-boutique pour libérer Kaiser, notre berger allemand, ils avaient utilisé une bombe lacrymogène. Il faut dire que Chantal s'était armée d'un couteau de cuisine. Une arme ménagère avec laquelle elle avait coupé un des hommes à la main, pendant que j'étais maintenu au sol.

– Qui est là-haut ? avait interrogé un des hommes.

Sans attendre de réponse, il avait grimpé à l'étage. Oriane et Mélanie se trouvaient en compagnie de Carmen. La jeune femme, que nous employions pour s'occuper de nos deux filles, était restée très calme pour ne pas affoler les petites. Démontrant un sang-froid étonnant, elle n'avait pas interrompu l'histoire qu'elle lisait, sous la surveillance menaçante d'un des agresseurs.

Les hommes en voulaient à notre coffre. Devant la violence des coups qui continuaient à pleuvoir sur ma tête, Chantal avait accepté de les emmener dans notre chambre. Ils avaient fait main basse sur quarante mille livres – une partie de l'argent confié par John pour les factures du *Melor* –, rapidement enfournés dans un sac plastique. Ne négligeant ni les bijoux de Chantal ni nos montres. En fouillant mes poches, nos visiteurs avaient augmenté leur butin de quelque cinq mille francs suisses. Puis ils nous avaient attachés avec du fil de fer, allongés sur le sol. Avant de ponctuer leur intervention d'un dernier coup de crosse et d'une menace explicite :

– La prochaine fois, on reviendra pour te descendre. Tu as compris ?

Ils avaient tiré la porte derrière eux.

Jean, avec qui nous avions passé le réveillon quelques jours plus tôt, était arrivé très vite. Il avait décidé de passer la nuit sur le parking, dans sa voiture. Pour monter la garde et sécuriser le lieu. À son arrivée, les agents de la *policia* venaient juste de partir. Alertés par Carmen, les flics avaient procédé aux constatations d'usage.

Au téléphone, John Short se disait prêt à envoyer des hommes à lui. Des gens de confiance, qui se trouvaient sur la Costa del Sol. Il était très remonté par ce qui venait de se passer. Il parlait de faire la guerre. Pour lui, l'agression était signée. Il s'agissait probablement des amis de Carlos Gaston Ferran.

J'avais appelé Christian dans la foulée. Nous devions organiser rapidement notre déménagement, nécessairement sécurisé, pour éviter que les sbires de la police espagnole ne donnent aux gens du GAL ma nouvelle adresse. Pour les besoins de l'opération, il me fallait plusieurs hommes et un grand fourgon loué en France.

– Je te remercie de faire le maximum.

Gatard avait prévu de venir à Gibraltar la semaine suivante, pour voir Tito et Michel Rotard.

– Je passerai par le *Saint-Georges*.

– Je t'attends, bonsoir. Ah, au fait, j'ai eu Big John pour l'informer de l'incident. Il veut me voir vendredi à Londres.

– Fais comme tu le sens, mais fais gaffe !

– Il faut que j'arrête, Christian. Ça devient vraiment ingérable.

– Allez, Marc, ça va s'arranger. Fais-nous encore une belle affaire et tu pourras partir en beauté.

– Bonne nuit, Christian.

Au bord de la crise de nerfs, Chantal avait eu beaucoup de mal à retrouver son calme. Jean, lui, avait fini par rentrer chez lui. Il avait fallu que j'insiste pour qu'il se résigne. À soixante-dix ans, je ne pouvais décemment laisser notre ami passer la nuit dans sa voiture.

– Je passerai toutes les heures faire une patrouille, avait-il promis.

Carnets de cellule 40, 41

78e mois de détention

Centre de détention de Nantes, 29 mars 2001

Muriel, ma fille aînée, a eu une discussion téléphonique avec Jean Puons, le directeur de la DNRED. Chirac a décidé d'écarter ma demande en recours. Sans motiver sa décision, balayant d'un revers de main la brillante stratégie élaborée par Puons et l'assistante de Vergès, pour me convaincre de ne pas faire appel. Un courrier de la Chancellerie adressé à ma famille vient d'annoncer la nouvelle.

Par conséquent, je serai conditionnable en 2008. Et devrai avaler quatorze ans de prison. Catastrophique.

Dans une époque qui a décidé d'euphémiser toute parole, jusqu'à la vider de la substance qui en fait pourtant le sens, on les appelle aujourd'hui technocrates, experts, spécialistes, voire professionnels, selon le moment.

Jean-Paul Sartre, lui, n'avait pas ces pudeurs. Pour lui, un salaud était un salaud.

Autrement dit, « l'humain qui disparaît derrière la fonction ».

En plus de six ans de détention – très exactement deux mille trois cent soixante jours de détention à travers l'Europe et l'Amérique du Nord –, j'ai écrit à tout ce que l'establishment compte de personnages susceptibles de se pencher sur mon triste sort. Des centaines de lettres restées mortes, c'est-à-dire sans réponse.

Pas plus Charasse qu'Arnaud Montebourg, venu me visiter à Fresnes un an plus tôt pour les besoins d'une commission d'enquête parlementaire sur le blanchiment d'argent, n'ont daigné prendre la plume.

Je suis une ombre embastillée.

80e mois de détention
Nantes, mai 2001

Le temps s'est écoulé. J'ai du mal à comprendre le sens de tout ça. Le sens de ma vie.

J'ai été transféré au centre de détention de Nantes, via la sinistre prison de Fresnes, où j'ai passé les fêtes de Noël et de la fin de l'année 2000.

J'ai également passé quatre mois à la centrale de Lannemezan. Où j'étais installé dans le même couloir qu'un Chilien intercepté avec cinq cents kilos de cocaïne dans les Caraïbes. Sans conséquence fâcheuse, par chance.

Lors de mon séjour à Lannemezan, j'ai appris que l'Italie s'y mettait à son tour. La justice italienne entend en effet me juger « par contumace » pour mon infiltration dans l'organisation Locatelli.

Jacques Floch, député de Loire-Atlantique, m'a rendu récemment visite à deux reprises. Il se propose de m'aider. Il a parlé de mon cas à Laurent Fabius, l'actuel titulaire du fauteuil de ministre des Finances. Également à sa collègue du gouvernement, Marylise Lebranchu, garde de Sceaux.

LA MÉLANCOLIE DU JONGLEUR

3 février 1993

Comme prévu, Mario était venu me visiter afin de faire plus ample connaissance. Il avait laissé son véhicule, une Ford Scorpio blanche portant des plaques espagnoles hors-taxes, sur le parking situé face à l'ancien restaurant. Il était 11 h 45.

Après lui avoir présenté Chantal, je l'avais invité à s'asseoir autour d'une tasse de café. L'Italien avait immédiatement senti l'odeur des gaz lacrymogènes, souvenirs de la folle nuit passée, encore en suspens. Extrêmement prévenant, il m'avait proposé de m'aider dans la recherche d'un nouveau logement. Il comprenait parfaitement les préoccupations de Chantal, soucieuse de quitter les lieux au plus vite.

Mario avait allumé une clope, après avoir préalablement obtenu l'autorisation d'enfumer le salon, puis il était entré dans le vif des choses.

Mario avait de gros clients en Italie et en France. D'excellents clients, particulièrement actifs, qui lui confiaient régulièrement des approvisionnements. Il prévoyait pour mon cargo des opérations à longue distance. Il avait aussi évoqué de « bons amis » à Naples, à Milan et à Rome, sur qui il disait pouvoir compter. Et de solides appuis à Bari.

– Es-tu lié à des organisations ? avais-je demandé brutalement.

Il avait répondu sans tiquer.

– Non, surtout pas. J'approvisionne des tas d'organisations mais ne suis lié à aucune.

Mario avait ajouté à la liste bien fournie de ses bons amis des relais en Allemagne. Dans l'immédiat, il souhaitait monter une opération pour un nouveau client. Un Italien, basé dans la région des Pouilles, à Tarente, précisément. J'avais donné mon accord. Avec une exigence, tout de même : trouver un chantier sur place pour réaliser le carénage dont le *Melor* avait besoin. À bon prix, évidemment. Avec un télex certifiant que le navire était attendu dans un chantier, je sécurisais mon équipage en cas de contrôle.

Mario semblait apprécier.

– Si je comprends bien, tu n'agis pas en pirate.

– J'essaie toujours de respecter les procédures légales. J'ai été transporteur routier il y quelques années. Mes camions chargeaient des armes pour le Moyen-Orient. Il nous fallait parfois dissimuler la nature de la marchandise. Mais ça n'empêchait pas de respecter le code de la route.

J'avais rencontré Mario la veIlle. John Simson s'était chargé de faire les bons offices.

En début d'après-midi, le passage de la frontière était plus facile et la circulation toujours plus fluide. Après la chicane obligatoire, le planton de la *guardia civil* m'avait fait signe de poursuivre. Son collègue de la *policia*, lui, n'avait pas même daigné jeter un œil à mon passeport. Et côté gibraltarien, on n'avait guère plus envie de travailler.

Une fois sur le parking du supermarché situé à côté de la *Rotonde*, un 4x4 Nissan s'était arrêté à ma hauteur. Au volant, malgré la pluie qui tombait en rafales, j'avais reconnu Simson.

– Bonjour, Marc. Nos amis nous attendent. Monte, s'il te plaît.

Les pneus du Nissan avaient grincé. Le rendez-vous avec l'affréteur devait avoir lieu à La Cala. À l'est du Rocher, ce quartier de Gibraltar situé juste avant Catalan Bay était délaissé par les touristes avec l'hiver. Seuls les locaux y avaient leurs habitudes.

Le bar dans lequel nous étions entrés était un endroit d'initiés.

À la seule table occupée, trois hommes discutaient. Je connaissais deux d'entre eux. Il y avait Dave, le fils Sheldon, et son ami Victori. Le troisième des hommes était sans doute mon futur partenaire.

Mon nouvel ami m'avait donc retrouvé à Estepona. Nous étions plus à l'aise chez moi pour discuter des conditions de notre future relation commerciale.

J'avais voulu en savoir plus sur lui. Cette curiosité me semblait légitime, entre deux nouveaux amis appelés à travailler ensemble.

– Je pense qu'il est préférable d'en rester là, avait esquissé mon nouveau partenaire. Pour ta sécurité, c'est mieux. De toute façon, je peux te montrer mon passeport français, mais tu découvriras un faux nom. Fais-moi confiance.

– D'accord. Il n'empêche que j'aime savoir pour qui et avec qui je travaille. Tu sais bien que dans ce monde c'est une question de survie. Démarrer une relation avec un tel déséquilibre, ce n'est pas très bon. Mais bon, après tout, les gens qui nous ont présentés sont nos parrains.

– Oui ! À leur sujet, je dois d'ailleurs te dire qu'ils ont demandé 10 % des bénéfices de l'opération que nous allons réaliser.

J'avais demandé à Gatard de rappeler sur « le vert ». C'était un code, entre nous, pour sécuriser au maximum nos conversations : vert comme la couleur du téléphone public installé face au *Saint-Georges*. La cabine avait certainement moins de chances d'être placée sur écoutes.

Le « vert » s'était donc mis à sonner.

– Christian, écoute bien : j'ai rencontré un Italien qui me semble être du très gros gibier. Un très gros faiseur, sur l'Italie et la France. Pour l'instant, j'en sais pas plus, mais le travail est en route. Il pourrait bien représenter cette dernière grosse affaire qui me permettra de dégager définitivement.

– C'est bon, ça. Tu n'as rien d'autre ? Pas une petite affaire, vite fait bien fait ?

J'avais marqué une pause. Soufflé une seconde.

– Christian, tu connais l'histoire du jongleur qui présente un nouveau numéro à son impresario ?

– Non. Pourquoi ?

– Eh bien, vois-tu, il grimpe sur une chaise qui repose sur un seul pied, et maintient avec un pied un manche à balai en équilibre. Avec les mains, il jongle avec deux balayettes et deux attrape-poussière. Tu me suis toujours ?

– Oui. Et alors ?

– Eh bien, vois-tu, l'impresario est comme toi : à cet artiste qui lui présente un numéro déjà hors du commun, il demande si par hasard il ne pourrait pas faire quelque chose en plus avec les oreilles !

– Allez, bonsoir.

– Oui. Salut.

Carnet de cellule 42

2484e journée de détention

Centre de détention de Nantes, 1er août 2001

La chaleur est accablante. L'atmosphère chaude et humide. Aucun souffle d'air ne parvient à se frayer un chemin jusqu'ici. Dans cet univers de béton et de métal, le vent non plus n'est pas libre. Au cas où il porterait dans ses bras un peu d'espoir, sans doute.

L'été ne parvient pas à enrayer la machine carcérale, dont la mécanique de précision continue de ronronner sans se préoccuper de ce qui se passe à l'extérieur. Les tâches s'accomplissent seulement avec moins de rapidité.

Au téléphone, Muriel et Chantal m'ont annoncé que le député Jacques Floch doit rencontrer le juge d'application des peines en fin de semaine. En sortira-t-il quelque chose de positif?

Dieu fasse que je sois rendu aux miens.

L'ambiance en détention est pesante. Je fréquente peu de monde en promenade. Je ne participe pas aux ateliers collectifs. Je vis reclus. Le détenu qui était mon compagnon de chaînes lors de mon transfert de Fresnes m'insupporte au plus haut point. Il semble se complaire dans sa peau de délinquant basique. Il affiche une grande désinvolture pour accepter sa détention, expliquant à qui veut l'entendre qu'il mérite la prison, tout en haïssant les seuls matons, en rien responsables de son sort.

Mon moral est au plus bas. J'ai le plus grand mal à trouver des raisons de positiver. Il le faut, pourtant. Car si je n'avais plus d'espoir, je déciderais d'en finir pour ne plus souffrir.

VOL DE NUIT

5 février 1993

Presque comme toujours, il pleuvait sur Heathrow Airport. Big John m'attendait à la sortie du terminal 2, juste après le poste de contrôle des douanes. J'avais prévenu : je n'avais pas plus de trois heures devant moi. Short avait eu quelques échos de l'affaire du *Saint-Georges*. Les hommes qui avaient opéré s'en étaient vantés. Short était prêt à s'occuper de leur cas. Il avait eu la confirmation qu'ils étaient proches de Ferran et du GAL. Il voulait d'ailleurs savoir si j'avais eu un différend avec eux ou si j'avais déjà travaillé pour leur compte. Je ne pouvais évidemment pas lui révéler que ledit différend tenait simplement au fait que j'étais responsable de l'arraisonnement d'un des bateaux de l'organisation. Concernant le problème de la balise découverte à bord, il s'était montré catégorique : pas question de l'enlever avant de savoir si elle était encore active. Mais il semblait douter de la réalité de l'incident.

– Quand partez-vous ? avait-il demandé.

En réalité, Short avait déjà oublié la balise, insistant une fois de plus pour savoir si le *Melor* était prêt. Il m'avait précisé qu'il irait sur place, pour le chargement en Jamaïque. Il tenait à s'impliquer personnellement. Ce n'était pas dans ses habitudes.

À l'évidence, il n'avait plus le choix.

Dans la nuit de mon retour, vers 22 heures, nous avions levé l'ancre pour une virée en mer d'Alboran. À peine sortis de la baie d'Algesiras, j'avais ordonné à Gero de mettre le cap au 165. Sa maîtrise du pilote automatique n'était pas encore très sûre, ce qui avait eu pour effet de m'énerver un peu. Sans pour autant être forte, la mer était formée. Hors de la protection des côtes marocaines, au sud de Ceuta, nous subissions plein travers le vent d'ouest.

Au bout de trois heures de navigation, Fernando m'avait appelé depuis la cuisine pour signaler un hélicoptère qui nous survolait. J'avais reconnu le Messerschmitt MS 530 du *Servicio vigilancia aduanera,* basé à Algesiras. Je connaissais bien l'appareil et ses pilotes, pour avoir volé à bord en leur compagnie.

Carnets de cellule 43, 44

2535e journée de détention

Nantes, 21 septembre 2001

C'est jour d'anniversaire. J'entre dans ma cinquante-huitième année. La vie me fuit. Les semaines s'ajoutent aux semaines, pour former des années qui s'ajoutent aux années.

Je sais Chantal triste, aujourd'hui.

En frappant de plein fouet l'orgueilleuse Amérique, le 11 septembre a stupéfié le monde entier, en faisant voler en éclat les *twin towers*, à Manhattan.

J'ai perdu les lunettes que j'utilise pour travailler devant mon ordinateur. Je vais devoir modifier la position de l'écran pour chausser les doubles-foyers que j'ai en réserve, seuls aptes à me rendre une bonne lecture.

Mélanie et Oriane ont fait leur rentrée à l'école. Depuis le 3 septembre, Jacques Floch a rang de ministre. Il est secrétaire d'état à la Défense, très exactement.

J'ai décidé de démarrer une nouvelle grève de la faim, dimanche prochain.

J'ai prévu de mettre aujourd'hui au courrier des lettres adressées au ministre Floch et aux députés Montebourg, Mamère, Bataille et Forni, pour qu'ils les reçoivent au plus tard lundi prochain, lendemain du début de ma nouvelle action.

J'ai également écrit aux rédactions de l'AFP, du *Monde*, de France Inter, France Culture et de *Ouest-France*. Ainsi qu'à l'Observatoire international des prisons.

J'ai également demandé à Franck, mon fils, de contacter Luc Besson. Je veux lui proposer un scénario sur la base de mon histoire. Il ne faut négliger aucune piste. Sait-on jamais.

2541e journée de détention
Nantes, 27 septembre 2001

Chantal doit impérativement se procurer de l'argent, pour subvenir à ses besoins et à ceux d'Oriane et de Mélanie. Elle a décidé de vendre les derniers bijoux qui lui restent.

Dans un courrier, Ivan, mon neveu, me confirme ce que je pense depuis longtemps. D'après lui, seule la médiatisation de mon affaire pourrait faire bouger les choses. J'en suis de plus en plus convaincu. Mais j'ai un problème, de taille : Muriel et Franck y sont opposés.

Ils ne souhaitent pas que leur vie familiale subisse les conséquences et les répercussions toujours imprévisibles d'une telle action.

MISS DANA

6 février 1993

Mario m'avait invité à le rejoindre à Torremolinos, dans une pizzeria située sur la route nationale. Le premier contact avait été bon. Direct et très à l'aise, Mario avait le sens des rapports humains. Il m'attendait avec Dana. Sous couvert d'une curiosité typiquement féminine, son épouse m'avait assailli de questions très personnelles. Un numéro parfaitement huilé. Dans la science du relationnel, madame n'avait visiblement rien à envier à monsieur. Cette femme était redoutable. Et elle était en train de me faire passer un véritable test.

Mario souhaitait que le capitaine du *Melor* l'accompagne à Melilla, sur la côte marocaine, où il devait se rendre pour organiser le chargement d'un lot d'une tonne six cents de cannabis à destination de Tarente. Au moment du dessert, j'avais fait une nouvelle connaissance : Boris, que Mario m'avait présenté comme son associé. C'était d'ailleurs au domicile de ce fils de général croate que nous avions poursuivi nos discussions, après la traditionnelle *grappa*. Boris occupait une immense villa à Mijas-Costa, construite à flanc de côteau. Dans le salon, Mario m'avait précisé que c'était lui qui venait de l'offrir à son ami.

J'avais quitté mes nouveaux amis à 15 h 45. Avec un cadeau : le téléphone portable que Mario venait de me remettre se trouvait sur le siège arrière de la Mercedes 300 SE. Chaque homme de son organisation en possédait un. Quelques semaines, pas plus. Les numéros, attribués à des abonnés fictifs, étaient utilisés uniquement jusqu'à la livraison.

Désormais, j'étais relié en permanence à mon nouveau partenaire par ce véritable cordon ombilical.

Carnets de cellule 45, 46

85e et 86e mois de détention
Nantes, novembre-décembre 2001

Pendant que je tue le temps dans ma cellule, au même moment je suis jugé par contumace à des milliers de kilomètres de là. Ça se passe à Bari, en Italie. Je suis accusé d'avoir voulu prendre le monopole du narco-business en Amérique, en Europe et en Italie.

Je n'ai pas été invité à déclarer, malgré mes demandes répétées.

Un coup de fil de Chantal me met à terre. Mélanie est en larmes à cause des propos blessants tenus par la mère d'un élève fréquentant la même école qu'elle. Les souffrances de cette petite fille qui voit son père accusé d'être un meurtrier ne sont pas acceptables. Meurtrier, car personne ne peut imaginer que je sois un narco. Une famille de narco a du fric. Et si je suis en taule pour une aussi longue période et que le train de vie de mon épouse n'est pas brillant, c'est que je dois être un assassin.

2646e journée de détention
Nantes, 8 janvier 2002

Je viens de passer deux heures entières avec le juge d'application des peines. Le procureur et Louis Leblay, le directeur de l'établissement, étaient aussi de la partie. Le juge Duguet a dit que s'il y avait un innocent dans cette prison, c'était bien moi. Ajoutant qu'il n'avait pas les moyens techniques de me faire sortir.

À part ça, tout va bien. Ah oui, un jeune s'est suicidé ce dimanche.

L'IMPERMÉABLE BLEU

15 février 1993

C'était une manie, chez ce type. Sean arpentait l'avenue à contresens. Il m'avait déjà fait le coup à Dublin, un an plus tôt, pour préparer le transbordement d'une tonne de cocaïne. À l'époque, il s'était amusé à me faire faire un véritable jeu de pistes, en parcourant plusieurs kilomètres à travers la ville. Cette fois, le protocole avait été allégé. Charitable, il m'avait ainsi épargné la visite d'un quelconque musée.

John m'avait informé de la venue de l'émissaire de l'IRA quelque jour plus tôt, quand je l'avais appelé au sujet du survol du *Melor* par l'hélicoptère des douanes espagnoles.

Dix minutes avant l'heure du rendez-vous, fixé à 12 heures précises dans le centre de la Linea, j'avais enfilé dans un parking mon imper bleu avec lequel l'Irlandais m'avait déjà vu. Sean était arrivé à ma hauteur sans que je n'aie pu m'apercevoir de quoi que ce soit. Il m'avait immédiatement questionné sur l'identité de l'homme qui se trouvait avec moi dans la voiture quelques minutes plus tôt. Rassuré par mes explications sur la qualité de marin de Gero, le capitaine du *Melor*, il s'était un peu détendu. Cette vérification était d'autant plus impérative à ses yeux que ce secteur rappelait de très mauvais souvenirs aux membres de l'IRA. Quelques années plus tôt, les SAS britanniques avaient abattu trois des leurs à quelques centaines de mètres de là.

J'avais remis à Sean la photo Polaroïd que Short m'avait demandé de faire de la balise, en précisant que le *Melor* paraissait dorénavant grillé. Sean avait acquiescé, pour souligner immédiatement les besoins urgents de trésorerie de l'organisation. L'IRA ne pouvait prendre le risque de chercher à établir de nouveaux contacts avec d'autres narcos. Le message était clair : je devais travailler pour eux. Il n'y avait pas d'autre alternative.

Au bout d'une dizaine de minutes de promenade dans les rues de La Linea, Sean avait disparu. Avec la même facilité qu'il était arrivé.

En rentrant sur Estepona après mon rendez-vous avec Sean l'Irlandais, j'éprouvais le besoin de rester seul pour réfléchir. Je m'étais arrêté dans un établissement du port de la Duquesa pour manger un morceau. Le demi-*rioja* et l'escalope traditionnelle n'avaient pas suffi à me sortir de ma torpeur. Je me sentais totalement démuni. Incapable de peser sur mon présent et d'arrêter la folle machine dans laquelle j'étais embarqué. J'étais clairement dans une impasse, et l'étau se resserrait de plus en plus. Que faire ?

Un rapide bilan de ma situation ne pouvait que me rendre inquiet. En réalité, je n'avais même pas de quoi fuir avec ma famille. À tout casser, en raclant les fonds de tiroir, je devais à peine pouvoir compter sur l'équivalent de vingt mille francs. Quant aux cartes de crédit que j'utilisais, elles ne pourraient me servir longtemps sans approvisionnement du compte. Je n'avais pas le choix. Il fallait que je sorte par le haut.

En réalisant la plus grosse affaire jamais enregistrée par les douanes françaises. À cette condition, peut-être, je pourrais alors trouver les moyens de partir.

Et de vivre en paix, enfin.

Carnet de cellule 47

2718ᵉ journée de détention

TGI de Nantes, 22 mars 2002

Me voilà à nouveau devant un tribunal. Son président s'appelle Pierre Petit. Quelques années plus tôt, Pierre Petit était substitut du procureur. Il m'avait sorti d'un mauvais pas, quand, de retour des Antilles, j'avais rencontré des difficultés à l'aéroport de Nantes avec la police de l'air et des frontières.

Enjeu du jour, la suppression de la période de sûreté qui m'a été généreusement octroyée par la justice française. Devant la 6ᵉ chambre du tribunal correctionnel de Nantes, le président Petit ne mâche pas ses mots. Ma situation est d'une totale incongruité, commente-t-il, et les attestations contenues dans mon dossier devraient plutôt me valoir la légion d'honneur.

Le magistrat parle encore d'absence de bon sens.

AVEC LES BONS VŒUX DU ROI

21 février 1993

Nous étions à la terrasse du bar *La Frontera*, à La Linea, quand Gero nous avait retrouvés en milieu d'après-midi. Boris, le garde du corps croate de Mario, s'était installé en retrait, à une autre table. La bosse qui déformait sa veste au niveau de son aisselle ne laissait aucun doute sur son métier. Mario avait également convié son homme de confiance. Il nous avait rejoints vers 16 h 15. Mario avait fait les présentations.

Le Christian qui se trouvait face à moi devait avoir une cinquantaine d'années. C'était lui qui devait sécuriser la livraison, de Melilla à Tarente. Ce type n'était pas très sympathique. Mais, après tout, nous n'étions pas là pour nous apprécier. Vu son accent, il devait souvent traîner aux terrasses des bistrots du Vieux-Port de Marseille.

Mario avait remis un téléphone portable à son homme de confiance, puis avait donné ses consignes. Il souhaitait que le cargo appareille le soir même pour éviter l'hélico des douanes.

Le Motorola s'était mis à sonner en pleine nuit. Il était presque quatre heures du matin. Je ne dormais pas et me trouvais dans l'ancienne salle de restaurant du *Saint-Georges*. À l'autre bout du fil, c'était Mario. Le *Melor* avait passé la pointe de l'Europe vers 19 heures. Mario confirmait que le chargement sur les côtes marocaines s'était effectué dans de bonnes conditions, mais que le capitaine avait fait des difficultés.

En appelant le *Melor*, j'avais demandé à parler à Christian. Il n'avait pas même pris le temps de me saluer et m'avait expliqué que Gero était fou. Le capitaine n'avait pas voulu s'arrêter pour charger, voyant des flics partout. Bien que Christian lui ait expliqué que l'enlèvement était protégé par les militaires marocains. Ce qui était vrai, au demeurant. En effet, Mario pouvait compter sur Rachid Wahid Temsamani.

Ce richissime homme d'affaires, proche de Haj Mediouri, le chef de la sécurité royale de Hassan II, contrôlait presque tous les enlèvements sur la côte méditerranéenne.

– S'il te plaît, Marc, avait poursuivi Christian, dis-lui qu'il se contente de diriger le bateau. Car si ce con m'emmerde, je le passe par-dessus bord et je prends le commandement de ton bout de ferraille.

– Passe-moi Gero !… Gero ? Ne faites pas d'histoires et faites votre travail. Vous avez la responsabilité du bateau et vous avez à écouter les ordres du responsable de la marchandise. Ça va ?

– Ça va, Marc.

– Bonne nuit !

Il était 4 h 10, et je n'avais plus sommeil. Dehors, il pleuvait.

Le lendemain matin, Christian Gatard était arrivé de bonne heure au bureau, à Nantes. Il m'avait immédiatement appelé.

– C'est moi. Ça se présente comment ?

– Comme je te l'ai dit hier. Le *Melor* devrait livrer ce prochain week-end. Ils ont fait l'enlèvement sur Melilla. Ils n'ont pas plus d'une tonne six cents. L'homme de confiance de Mario a embarqué sur le *Melor*. Il est Français et m'a l'air d'un vieux cheval de retour. Marseillais sans doute.

– Qui est-ce ?

– Comment veux-tu que je le sache ? Je n'ai pas l'habitude d'exiger un extrait de casier judiciaire pour embaucher !

– Et sur ce Mario, as-tu plus d'éléments ?

– Non, rien pour l'instant. Tiens, prends le numéro du Motorola qu'il m'a fourni. C'est le 08 15 43 52.

– Tu sais où vous livrez ?

– Aucune idée, le Christian qui a embarqué a un téléphone italien sur lui et devrait recevoir toutes les directives dès qu'il sera en couverture téléphonique avec la péninsule.

– Bon, écoute-moi. Je ne vais pas prévenir les Italiens de ce voyage, mais surtout tu dis à ton capitaine qu'il reste dans les eaux internationales.

– Ouais. C'est toi qui vois !

La semaine suivante, nous avions rendez-vous à Barcelone avec d'importants donneurs d'ordre qui rencontraient des problèmes de logistique. Le contact avait été pris par l'intermédiaire d'une des connaissances de Mario. Un certain Jean-Robert, un Français à la recherche d'un gros bateau pour enlever d'importantes quantités au Pakistan. Mario m'avait à nouveau présenté comme son associé. Un procédé qui avait l'avantage d'écarter toute question sur ma personne.

De Benalmadena, mon associé m'avait emmené à Calahonda, dans une villa qu'il m'avait dit avoir louée. La maison était équipée d'un poste émetteur-récepteur ondes courtes, sans doute pour communiquer avec un bateau. Un quart d'heure plus tard, un autre Français était arrivé : Daniel était le représentant d'une organisation dont un bateau de pêche se trouvait en perdition au large du Cap Vert, avec plus de quarante tonnes de cannabis afghan. Mario avait envoyé un chalutier de soixante pieds récupérer une partie de la marchandise, destinée à l'Angleterre. Près de onze tonnes voguaient ainsi vers la Cornouaille.

Dès que j'étais rentré, j'avais appelé Gatard pour lui communiquer ces nouveaux éléments. Je n'avais évidemment pas posé de questions sur ce bateau de pêche transformé, mais j'en avais suffisamment appris sur sa vitesse et sur sa route. Quoi qu'il en soit, ce Mario était à l'évidence un sacré client et possédait des connexions un peu partout.

Sans me faire trop d'illusions, j'avais tout de même suggéré à Christian de faire réaliser des simulations de vitesse et de route au bureau aéronaval pour positionner ce bateau. Je savais, pour les avoir vues, que ce service disposait de cartes quadrillées. Il suffisait par conséquent de s'y atteler pour que nos avions qui survolaient la zone atlantique puissent le retrouver.

Carnets de cellule 48, 49

2796e journée de détention
Nantes, 7 juin 2002

J'arpente le terrain de sport du centre pénitencier dans tous les sens. Sous tous les angles, traçant d'improbables diagonales. Voilà près de deux heures déjà que je tourne ainsi en rond, comme un forcené, sur ce terrain où je n'ai jamais foutu les pieds jusqu'alors.

Là-haut, dans les miradors, les vigies doivent se demander quelle mouche a bien pu me piquer.

Cette mouche-là tire à six cent mille exemplaires. Fleuron du groupe Hachette, qui l'a racheté à Thierry Ardisson, son fondateur, le magazine *Entrevue* est un poids lourd de la presse française. La rédaction a contacté Franck. Le journal s'intéresse à mon histoire.

Il a donc été convenu que je tournerais sur le terrain de sport le temps de la promenade. Permettant ainsi à Michel Alvez de shooter sous tous les angles, grâce à son téléobjectif surpuissant.

Le photographe du magazine est posté dans une des tours de la cité qui borde la prison de Nantes. C'est sœur Josèphe, qui me visite régulièrement, qui a trouvé l'appartement avec vue plongeante. Toujours survitaminée, la religieuse au tempérament de feu s'est employée à convaincre le propriétaire d'ouvrir sa porte au photographe. Elle a dû presque forcer le passage, expliquant qu'il s'agissait d'aider un homme illégitimement détenu.

2908e journée de détention
Nantes, 28 septembre 2002

Après avoir obtenu la suppression de la peine de sûreté appliquée à ma détention, je viens de déposer une demande de libération conditionnelle auprès de la commission régionale. Elle doit se réunir le 10 octobre prochain, au centre de détention de Nantes. Les douanes se sont engagées à envoyer Jean-Marc Fedida, l'avocat de la direction générale. J'espère qu'elles tiendront parole.

La médiatisation de mon affaire n'a pas facilité ma vie en détention. Depuis la sortie d'*Entrevue*, une bonne partie de la population de la prison m'a pris à partie. Les insultes pleuvent. Généralement suivies de menaces.

Visiblement, *Entrevue* est très populaire ici.

D'un autre côté, je me démène avec mes enfants auprès des autorités judiciaires compétentes pour faire aboutir la réouverture de mon dossier au Canada et engager la révision de mon procès. Après de multiples démarches, la cour d'appel du Nouveau-Brunswick m'a envoyé les décisions du juge en chef. Il impose la mise en conformité de ma demande. Pour qu'elle soit recevable, ma signature doit être recueillie devant une personne assermentée. Personne ne l'est à la prison de Nantes. Il faudrait que je fasse venir un notaire à mes frais. Ce ne sera pas facile, vu mes finances : sans travail depuis plus d'un an, je suis classé indigent et dispose pour tout revenu de vingt euros mensuels.

Si ma demande est acceptée, les autorités judiciaires canadiennes organiseront une vidéoconférence avec leurs homologues français.

Au cours de mes recherches pour les besoins de ma demande, je suis tombé sur un article du code criminel canadien, qui a retenu toute mon attention. Il précise que, après sept années de détention, j'aurais pu demander la… liberté.

CHRISTIAN VERSUS CHRISTIAN (ACTE I)

27 février 1993

Comme chaque vendredi, c'était jour de marché à Estepona. Dès 8 heures, les ménagères espagnoles se mélangeaient aux retraités anglais, hollandais, allemands et français installés dans la région. Tout ce petit monde se bousculait sur la place du marché couvert. J'aimais faire les courses dans cet endroit, où je savais pouvoir rencontrer Jean qui approvisionnait les vendeurs de fruits et légumes avec sa propre production.

Mario était passé me prendre vers 11 heures. Des heures durant, nous avions circulé sur le seul axe routier entre Gibraltar et Malaga, avalant les kilomètres sans destination précise. Cet étrange ballet devait lui permettre de téléphoner sans craindre les scanners indiscrets des policiers. Mario avait prévu d'envoyer une forte somme d'argent à des correspondants au Sénégal, pour affréter un nouveau bateau chargé de transborder les vingt-neuf tonnes de cannabis afghan qui menaçaient de sombrer à bord du bateau en perdition.

L'argent destiné à Dakar devait être récupéré à Rome. Mais il y avait un problème : Daniel, chez qui nous nous étions arrêtés, sur les hauteurs de Calahonda, refusait d'aller en Italie où il avait quelques désaccords avec la justice. Et Mario n'avait pas de remplaçant pour faire ce voyage. J'avais alors appelé Laurent, qui était rentré en France. Et j'avais organisé avec lui le rendez-vous pour récupérer à Rome les cent mille dollars. Je lui avais ensuite donné un point de chute à Dakar, que je connaissais bien pour y avoir vécu deux ans : *le Teranga*, grand hôtel situé sur la place de l'Indépendance.

Alors que nous étions toujours à l'intérieur de notre bureau nomade, mon téléphone s'était mis à sonner. C'était… Christian Gatard qui venait aux nouvelles. En m'entendant, Mario avait pensé qu'il s'agissait de « son » Christian Mazaele, le faux Belge de Marseille. Il avait voulu prendre l'appareil pour lui parler.

– Mais non, avais-je protesté, ce n'est pas lui ! C'est un autre Christian : mon Christian à moi !

J'avais coupé le portable et Mario qui avait attentivement écouté la conversation avait voulu savoir de qui il s'agissait. J'avais donné le change en lui rappelant que j'existais avant de le connaître et que j'avais des affaires en cours.

– Surtout, Marc, avait-il conclu, si tu as des problèmes, dis-le-moi. Tout peut s'arranger, tu sais.

Pour la troisième fois de la journée, nous avions parcouru le tronçon de l'autoroute qui allait de Malaga à Fuengirola. L'horloge du tableau de bord indiquait 17 h 30. Mario devait réceptionner un de ses hommes à l'aéroport.

Enzo, bel Italien de quarante-cinq ans, portait un sac de voyage rempli de lires italiennes. Nous l'avions déposé immédiatement à l'hôtel *Tropicana* de Torremolinos, où Mario avait ses habitudes. Il m'avait présenté au directeur de l'établissement, à qui il avait demandé que son invité soit bien traité, précisant qu'il réglerait la note. Mario était un businessman prudent et méthodique. Il s'arrangeait toujours pour avoir sous la main ceux qui transportaient son argent, en les bloquant une nuit sur la Costa del Sol. Ce qui devait laisser le temps à sa femme de vérifier les quantités annoncées par l'expéditeur.

Au cas où.

Il était près de 21 heures quand j'étais enfin arrivé au *Saint-Georges*. Chantal avait déjà fait dîner les petites et Carmen s'activait en cuisine. J'étais sorti téléphoner de la cabine publique à mon officier-traitant.

– Allô, oui. Bonsoir, Madame, c'est Marc. Christian est-il là ?

Une voix un peu lointaine s'était mise à résonner.

– Christian, Christian ! C'est pour toi !

La ligne était restée silencieuse quelques secondes.

– Oui ?

– Tout s'accélère. Et tu imagines que je ne pouvais pas te parler cet après-midi.

– C'est ce que j'ai compris.

– Bon, j'ai fait la connaissance d'un Français prénommé Jean-Robert et d'un Daniel. Ce Daniel, on peut le retapisser, car il part dimanche prochain à Dakar, via Lisbonne, par la Varig. Il va réceptionner cent mille dollars que Mario fait partir de Rome. Tu me suis ?

– Oui.

– Ce Daniel serait un représentant d'un très gros négociant d'afghan.

– De quoi ?

– Eh ! Atterris : du chichon. Il a même prétendu que c'était le top du top. Du black Bombay ! Au fait, qu'est-ce qu'ils ont fait au bureau Aeronaval pour localiser le bateau qui monte sur la Cornouaille ?

– Je ne sais pas encore, mais ils y travaillent.

– Bon, je vois. J'ai compris…

– As-tu des nouvelles de l'Italie ?

– Rien pour l'instant, mais ça ne devrait plus tarder. L'ennui, c'est cet embargo qui a l'air de perturber Mario.

– L'embargo ?

– Oui, tu sais bien : tous les navires qui remontent l'Adriatique seront contrôlés. Mario avait prévu que le *Melor* aille jusqu'à Brindisi décharger la marchandise dans le chantier qui devait caréner le bateau. C'est Pascuale Ciolla, son avocat, qui a arrangé le coup. Mais avec cette nouvelle donne, il va falloir décharger en mer. Font chier, ces Ricains !

– Bon, eh bien, je t'appelle lundi matin.

– Oui, directement sur le « vert ». Ou non, plutôt à Gibraltar, chez Tito ! Ce sera plus sûr. J'y serai à 8 h 30. As-tu prévenu les Anglais pour ce qui monte ?

– Non pas encore. Ça peut attendre !

– Allez, bonne nuit.

– Bonsoir.

Carnet de cellule 50

98e mois de détention

Centre de détention de Nantes, novembre 2002

J'occupe désormais la cellule 001, au rez-de-chaussée du bâtiment G.

J'ai eu quelques nouvelles de mes anciens associés. Claudio Locatelli serait détenu à Grasse, alors que Ciolla et Catenacci, eux, seraient emprisonnés en Italie depuis 2001.

D'après Christian, mon filleul qui habite Cambrai, mon ami le député François-Xavier Vilain a téléphoné au garde des Sceaux, Dominique Perben.

De mon côté, je me suis fendu d'un courrier adressé à Patrick Poivre d'Arvor.

Christian Gatard a fait changer son numéro de téléphone. Jo Le Squere, lui, ne sait que dire. Si ce n'est qu'il n'est qu'un tout petit fonctionnaire.

J'ai appris la naissance du quatrième enfant de Muriel. Une fille. Elle s'appelle Aude.

Depuis quelques jours, je suis incapable de parler à mes filles. Après m'être un peu requinqué, je tente un appel en Andalousie pour parler aux princesses et j'ai beaucoup de mal à ne pas fondre en larmes. La gorge nouée, je réussis à tenir le choc.

Dieu, si tu existes, décide-toi à agir !

CAME À LA MER

28 février 1993

Au large de l'Italie du Sud, cette nuit-là, des vents soutenus et de violentes averses rendaient la vie dure aux bateaux de pêche qui s'étaient hasardés dans le golfe de Tarente. À bord du *Melor*, à 1h35 du matin, le capitaine Gero semblait dans un état second. Le soir précédent, une vedette des douanes italiennes avait arraisonné le cargo. Le contrôle avait duré plus d'une heure. Heureusement, Christian avait enfoui la marchandise dans le sable qui servait de ballast. Du coup, les hommes de la *guardia di finanza* étaient repartis les mains vides. Ils n'avaient trouvé que de la peinture, dont la présence confirmait le télex annonçant les travaux de carénage à Brindisi.

Une fois la vedette disparue, Gero avait été pris de panique. Il s'était emparé du pistolet-mitrailleur et avait exigé que l'équipage jette la marchandise par-dessus bord. Christian, l'homme de confiance de Mario, avait réussi à me contacter sur ma ligne opérationnelle. Le Belge de Marseille était ivre de rage.

– Marc, tu dis à ton capitaine qu'il cesse de nous menacer avec sa sulfateuse. Il nous force à jeter la marchandise parce qu'il se chie dessus !

– Ok, passe-le moi !… Gero ?

–Ya !

–Qu'est-ce qui se passe, bon sang ? Êtes-vous devenu fou ? Vous donnez votre arme immédiatement au Français ! Vous m'avez compris ?

– Mais, Marc, c'est seulement pour sauver votre bateau !

–Sincèrement, Gero, vous êtes fou ! Nous parlerons de tout ça quand vous rentrerez. Maintenant, vous terminez votre boulot. S'il vous plaît, passez-moi le Français.

– Oui, qu'est-ce tu veux ?

– Combien avez-vous jeté ?
– Plus de cinq cents kilos !
– Je vois avec Mario. Ciao.
– Ciao.

Le lendemain matin, à 9 h 30, j'avais retrouvé Mario sur le parking du supermarché *Pryca*, propriété de la chaîne française *Carrefour*. La foire à la brocante de Fuengirola battait son plein. Mario était à la cafétéria. Ses traits étaient tirés. Pour recoller les morceaux, et l'indemniser après l'épisode hallucinant de la nuit précédente, je lui avais proposé de reprendre le *Saint-Georges*. Il n'avait qu'à trouver des clients pour céder ce commerce. Il avait immédiatement accepté ma proposition, soulignant qu'il appréciait ma loyauté. Il m'avait serré dans ses bras.

– Tu es vraiment mon associé, désormais !

À cette heure matinale, Main Street, la rue commerçante de Gibraltar, était encore fréquentable. Vers 8 h 30, j'étais arrivé au consulat de France sans encombre. Tito avait paru surpris de me voir débarquer chez lui d'aussi bonne heure. J'avais commencé à lui parler de ma nouvelle infiltration quand le téléphone avait sonné.

– Allô, oui. Bonjour, Christian.
– Bonjour, Ernest. Marc est là ?
– Oui, je te le passe.
– Salut. Ils n'ont livré qu'une partie en Italie. Mon capitaine a eu la trouille après un contrôle et il a fait jeter une partie de la marchandise à la mer !
– L'important est que tout se soit bien déroulé.
– Oui, si on veut. Mais je dois assumer les pertes. Et six cents kilos, même au prix d'achat, c'est quand même une belle somme. Près de dix millions de *pesetas*. J'ai proposé qu'il trouve un client pour le *Saint-Georges*.
– Tu fais ce que tu veux avec le *Saint-Georges*.
– Enfin, ça va très vite, je te le dis. Demain, je suis à Barcelone pour rencontrer de gros faiseurs français. Des très gros, puisqu'on parle de dizaines de tonnes !
– C'est très intéressant.

– Tu as fait le nécessaire pour le vol sur Dakar ?

– J'arrive, et il n'y a personne à cette heure-ci que je puisse contacter à Lisbonne.

– Les pauvres chéris, faut pas les bousculer !

– Je m'en occupe. Il faut que tu essayes de savoir qui sont ces Français que tu vas rencontrer demain à Barcelone.

– Ne t'inquiète pas. Ça, c'est mon boulot. Allez, je te quitte. Je te passe Ernest.

– Tiens, la semaine dernière, j'ai vu notre ministre lors d'une inauguration. Il m'a demandé de tes nouvelles.

– C'est bien. Au moins, vous avez un sujet de discussion !

Carnet de cellule 51

2970e journée de détention

Centre de détention de Nantes, 17 février 2003

Franck a tout organisé. Nous nous sommes mis d'accord. Devant l'inaction et l'amnésie de mes anciens camarades, je sais maintenant qu'il me reste une seule arme : alerter l'opinion publique. Une stratégie que je m'emploie à mettre en œuvre depuis plusieurs mois, avec l'aide des miens. Nous sollicitons les médias tous azimuts. Il nous faut taper fort. Le plus fort possible.

Nos complices du jour sont journalistes à France 3. Ils font partie de l'équipe de reporters de « Pièces à conviction ». L'émission d'investigation de la chaîne nationale souhaite me consacrer un reportage de longue durée. Élise Lucet, présentatrice et rédactrice en chef de ce programme de la rédaction, tient à tourner des images en prison. Problème, l'administration pénitentiaire repousse toute demande de visite.

Pour faire entrer le matériel, les journalistes de France 3 vont donc avoir recours à un petit artifice.

Le tournage a été préparé dans le secret. Avec minutie, comme une opération commando. Pour déjouer la vigilance de l'administration et se faire ouvrir les portes, les journalistes ont utilisé un procédé déjà mis en œuvre pour Patrick Dils : France 3 a obtenu l'autorisation de tourner à l'intérieur de la prison de Nantes pendant dix jours, sous prétexte d'un reportage sur la pénitentiaire. L'administration souhaite en effet promouvoir son institution.

Le lendemain de son arrivée au centre de détention, je vais à la rencontre de l'équipe de tournage.

– Bonjour, je suis Marc Fiévet.

Le type qui me fait face ne semble pas surpris.

– On est là pour vous. On va venir vous voir.

Avec Dils, la tentative avait échoué. Cette fois, tout fonctionne. Les caméras de France 3 viennent tourner dans ma cellule. Deux heures de bobine sont enregistrées.

Le reportage promotionnel sera bien tourné, également, et diffusé.

Mais il n'a pas été le seul, à la stupéfaction des autorités pénitentiaires.

LOS SEÑORES

2 mars 1993

Plusieurs fois par jour, une liaison aérienne reliait Malaga à la capitale de la Catalogne. Nous avions atterri à 9h25. Notre rendez-vous était prévu à 11 heures, dans un palace de la banlieue sud de Barcelone, dont la position dominante offrait une vue imprenable sur la ville. Nos amis devaient arriver avec ce Jean-Robert, que nous avions rencontré à Fuengirola. Ce n'est qu'à 11h30 passées qu'un maître d'hôtel s'était approché pour nous demander si nous étions bien *los señores Mario y Marco*. Il nous invitait à rejoindre un salon privé où nous étions attendus, dans une autre partie de l'établissement.

– Hola, Mario.

– Bonjour, Jean-Robert. Nous étions inquiets.

– Je vous présente Pino et son ami Lucien.

– Enchanté. Voici mon associé Marco.

D'origine corse, Pino devait avoir autour de cinquante-cinq ans. Julien, plus rond, était « continental ». Il avait certainement moins de cinquante ans.

Nous nous étions assis autour d'une des grandes tables basses du salon, désert à cette heure-ci. D'emblée, Mario avait attaqué en évoquant son précédent séjour dans les geôles françaises, remerciant nos interlocuteurs de s'être déplacés jusqu'à Barcelone, car, avait-il souligné, il n'appréciait plus guère l'hospitalité française. Il avait enchaîné en assurant être en mesure de transporter n'importe quel produit partout dans le monde.

Pino avait des amis canadiens qui avaient prévu de charger *quatre-vingts* tonnes de cannabis afghan. Julien et lui avaient investi dans cette opération et souhaitaient sécuriser le transport pour récupérer leur mise de fonds.

En excellent commercial, Mario avait négocié une avance de cent mille florins, après plusieurs heures de discussion.

À peine avions-nous posé le pied sur le sol de Malaga, à la sortie de l'avion du retour, que le téléphone de Mario avait sonné. En décrochant, Mario avait fait la grimace et m'avait tendu l'appareil. C'était Gero, à qui il préférait ne pas parler.

– Oui, c'est Marc !

– Bonsoir, Marc. Nous avons jeté l'ancre près de Malte. Le temps est très mauvais. Nous sommes très malades. Pouvons-nous entrer dans le port ?

– Malte… L'île ?

– Oui, bien sûr !

– Qu'est-ce que vous foutez là ?

– Nous avons des problèmes avec le moteur et le refroidissement.

–S'il te plaît, vous n'allez pas dans ce port : vous rentrez sur Gibraltar !

– Bip… bip… bip… bip…

Ce con, il avait raccroché !

Mario avait demandé ce qui se passait. J'avais répondu qu'il allait falloir que je trouve un nouveau capitaine dès le retour du navire.

À mon retour, le *Saint-Georges* était plongé dans une obscurité totale. À peine distraite par la caresse délicate du faisceau lumineux du phare d'Estepona, à intervalles réguliers. Christian, à bord du *Melor*, m'avait rappelé pour m'informer que le bateau était à quai dans le port de La Valette. Il me confirmait les difficultés de refroidissement du moteur principal. Mais il pensait que cette panne avait été provoquée par Gero.

Le lendemain matin, mal remis des soubresauts de la nuit, je n'avais pas remarqué le télex qui était arrivé, en m'installant à mon bureau. Il était envoyé par une agence maritime maltaise. L'agence s'était occupée de la prise en charge du *Melor* et elle réclamait maintenant une provision de deux mille dollars. Le télex précisait que le cargo devait être inspecté par les services de sécurité. Le directeur de l'agence souhaitait me parler. J'avais immédiatement composé le numéro indiqué. Mon interlocuteur, qui avait deviné le type de marchandise transportée par le *Melor*, espérait se remplir les poches.

Après l'avoir envoyé au diable, j'avais appelé Patrice à la rescousse, pour profiter de sa maîtrise de l'anglais. Ses tentatives de négociation ayant échoué, Patrice m'avait expliqué que l'agence ne pouvait se permettre de laisser repartir ce navire en mauvais état et qu'elle se devait d'alerter les services officiels. Patrice était convenu d'un nouveau rendez-vous téléphonique pour la fin d'après midi.

– J'ai compris, avais-je tranché.

Évoquant des relations au ministère de la Défense, j'avais expliqué à Patrice que j'allais tenter de faire expulser le *Melor* de Malte. Puis j'avais composé le numéro de la ligne directe de Christian.

– Allô, Christian !

– Oui, que se passe-t-il ?

– Je suis dans la merde : les autorités du port de Malte veulent bloquer le *Melor*, et je suis tombé sur des margoulins qui veulent m'extorquer ce que je n'ai pas. Peux-tu te débrouiller pour faire expulser le bateau de cette île maudite ?

– Je vais voir ce que je peux faire ! Rappelle-moi d'ici une heure.

Carnet de cellule 52

101e mois de détention

Nantes, février 2003

Chantal a fini par vendre la maison. Elle s'est également séparée de tous les meubles, pour vingt-cinq mille euros. La savoir à l'abri pour quelques années me rassure.

Une page est définitivement tournée.

Elle vient de s'installer avec les petites dans un nouvel appartement. Elle a fait poser une porte blindée, après avoir reçu des appels d'intimidation alors qu'elle se trouvait chez son frère. Jo Le Squere lui a dit qu'il allait enquêter.

Oriane a enregistré un disque. En décembre dernier, elle a remporté un concours de chant devant plus de trois cents personnes. Je suis très fier d'elle.

J'ai appris que Gatard connaissait Locatelli depuis 1989. Il m'a donc délibérément envoyé au casse-pipe, en parfaite connaissance de cause. L'information m'est parvenue après qu'une avocate de Dijon m'a contacté pour rencontrer mon défenseur. Cette consœur de Pech de Laclause défend les intérêts d'un autre aviseur, un certain Renoir, qui aurait eu des problèmes identiques aux miens. Et il se trouve que Gatard était l'agent-traitant de ce Renoir.

Ah, au fait, Michel Rotard, le cousin Michel, serait mort.

LA VIE DE BUREAU

4 mars 1993

Jeudi, 9 heures du matin. À l'hôtel de Cambacérès, à Paris, siège de la direction générale des douanes françaises, le café pris entre les attachés, le directeur de cabinet et les autres fonctionnaires n'était déjà plus qu'un lointain souvenir. Ce matin, tout le monde était bien à l'heure.

Joseph Le Luarn, le nouveau directeur du renseignement et des enquêtes douanières, avait été convoqué pour évoquer la situation des aviseurs. Sa hiérarchie tenait à lui préciser le nouveau cadre d'action des agents infiltrés dans les organisations mafieuses. Après avoir patienté dans le bureau du chef de cabinet, il avait été introduit dans celui du directeur général des douanes, un des plus spacieux offert à ses serviteurs par la République.

Pour l'ancien directeur interrégional à l'aéroport Roissy-Charles de Gaulle, se retrouver à la tête de la DNRED représentait une sacrée promotion. Le Luarn avait toujours su récupérer les succès de l'administration pour les attacher à son seul génie. Et en retirer une stature qui ne lui revenait pas. Ce fonctionnaire était l'exemple type de l'individu qui avait su utiliser le poste qu'il occupait pour se valoriser.

Avec cette nomination, effective depuis un peu plus d'une année, Le Luarn venait de recevoir son bâton de Maréchal, avant d'aller ramasser les dividendes de sa carrière dans une recette régionale. Seul un funambule du règlement, un artiste de la compromission, une star du non-dit pouvait trouver grâce aux yeux de la direction générale.

Surtout, pas de vagues !

En Espagne, à l'ambassade de France, le soleil de mars réchauffait généreusement l'atmosphère de cette fin de matinée. Jean-Paul Garcia, l'attaché des douanes en poste à Madrid, venait d'arriver à son bureau du troisième étage, d'où il pouvait apercevoir la *Puerta del sol* en se penchant par la fenêtre. Son bureau ressemblait à un véritable capharnaüm. Les dossiers s'entassaient les uns sur les autres. Parfois, quand une pile était trop haute, elle s'effondrait, implorant l'intervention charitable d'un jeune coopérant pour tenter d'en recoller des morceaux que personne n'avait vraiment envie de lire.

En rendez-vous avec l'attaché de la police italienne, Garcia n'avait pas eu le temps de téléphoner à Christian Gatard pour l'informer de la réussite de sa mission. Il était parvenu à faire expulser du port de La Valette, à Malte, un navire prétendument en mauvais état et en tout cas dépourvu de documents administratifs en règle. Ça n'avait pas été facile, et même s'il connaissait parfaitement l'action menée par l'agent infiltré de Gatard, Garcia avait dû se faire un peu violence. Christian avait su se montrer persuasif, comme toujours.

L'attaché des douanes avait demandé à Juliette, sa secrétaire, de composer le numéro de la DNRED, à Nantes.

- Monsieur ?

- Oui, Julia.

- J'ai monsieur Gatard sur la deuxième.

- Merci, Julia.

Jean-Paul Garcia s'était installé sur le petit canapé qui faisait face à son bureau.

- Christian, bonjour. Ça me fait plaisir de t'entendre.

-Bonjour, Jean-Paul. Et encore merci pour ton intervention. Le bateau a été expulsé et il vogue actuellement sur Gibraltar. Mais, dis-moi, comment as tu réussi à obtenir ça des autorités maltaises ?

- Oh, j'ai simplement dit que nous suivions ce navire hautement suspect et que nous ne souhaitions pas que l'opération en cours soit interrompue suite à une retenue à Malte. Ils ont immédiatement accepté de satisfaire ma demande.

- Encore merci, Jean-Paul.

- Au fait, Christian, ce bateau appartient bien à NS55, à qui j'avais remis des *pesetas* dans le parking souterrain de l'hôtel *Convention*, ici, à Madrid, en 1991 ?

- C'est lui !

- Tu ne crains pas que les Maltais préviennent les Italiens de nos suspicions ?

- On verra bien ! Eh puis, si on le suspecte, c'est parce que c'est un narco. Pas vrai ?

- Ouais ! Et bien, à un de ces jours, Christian. Au fait, tu viens bientôt me voir en Espagne ?

- Ça va être difficile, tu sais. Avec le remplaçant d'Hoguet, on a de plus en plus de mal à sortir du territoire, désormais. Au fait, tu le connais ? C'est le directeur interrégional de Roissy qui a pris sa place pour quelques mois, avant de partir remplir son bas de laine dans une recette juteuse. Le Luarn. Ça te parle ?

- Il ne serait pas responsable d'une belle saisie de cocaïne ? J'ai lu ça dans *La vie de la douane* !

- Si on veut ! C'est ça ! Allez, au revoir. Et encore merci.

- Au revoir.

Carnet de cellule 53

102e mois de détention

Nantes, mars 2003

Le Canada vient de m'annoncer le rejet de mon appel contre ma condamnation du 5 août 1997. En France, la commission de libération conditionnelle régionale a enfin statué. Pour juger ma demande irrecevable.

Franck projette de distribuer des tracts à Rennes, quelques jours avant la diffusion de l'émission « Pièces à conviction ».

Autrement, j'ai envoyé un dossier à Cécilia Sarkozy, à l'Intérieur, pour lui demander d'intervenir auprès de son ministre de mari.

DÎNER DE GALA

5 mars 1993

Incontestablement, la *Table de Julio*, sur le *paseo maritimo* de Torremolinos, méritait sa réputation. L'endroit était une des meilleures adresses de toute la Costa del Sol pour déguster du poisson. À 20 heures, en ce début de soirée, de nombreux clients s'y pressaient déjà. Le maître d'hôtel nous avait dirigés vers une immense table ronde. D'un signe de tête, j'avais interrogé Mario, pour comprendre. Il souhaitait me présenter à tous ses commanditaires venus d'Italie. Décidément, ce Mario était un vrai renard. Jusqu'au bout, il se méfierait de moi en m'imposant des situations que je ne pourrais jamais vraiment contrôler.

Une charmante assemblée ! Autour de la table ronde, c'était une collection de mines toutes plus sinistres les unes que les autres, que des cravates fleuries ne parvenaient pas à rafraîchir. Un vrai concours de beauté, qui donnait à cette belle soirée une atmosphère parfaitement singulière. La scène de ces agapes mafieuses n'aurait pas dépareillé sous la caméra d'un Scorsese ou d'un Coppola. Les parrains venaient des Pouilles, de Calabre ou de Campanie. Selon leur région d'attache, ils appartenaient à la *Nuova sacra corona unita*, à la sinistre *N'drangheta* ou encore à la sympathique *Camorra* napolitaine. Dans cette distribution de premier choix, j'avais été présenté comme « l'associé ». Les conversations s'étant déroulées en italien, à la vitesse de l'éclair, je n'avais évidemment rien compris. Par bonheur, nos honorables correspondants en provenance de Lombardie et de Vénétie avaient l'air plus aimable et avaient consenti, de temps à autre, à m'adresser quelques mots en français. L'un d'eux avait poussé la déférence jusqu'à me confier qu'il avait fait ses « études » à Paris.

– À la Santé, avait-il précisé pour justifier de sa maîtrise de la langue de Molière.

Dans un coin du restaurant, légèrement en retrait, un homme en galante compagnie n'avait rien manqué de ce conseil de famille. Le commissaire Ricardo Kohl avait décidé de prendre un peu de bon temps, lui aussi.

El *Presidente* de San Pedro de Alcantara était un des clubs les plus chic de la région. On pouvait y manger, boire, jouer et même dormir. À minuit, le restaurant était encore plein aux trois-quarts. Carlos Gaston Ferran se trouvait au bar de l'établissement qu'il avait repris voici déjà plusieurs mois. On venait de le prévenir d'un appel téléphonique. C'était son ami Ricardo.

Les deux amis étaient liés par un pacte secret. Ricardo était le parrain du fils de Carlos. Autant dire qu'il faisait partie de la famille. Carlos ne pouvait rien refuser à Ricardo, et réciproquement. De son domicile, « le Grand » – le surnom de Ferran – pouvait directement accéder au fichier central de la police espagnole. Ricardo avait lui-même négocié cette entorse au règlement, directement avec le ministre Rafael Vera. Vera avait été responsable de la sécurité de l'État, sous l'autorité du ministre de l'intérieur Barrionuevo, dans le gouvernement de Felipe Gonzalez. Cette petite commodité avait été accordée du temps où le GAL agissait pour le compte du gouvernement espagnol. Depuis, elle n'avait pas été retirée.

La jeune femme qui dînait au *Julio* avec Ricardo se prénommait Nadia. Nadia était une des dernières recrues du *Play boy*, un club célèbre situé en bord de mer, au bout du *paseo maritimo* de San Pedro. L'établissement appartenait aussi au « Grand » et à son associé Parra. Entre amis, il était donc logique de s'offrir ce genre de divertissement et Ferran excellait dans l'art de faire plaisir à son grand ami Ricardo.

Pendant que la charmante Nadia s'était absentée pour un léger ravalement, Ricardo expliquait la raison de cet appel tardif.

– J'ai besoin de savoir qui sont les nouveaux amis de Marc, le Français du *Saint-Georges* d'Estepona. Je l'ai vu avec beaucoup d'hommes d'affaires. Je veux savoir ça très vite.

Carnet de cellule 54

3 121e journée de détention

Nantes, 10 avril 2003

Plus de trente-quatre minutes consacrées à mon cas ! L'équipe de « Pièces à conviction » n'a pas fait les choses à moitié. Le reportage est édifiant. À l'écran, c'est l'image d'un homme vieilli qui apparaît. La barbe hirsute, les cheveux longs et mal coupés, l'air hagard dans son tee-shirt blanc, derrière des lunettes « Sécu »[9] aux verres trop larges. Cet homme, c'est moi. Ou, plutôt, celui que je suis devenu après huit longues années de détention.

L'équipe de « Pièces à conviction » a bien fait son travail. Les journalistes ont interrogé l'ancien patron du renseignement des douanes françaises. Jacques Bardu dit me connaître. Il est visiblement gêné par les questions des journalistes.

– Je suis atteint par des pertes de mémoire, finit-il par lâcher devant la caméra. Surtout dans ce domaine-là.

Le reportage produit également une note émanant des services des douanes. La journaliste en fait elle-même lecture, à haute voix.

– Son action a permis des saisies significatives de stupéfiants, ainsi que l'arrestation de plusieurs dizaines de personnes impliquées dans ces trafics.

Christian Gatard a refusé de rencontrer les journalistes. Tenace, l'équipe de tournage l'a piégé en filmant une conversation téléphonique. La journaliste lui pose la question qui fâche.

– Est-ce qu'on peut dire que Marc Fiévet était un trafiquant de drogue ? C'était le cas ?

À l'autre bout du fil, la réponse est sans équivoque.

– Pour moi, non, mais enfin bon…

Christian est gêné, à l'évidence. Mal à l'aise.

– Donc, c'est quand même relativement injuste qu'il soit en prison aujourd'hui encore, relance la journaliste, décidée à ne pas lâcher sa proie.

---

9 Référence aux lunettes au design désuet entièrement prises en charge par la Sécurité sociale.

– Je vous dis… C'est… Pour comprendre tout, il faut… Il faut vraiment prendre le temps de le décrire, quoi… De décrire la situation…

– Moi, j'aimerais bien que vous me la décriviez. Parce que j'aimerais bien comprendre…

– Ben oui, moi je veux bien vous la décrire si on me dit qu'on peut la décrire. C'est tout !

L'invité très spécial de « Pièces à conviction », qui a suivi le long sujet qui vient de m'être consacré, s'appelle Michel Charasse. L'entretien est enregistré dans la grande bibliothèque du palais du Luxembourg, construite par Alphonse de Gisors en 1852. L'ancien ministre siège dans la vénérable maison depuis qu'il a retrouvé son fauteuil de sénateur du Puy-de-Dôme.

Charasse a jugé utile de se déplacer devant les caméras et de consacrer du temps à cette émission. Probablement parce qu'elle traite d'un sujet important. L'ancien ministre refuse pourtant de répondre aux questions ayant un rapport direct avec mon affaire. Qui est le sujet de l'émission. Un cas de figure étrange, on en conviendra. Mais Michel Charasse a sans doute d'excellentes raisons pour justifier cette attitude étonnante.

L'invité de marque apparaît bien emprunté, face aux questions d'Élise Lucet. Il finit par s'énerver devant la pugnacité de la journaliste. Un traitement auquel il n'est pas habitué.

En bon politique, le sénateur n'oublie tout de même pas de faire sa promotion, expliquant que les saisies de drogue ont été multipliées par sept lors de son passage à Bercy. En omettant évidemment de souligner la part qui me revient dans ces remarquables résultats.

Le matin, à 6 heures, le même Michel Charasse se trouvait sur l'antenne de RTL pour évoquer mon affaire. Il aura eu le temps d'affirmer qu'il ne savait pas. Il n'imaginait pas…

Dans l'édition du jour de *Libération*, Patricia Tourancheau signe un article présentant l'émission de France 3. La journaliste écrit que je suis le cas le plus pathétique qui soit.

Je suis d'accord.

Ce soir-là, je mets du temps à trouver le sommeil. Je suis persuadé que les choses vont bouger. Enfin.

FICHÉ À INTERPOL

11 mars 1993

Ce matin-là, sur l'île de Malte, à la direction générale de la police de La Valette, la secrétaire chargée du télex finissait de rédiger une note adressée au siège d'Interpol, à Lyon. Le message me concernait directement :

« *Navire suspect – Motor/ship Melor – Il est enregistré à Saint Vincent – Grenadines – Stop – Le propriétaire est la compagnie Rio Plata limited de Gilbratar – Le manager est Marc-François Fiévet, ressortissant français résidant à Gibraltar dont l'activité principale est consacrée au transport de cigarettes, d'armes et de drogue – Stop – Information à diffuser – Fin de message.* »

Le 727 d'Iberia venait de se poser sur la piste 04. Le pilote avait réussi un atterrissage aussi doux qu'une caresse. L'aéroport de Barcelone était déjà encombré de flots de voyageurs pressés. Ma montre indiquait 8 h 40. J'appelais Mario. J'avais prévu de le faire dès mon arrivée, pour le prévenir de mon absence pour la journée. J'avais volontairement omis de lui signaler cette escapade. Méfiant, je voulais éviter toute filature, que je le pensais parfaitement capable de faire effectuer.

C'est Dana qui m'avait répondu. Mario dormait encore. Je lui avais donc laissé un message, indiquant que j'avais dû partir à Madrid pour rencontrer d'anciens partenaires.

– Dites-lui que je l'appellerai pour qu'il me récupère à l'aéroport. Merci Dana, au revoir.

– Entendu, Marc. Bonne journée.

Dès que Christian Gatard et Jo Le Squere étaient enfin arrivés, un peu avant 10 heures, je les avais immédiatement entraînés vers le parking pour quitter l'aéroport. Je ne tenais pas à traîner en leur compagnie dans ce lieu trop fréquenté à mon goût.

J'avais emporté avec moi les plans du *Poséidon*, le navire-hôpital que Mario voulait absolument acheter. La discussion avait porté sur les tonnages impressionnants que mon associé semblait capable de « bouger », et sur ses relations – notamment avec ces Français qui lui tournaient autour.

Christian Gatard n'avait pas eu de réponse des Portugais au sujet de la liste des passagers réclamée pour connaître la véritable identité de Daniel. Ça ne saurait plus tarder, d'après lui. J'avais demandé des précisions sur la politique de Le Luarn, le nouveau patron de la DNRED, et n'avais obtenu en retour que des silences éloquents. Nous avions fini par en rire, de bon cœur.

Après avoir déjeuné dans un restaurant vide de tout client, Christian et Jo m'avaient raccompagné à l'aéroport. Avant de quitter mes amis gabelous, je leur avais encore communiqué quelques éléments sur Mario. Son passeport portait le numéro 234987096RTY678. Il était établi au nom de Mario Marroni, né à Paris le 17 février 1953. Je leur précisai que Mario avait dû être incarcéré en France, dans le Sud, et qu'il aurait pu s'échapper après s'être cassé un bras, lors de son évacuation dans un hôpital. Je n'avais même plus osé réclamer de l'aide pour mon déménagement. Concernant mes frais et mes salaires, il n'était même pas question d'en parler. La dernière fois que la DNRED m'avait fait parvenir des subsides remontait à plusieurs mois. C'était l'année précédente, pour dépanner ma fille Christel qui, s'installant dans la région de Calais, avait eu besoin de dix mille francs. Ça avait été la seule participation de la DNRE pour l'année 1992, en dehors des trois cent mille francs que Jo Le Squere et son collègue Capitaine m'avaient apportés à Anvers, en mars 1992 – pour solder l'acquisition du *Melor.* J'étais l'aviseur capable de vivre sans argent. Et pour cela, j'étais apprécié. J'avais seulement eu le sursaut de souligner que je ne coûtais vraiment pas cher. Ce qui m'avait valu une réplique… impayable de Christian.

– Tu sais très bien que nous sommes pauvres et que nous ne pouvons t'assumer à ta juste valeur.

J'avais pris un retour avec une escale par Madrid. Une précaution indispensable. Mario était trop intelligent pour ne pas tiquer si je n'arrivais pas à une heure d'arrivée d'un vol en provenance de la capitale.

Mario m'avait récupéré à 20 heures et m'avait donné le baiser du parrain. Il semblait vraiment heureux de me voir, s'inquiétant de la façon dont s'était déroulée ma journée. Sur la route du *Saint-Georges,* il me proposait de me faire visiter de nouvelles villas, le lendemain. Il paraissait décidément tenir à ce que je sois confortablement logé. Nous avions déjà passé une journée entière, quelques jours plus tôt, à visiter des maisons. Comme je lui avais expliqué ne pas avoir les moyens de m'offrir pareils pied-à-terre, il s'était étonné de mon manque de fonds après tant d'années de business. J'avais répondu que mes seuls actifs se trouvaient dans mes compagnies et dans ce cargo qui allait encore sérieusement hypothéquer mon budget.

– Notre budget, avait-il repris. Nous sommes associés, maintenant, et n'imagine pas que je ne ferai pas le nécessaire pour que tu puisses très vite acheter la villa qu'il te faut.

J'avais tout de même décliné sa proposition pour le lendemain, car je devais descendre à Gibraltar renflouer mes comptes en banque et rencontrer mon avocat, Peter Isola.

J'avais invité mon chauffeur à s'arrêter un moment prendre un café. Chantal m'avait annoncé que John Short avait téléphoné trois fois, et qu'il avait l'air très remonté. Du coup, j'avais dû parler à Mario de la situation exacte avec Short et l'IRA. En omettant tout de même d'évoquer l'histoire de la balise. Alors que je lui avais expliqué pourquoi je ne voulais pas charger à la Jamaïque, persuadé de ne pouvoir échapper aux *coast-guards* US, Mario m'avait félicité.

– Si tu avais accepté ce travail, ça aurait été pour moi la preuve que tu travaillais pour la DEA. Car il faudrait être fou pour aller charger avec le *Melor* dans cette zone. Je te parle de ça parce qu'on m'a posé aujourd'hui des questions indiscrètes sur toi. En effet, des amis installés dans la région depuis de nombreuses années ont été approchés pour savoir qui étaient les Italiens qui se trouvaient avec le Français du *Saint-Georges.*

– Qui a posé ces questions ?

– Carlos Gaston Ferran, un type qui travaille avec les flics et la *guardia civil*. Tu connais ?

Carnets de cellule 55, 56

3 136e journée de détention
Centre de détention de Nantes, 25 avril 2003

C'est la saint Marc. Et, aujourd'hui, c'est effectivement ma fête. Après les remous provoqués par la diffusion de l'émission de France 3 – et les articles qui ont suivi dans la presse –, ordre a été donné par la Chancellerie de fouiller ce détenu qui ose défier l'ordre établi et l'administration pénitentiaire en s'exprimant sur sa situation personnelle.

J'ai droit à une fouille en règle, au greffe. Pendant ce temps, ma cellule a été minutieusement perquisitionnée. Et mon téléphone portable saisi.

Autant d'opérations menées au nom de la confiance bafouée. Qui me vaut un transfert immédiat au quartier disciplinaire.

Avant que la porte ne se referme, j'ai prévenu les surveillants que j'entamais une grève de la faim et de la soif. Avec effet immédiat.

3 139e journée de détention
Nantes, 28 avril 2003

Pour présider ce tribunal interne d'exception, Séverine Henriot, directrice du centre de détention de Nantes n'a pas daigné revêtir sa robe de magistrat, une qualité qu'elle ne possède pas, il est vrai.

Les trois représentants de l'administration pénitentiaire se sont installés derrière une sorte de comptoir monté sur une estrade. L'air pénétré qu'ils se donnent ne peut m'empêcher de sourire intérieurement. Mon avocate cherche à me défendre et n'obtiendra rien. J'ai reconnu détenir un téléphone portable, ce n'est donc pas la peine de se dépenser en vain.

Le dernier détenu à être passé ici pour un portable avait pris vingt jours. C'est la sanction à laquelle je m'attends.

J'aurai droit à vingt-cinq jours. Le silence et le mépris seront ma seule réponse.

L'HOMME IDOINE

26 avril 1993

Patrice Lucchini vivait à la sortie d'Estepona, sur la route de Cadix. Il m'arrivait souvent de passer lui rendre visite, car j'appréciais la compagnie de cet homme cultivé. Ce soir, ma venue était intéressée. Nous avions discuté plus d'une heure, où bout de laquelle Patrice avait accepté ma proposition : je voulais qu'il s'occupe du bureau commercial que nous allions ouvrir à Gibraltar. Une décision prise en commun avec Mario.

Patrice était l'homme idoine. Il parlait un anglais et un espagnol parfaits et connaissait très bien le système bancaire. De plus, il cherchait du boulot. J'avais d'ailleurs baptisé cette nouvelle société la *BICI limited*, en clin d'œil à son infortune : Patrice avait perdu tout son argent avec la… *BCCI.*

Mon nouveau directeur toucherait un salaire mensuel de vingt mille francs et je m'engageais à lui fournir un véhicule. La *Business Investment Company International limited* devait coiffer les sociétés off-shore existantes et rechercher de nouveaux débouchés pour le *Melor* et le *Poséidon*. Dans le pétrole, notamment.

Patrice avait un ami écossais trader à *la British Petroleum.* Et des possibilités paraissaient pouvoir se présenter dans les Balkans, où sévissait l'embargo décrété par les Américains.

Pino et Julien entendaient savoir à partir de quand nous serions en mesure de faire l'enlèvement des quatre-vingts tonnes au sud du Pakistan. Je pensais que le *Melor* pourrait être opérationnel au tout début du mois d'avril. Par conséquent, il pourrait être sur site dès la fin juin, au plus tard. Fin mai, si tout allait bien.

Nous avions retrouvé les deux Français à Madrid. Ils s'étaient installés à la terrasse du seul restaurant donnant sur le jardin tropical de la gare d'Atocha, qui venait d'être refaite pour l'Exposition universelle de Séville. Comme d'habitude, Pino était le seul à parler, Julien se contentant d'acquiescer par des mouvements de tête aux propos de son associé.

Le financement de l'opération répondait à un mécanisme savant. Le règlement de la marchandise aux fournisseurs devait se faire au départ. Les véritables commanditaires, qui tiraient les ficelles en coulisses, devaient également verser à Pino et Julien des pourcentages, au fur et à mesure de la progression du navire. Ainsi, le passage du « travers » de Madagascar déclencherait le règlement de 25%, celui du cap de Bonne Espérance encore 25% et celui du « travers » du Cap Vert 10%. Les 40% restants devant être réglés au moment de la livraison en haute mer. Telle était la nature du contrat.

Pendant que nous discutions, j'avais rapidement calculé le nombre de manœuvres et le temps nécessaire au déchargement de telles quantités industrielles. Quand j'avais chargé une tonne deux cents pour le compte des douanes françaises dans le détroit de Gibraltar, il m'avait fallu presque dix minutes. Et pas moins de sept minutes avaient été nécessaires pour vider le *Tancrède-Windarra,* malgré le renfort de six douaniers.

Pino avait également précisé que Jean serait son représentant dans le sud de l'Espagne. Il souhaitait que nous l'accueillions pour qu'il puisse superviser le respect du calendrier. Mario avait également invité Pino à venir visiter le *Melor*. Pino avait trouvé cette proposition convaincante et nous nous étions quittés en nous donnant l'accolade.

Carnet de cellule 57

106e mois de détention

Fresnes, juin 2003

Nous avons déposé une nouvelle demande de grâce présidentielle auprès des services de l'Élysée.

Fresnes est un monument de souffrance. Je viens à nouveau d'y être transféré. À chacun de mes passages en ce haut lieu, je ne peux m'empêcher de penser à ma grand-mère maternelle, qui séjourna ici plusieurs semaines, en transit pour Ravensbrück.

L'atmosphère de Fresnes est morbide. Pourtant, il paraît que ce grand mouroir n'est pas l'endroit le plus détestable de la chaîne des résidences pénitentiaires françaises. Le silence pesant du quotidien est entrecoupé des bruits des trousseaux agités sans ménagement, des verrous qui claquent, des serrures bruyantes et des gueulantes des fonctionnaires s'interpellant d'un étage à l'autre. L'étalage obscène et misérable du pouvoir des impuissants. On a réussi ici l'œuvre absolue.

L'annihilation de l'individu.

IRISH CONNECTION

21 mars 1993

J'avais retrouvé Heidi à la cafétéria. Le supermarché *Hypersol* d'Estepona se trouvait à une centaine de mètres seulement du *Saint-Georges*. Nous avions ainsi une sorte de garde-manger géant en permanence sous la main. Plutôt pratique.

Heidi m'avait fait part des appels de John Short qui voulait absolument me faire charger. Il avait même ajouté qu'il n'acceptait pas que je refuse de travailler pour lui.

– Il faut que tu le voies, avait-elle dit. À moins que tu puisses rencontrer Carlos Hernandez-Reumbaut.

Je connaissais ce Cubano-Espagnol. L'année précédente, il devait charger avec nous une tonne de cocaïne pour le compte de Short et de l'IRA. J'avais donc accepté la rencontre avec Hernandez-Reumbaut, chargeant Heidi d'organiser un rendez-vous.

Dès mon retour au *Saint-Georges*, j'avais composé le numéro de mon officier-traitant.

– Bonjour, Marc. Comment vas-tu ?

– Christian, tout se complique. As-tu du nouveau sur les Pino, Lucien Jeaume et sur Daniel, le voyageur du Lisbonne-Dakar ? Et sur Mario ?

– Non, je n'ai aucun retour pour l'instant. Ce n'est pas facile ! Je dois faire attention, car je ne sais pas qui est derrière.

– Il faudrait peut-être s'affoler. Pour l'instant, nous ne faisons que des projets et des préparations, mais tout se concrétise. Et je dois aller la semaine prochaine en Suisse pour récupérer du fric pour le *Poséidon*. Hier, j'étais avec les sponsors du voyage de quatre-vingts tonnes à enlever en mer d'Oman. As-tu des nouvelles du chalutier sur la Cornouaille ?

– Rien pour l'instant, mais on est dessus.

– Tu as prévenu les perfides ?

– Non. Je n'ai rien dit pour l'instant.

Carnet de cellule 58

3202e journée de détention

Palais de Justice de Paris, 30 juin 2003

Gatard est impayable. La confrontation organisée par Sophie Clément dure plus de cinq heures. L'information menée par le magistrat est la conséquence de ma plainte contre les douanes, pour complicité de trafic de stupéfiants et subornation de témoin. Dans le bureau parisien du juge d'instruction, Christian ne démord pas. À l'évidence, il est prêt à tout pour préserver sa position. Même s'il fait quelques concessions. En reconnaissant, par exemple, un problème relationnel avec les services anglais. Ou que j'avais demandé de faire sauter le *Melor*, à Cagliari. Et que je n'étais pas un trafiquant.

Pour le reste, soit il ne se souvient plus, soit il ne savait pas.

Un remarquable numéro de voltige.

Mieux encore, Gatard ose affirmer que j'ai cherché à le doubler. Dans ce cas, mon sort devrait non pas relever de la machine juridico-carcérale mais de l'univers psychiatrique, puisque j'avais prévenu l'ensemble des services des activités de l'organisation Locatelli.

Christian reconnaît également être venu me visiter au Canada, mais produit des explications fumeuses pour justifier les cent mille francs remis à Chantal. Il ajoute encore que si aucun procureur n'avait été prévenu, c'est qu'il n'y avait tout simplement pas d'affaire en cours. Il sera pourtant impossible de savoir quels procureurs avaient été prévenus pour les signalements dont il avait eu connaissance.

Pas question évidemment de reconnaître qu'ils étaient informés, avec son patron Le Luarn, des opérations intermédiaires vers les USA, via le Canada. Et qu'ils n'ont surtout pas voulu en savoir plus, obsédés par l'opération en préparation sur Propiano. Gatard et Joseph Le Luarn s'étaient désintéressés de la livraison vers les USA, car la faire sauter avec les Canadiens aurait compromis la prise record qu'ils prévoyaient en France.

Pour laquelle j'aurais sans doute été décoré.

L'ancien chef des enquêtes douanières se plaint encore des appels de mes enfants et menace même de porter plainte. Sa vieille mère a beaucoup souffert, paraît-il, de voir la soumission de son fils à la lâcheté administrative étalée dans les médias.

Ah oui, une dernière chose: lors d'une précédente confrontation, organisée quatre jours plus tôt en présence de Chantal, Gatard a également reconnu qu'il m'avait demandé de plaider coupable… pour la sécurité de ma famille.

Quel bon garçon!

FIN DE RÈGNE

18 février 1993

Paris, ministère des Finances. Dans son immense bureau ouvert sur la Seine, le ministre du Budget venait de consulter les courbes des derniers sondages, qu'un de ses collaborateurs avait obséquieusement déposés sur un coin de table. Ils annonçaient une débâcle pour la majorité au pouvoir, à l'occasion de législatives qui sentaient la revanche pour la droite. Une véritable Berezina. La France ne voulait plus d'un mitterrandisme à bout de souffle. Mais il en fallait plus pour abattre le vieux lion. L'homme, redouté par beaucoup pour son art consommé des coups bas, avait le cuir dur et la peau tannée. Au cours de sa longue carrière dans les couloirs de la Ve République, Michel Charasse avait, il est vrai, mené bien des combats et des guerres souterraines. Et il avait laissé en chemin plus d'un adversaire mal en point. En un mot, le très mitterrandolâtre Charasse connaissait parfaitement la règle du jeu, impitoyable, du grand théâtre de la vie politique. Peut-être, d'ailleurs, trouvait-il sa cruauté brutale à la hauteur de son propre personnage.

Détestant être pris de court par les événements, le ministre avait déjà commencé à remplir des cartons avec les documents qu'il estimait être le seul à pouvoir détenir. Il les avait fait sceller à la cire, pour éviter que des mains mal intentionnées ne fassent quelque photocopie indélicate. Par les temps qui couraient, plus personne n'était vraiment sûr.

Michel Charasse s'était retourné vers le meuble installé sous la grande tapisserie des Gobelins et avait pris dans les mains la photo sur laquelle on le voyait dans les bras de Gaston Defferre. Il avait gardé beaucoup d'admiration pour Gaston, cet homme hors du commun qui, depuis sa première élection à la mairie de Marseille, avait couronné ce Dominique Venturi pour qu'il serve les intérêts des camarades socialistes.

Ce Venturi, quel personnage !

Nick, pour les intimes.

Dans ce bureau ministériel qu'il avait soigneusement empli, jour après jour, de l'odeur de ces *puros* qu'il tétait avec délectation, le machiavélique ministre du Budget était maintenant en grande conversation, sur sa ligne téléphonique réservée. Occupé à savonner la planche sur laquelle était posé Gilles Ménage, qu'il avait décidé d'éjecter de son poste de directeur de cabinet de François Mitterrand. Du très grand art.

Charasse visait la place, au plus près du Roi-Soleil.

Michel Charasse s'était retourné pour admirer la Seine qui coulait à ses pieds, insensible aux humeurs du moment qui étaient pourtant en passe de changer la donne politique. Peut-être le ministre tout puissant regrettait-il déjà les navettes fluviales qu'il aimait tant utiliser lorsqu'il lui fallait se rendre à l'Assemblée pour les séances des questions au gouvernement.

Signe avant-coureur qui ne trompait pas, les crânes d'œuf qui peuplaient les bureaux de Bercy étaient de plus en plus arrogants. La morgue et la suffisance de « ces cons », comme aimait les appeler le ministre – jamais avare d'une expression fleurie sentant bon le peuple –, étaient désormais sans limites. Lors de la dernière visite que lui avait rendue cet agent infiltré des douanes – comment s'appelait-il, déjà ? Ah, oui, NS55… –, son visiteur lui-même avait été marqué par leur attitude.

Au point de l'interroger sur ces « petits marquis » installés dans les alcôves du pouvoir.

– Dites-moi, monsieur Charasse, ils sont tous comme ça ?

Bon joueur, monsieur Charasse avait repris la balle au bond.

– Presque tous. Et ce sera encore pire demain, depuis qu'ils font des petits ensemble !

Michel Charasse s'était levé pour répondre à un besoin pressant. Dans les pissotières réservées au corps ministériel, il avait repensé à l'agréable visite qu'il avait rendue à cet agent infiltré, ce Marc Fiévet, à Marbella. Cet hôtel où il était descendu, le *Puente Romano*, était vraiment bien.

Carnet de cellule 59

107e et 108e mois de détention

Val-de-Reuil, fin été 2003

J'ai eu droit à la visite de Jean-François Yan de Ven, accompagné d'un collègue, officier de police judiciaire comme lui. Dans la chaleur moite d'un été torride, ils viennent m'entendre dans le cadre d'une plainte déposée contre moi par le sénateur Charasse. Nous restons plus de deux heures confinés dans un bureau sans air, où la température dépasse les quarante degrés.

Pendant ce temps, on meurt beaucoup cet été dans l'hexagone.

Depuis la rediffusion de l'émission « Pièces à conviction », je vis en véritable quarantaine. Sans aucun contact avec les surveillants, je ne parle donc à personne. Il me reste, heureusement, quelques appels téléphoniques pour continuer à communiquer et entretenir cette fonction majeure qui constitue aussi l'homme.

J'ai droit à un tombereau d'insultes de la part de mes compagnons d'infortune. De ces véritables broncas chargées d'ordures ressortent quelques promesses de me faire la peau.

J'ai eu une réponse étonnante à la demande de permission de sortie que j'ai déposée, étant désormais dans les temps pour la réclamer. Une conseillère d'insertion m'annonce qu'elle a été rejetée pour incompatibilité avec ma… période de sûreté. À l'évidence, le juge Jean-Paul Étienne avait mieux à faire que lire mon dossier pour prendre sa décision.

Chantal m'a appris le décès de sa mère.

LA MER, CETTE POUBELLE

31 mars 1993

Vers 11 heures, ce mercredi, nous circulions en voiture entre Marbella et Malaga. Le Motorola de Mario s'était mis à grésiller. Son correspondant appelait de Milford Haven, dans le sud du Pays de Galles. La nouvelle qu'il apportait avait rendu Mario livide. Pris d'une rage froide, l'Italien s'était mis à insulter son interlocuteur, à qui il promettait une mort atroce et prochaine.

Après avoir attendu en vain le pêcheur chargé du transfert de la marchandise à terre, le skipper du *Almeer III*, qui remontait vers la Cornouaille, avait dû se résoudre à faire passer par-dessus bord les onze tonnes de cannabis afghan qu'il avait sauvées des eaux entre les îles du Cap Vert et la Guinée-Bissau. En panne de gas-oil, il avait dû demander du secours. Manque de chance, la vedette du *customs* avait reçu son appel et annoncé son arrivée pour escorter le bateau dans le port de Milord Havent, au nord du canal de Bristol.

Mario s'était un peu ressaisi. Sa colère légèrement retombée, il avait fini par promettre au skipper de lui envoyer de l'argent pour rapatrier le bateau sur son port d'attache de Cadix. Après avoir raccroché, il m'avait demandé d'aller sur place vérifier ce qui s'était réellement passé. Nous avions fait un saut par l'aéroport pour me réserver une place sur le vol du lendemain pour Heathrow.

À mon retour au *Saint-Georges*, j'avais composé le numéro de la DNRED, à Nantes, pour demander à Gatard de prévenir ses homologues perfides de mon voyage. Je ne tenais pas à me les mettre à dos. Je n'avais pu que constater, une fois encore, l'efficacité de mes amis douaniers. Avant de connaître cette curieuse apogée en mer du Nord, l'*Almeer III* avait échappé aux Français, malgré mon signalement.

La journée était décidément mauvaise pour le beau Mario. Un peu plus tôt dans la matinée, il avait reçu un premier coup de téléphone. C'était Daniel qui lui avait annoncé que son chalutier, qui flottait tant bien que mal entre deux eaux au large du Cap Vert, avait définitivement coulé avec ses vingt-neuf tonnes de cannabis. Le bateau de secours affrété par Mario depuis Dakar n'avait pu arriver à temps.

Maigre consolation, Daniel avait précisé à Mario que son commanditaire, un Australien, acceptait de prendre à sa charge une partie des cent mille dollars qu'il avait engagés dans l'opération.

Du nord au sud, sur la carte de l'Atlantique, il n'y avait guère que les poissons de l'océan à être euphoriques en ce jour. Il faut dire qu'ils avaient eu de quoi s'envoyer en l'air avec ces stupéfiants colis tombés à l'eau par tonnes.

Carnet de cellule 60

3451e journée de détention

Centre de détention de Val-de-Reuil, 6 mars 2004

En début d'année, Colette s'est éteinte, emportée par un cancer foudroyant. Tous nos grands enfants étaient réunis durant ce moment douloureux.

Quelques jours plus tard, j'ai reçu le faire-part que m'a adressé Christel pour la naissance de Charles. La vie continue.

Je me suis pris de compassion pour Jean-Luc. Il occupe une cellule voisine de la mienne. À 47 ans, Jean-Luc Rivière vient de passer les vingt-six dernières années de sa vie derrière les barreaux. Condamné pour assassinat, il a pris perpète. Jean-Luc est conditionnable depuis 1991. Depuis son arrestation, il n'a jamais respiré un autre air que celui asphyxiant de la prison. N'a jamais bénéficié de la moindre permission.

J'aide Jean-Luc dans la rédaction de ses courriers et pour les démarches dans lesquelles il se démène pour faire évoluer positivement sa situation. Il vient de recevoir une réponse du député François Loncle, qui lui promet de contacter le juge d'application des peines pour prendre connaissance de son dossier.

Baladé de prison en prison depuis une grosse décennie, Jean-Luc désespère de retrouver un jour la liberté. Qu'il est pourtant en droit d'attendre depuis 1991.

Je n'arrive pas à me résigner à l'indifférence.

LA CONFRONTATION

16 avril 1993, 19 heures

Nous avions roulé dans le plus grand silence. Personne n'avait desserré les mâchoires. Nous venions maintenant d'entrer dans Gibraltar.

– Regarde si tu ne vois rien d'anormal, avait ordonné Mario, alors que notre véhicule entamait la montée de la petite rue qui grimpait jusqu'au palace dominant la baie d'Algesiras.

S'il n'y a pas de types dans des voitures en stationnement.

La tension était palpable. Je pensais à mes femmes. À Chantal, à Oriane et Mélanie.

Le véhicule venait de s'arrêter.

–Viens, nous sommes arrivés.

Flanqué de Ted, John Short m'attendait dans un petit salon. Sorte de bonbonnière rose aux murs tendus de tissu à fleurs, l'endroit était parfaitement improbable pour une telle réunion. En apercevant Mario qu'il ne connaissait pas, Short s'était crispé. Il m'attendait seul.

Big John n'était pas content. Il m'avait convoqué à ce rendez-vous organisé au *Rock Hôtel* en catastrophe. Une semaine plus tôt, il avait envoyé un émissaire de Londres. Willy, un colosse de cent trente kilos, qui était bien à l'heure et à l'endroit indiqués, où je devais le rejoindre. Par négligence, débordé de tout côté, j'avais fait se déplacer Willy le colosse pour rien. Sans même prévenir.

Évidemment, Short avait très mal pris la chose. Il y avait vu une véritable provocation. D'où sa venue, en personne.

L'Anglais m'avait interrogé du regard, en faisant un signe de la tête en direction de Mario. J'avais rapidement fait les présentations.

Short était déterminé à m'envoyer à la Jamaïque. Coûte que coûte. Quel qu'en soit le prix. Il ne pouvait plus reculer et entendait bien me contraindre à lui obéir. Quitte à employer la manière forte.

Après l'affront du rendez-vous manqué, John Short avait appelé au *Saint-Georges*. Il m'avait ordonné de me rendre l'après-midi même à la station centrale des autobus d'Estepona. Un de ses hommes devait m'y attendre. C'était Ted, le fils d'un restaurateur de Mijas-Costa que Short m'avait présenté à l'occasion d'un de mes déplacements en Grande-Bretagne.

– Écoute attentivement ce qu'il va te dire, avait conclu Short, d'un ton menaçant.

L'entretien avec Ted avait été glacial. L'Anglais ne proposait pas, il imposait. Et parlait au nom de l'IRA.

– Ils ont d'abord un chargement de près de quatre tonnes de cocaïne à enlever au large du Portugal. Il faut y aller tout de suite avec le *Melor*. Ensuite, tu dois partir pour la Jamaïque.

John Short était coincé entre ses fournisseurs colombiens, qui exigeaient qu'il enlève la marchandise, et ses clients de l'IRA, qui l'obligeaient à remplir son contrat et à les livrer. Comme on ne plaisantait ni d'un côté ni de l'autre, il lui fallait impérativement trouver une solution. Ce n'était a priori pas mon problème, mais ça l'était devenu par la force des choses.

– J'ai déjà dit à John que le *Melor* était repéré, qu'une balise avait été placée à bord par les douanes ou les flics, avais-je tenté d'expliquer à Ted. Je ne peux pas prendre le risque de travailler avec vous, surtout au Portugal, où je suis connu, ou à la Jamaïque, placée sous l'œil de la DEA. Ils ont des radars, des observateurs et des agents infiltrés partout. Ce serait de la folie, je ne passerai jamais. Je ne suis pas le seul skipper sur Gibraltar, vous pouvez trouver quelqu'un d'autre.

– Nous avions quelqu'un d'autre. Deux skippers allemands qui travaillaient pour nous. Ils ne sont pas disponibles. On dit à Gibraltar qu'ils travaillent désormais sur le *Melor* et qu'ils préparent un long voyage. Tu en as entendu parler ?

Il n'y avait visiblement aucune place pour la discussion. Il était inutile de polémiquer, il fallait donc clore l'entretien.

– Je refuse de charger pour vous. Appelle John et organise un rendez-vous le plus vite possible à Gibraltar. Il faut régler ce problème, une fois pour toutes. Vous n'avez pas de contrat d'exclusivité. Au revoir, Ted.

Devant l'impasse dans laquelle je me trouvais, avec de très graves conséquences à prévoir, il ne me restait qu'une solution : appeler Mario à la rescousse.

Je lui avais téléphoné pour lui expliquer la situation.

– C'était qui, l'Anglais ?

– Ted, tu ne dois pas connaître. Le fils d'un restaurateur de…

– Ted Ron. Oh, si je connais… C'est du sérieux. Je viens avec toi demain au *Rock Hôtel*, et je fais le nécessaire.

Mario avait débarqué au *Saint-Georges* à 23 heures, avec un de ses hommes de main.

Maurizio portait sur lui ce qu'il était, un tueur à gages. Sourire carnassier, cheveux gominés, il ne lui manquait que les souliers vernis.

Il n'avait pas prononcé un mot et était resté en faction derrière la porte.

– Maurizio n'a que deux armes disponibles à Gibraltar, avait expliqué Mario. Ce n'est pas assez. Donne-lui un de tes pistolets-mitrailleurs, avec deux chargeurs et une boîte de balles.

Très inquiet, j'avais essayé de calmer le jeu.

– Ce n'est pas la guerre. On va négocier…

Mario m'avait interrompu, en donnant le signal du départ à Maurizio.

– Ne t'inquiète pas. Mais crois-moi, ça peut mal tourner. Mieux vaut être prudent.

Le lendemain, Mario avait envoyé ses hommes repérer les lieux et baliser le terrain, dès le début de l'après-midi. Christian et Skora tournaient autour de l'hôtel. Maurizio, lui, était à l'intérieur.

D'entrée, la discussion s'était tendue. Short se heurtait à Mario. Un véritable bras de fer s'était engagé entre les deux hommes. L'Italien avait proposé à l'Anglais de le dédommager par une commission sur le premier chargement du *Poséidon*. Short avait refusé tout net. Mario lui avait demandé s'il avait autre chose à proposer. John s'était redressé.

– Oui, il charge pour moi demain.

Mario s'était levé et avait brutalement repoussé sa chaise.

– Hors de question. Viens, Marc, nous partons.

La guerre était déclarée, et j'ignorais quelle forme elle allait prendre.

– Je vais te faire protéger, avait seulement indiqué Mario en claquant la portière de la voiture.

Carnet de cellule 61

3481ᵉ journée de détention

Val-de-Reuil, département de l'Eure, 6 avril 2004

Mon dossier adressé à la Cour européenne est parti ce matin pour Strasbourg. Plus de quarante pages de texte serré, contenant un exposé de trente pages, un développement sur les lois canadiennes et la copie d'un courrier de la cour d'appel du Nouveau-Brunswick. Plus le dossier type de la cour.

Je porte plainte contre la France pour détention arbitraire et aggravation abusive d'une peine.

DES HOMMES DE BÉTON

2 juillet 1993

Ce vendredi-là, Pino nous attendait. Il était déjà sur place, avec son associé Lucien. Nous étions arrivés à midi. Nous devions régler les dernières modalités pour l'enlèvement de ce lot de cannabis afghan qui se trouvait toujours dans la région de Gwadar, un port situé sur la côte ouest du Pakistan. Le yacht-club de Barcelone était un endroit particulièrement agréable. Toutes les semaines, dès le vendredi, les Madrilènes s'y retrouvaient pour préparer les régates du dimanche.

Je savais que l'équipage complémentaire du *Melor*, composé de marins canadiens, embarquerait le soir même. Le cargo devait franchir le canal de Suez le lendemain. Le transbordement serait opéré dans une zone calme, en mer d'Oman, entre le sud de Damquawt, port de l'extrême est du Yémen, et le nord de l'île de Socotra[10]. Une fois la marchandise chargée, la route jusqu'au point de livraison, en Atlantique Nord, promettait d'être longue. Le *Melor* devait d'abord longer les côtes africaines, passer le cap de Bonne-Espérance, remonter vers l'île de Sainte-Hélène, avant de rejoindre le nord des Açores. Un périple de plus de huit mille miles qui nécessiterait plus de soixante jours de mer.

La veille, Jean-Robert m'avait confirmé que tout était désormais réglé. L'homme de confiance de Pino avait directement rejoint Djibouti, où le navire avait prévu de faire escale pour ravitailler en produits frais et en carburant.

Le lendemain, à l'aéroport international de Madrid-Bajajas, Mario avait pris place à bord d'un vol Air Canada à destination de Montréal. Il devait retrouver Maurizio, qu'il avait envoyé sur place en reconnaissance. Maurizio souhaitait lui présenter le clan Divito, des membres éminents

10 Île au sud du golfe d'Aden, dépendante du Yémen du Sud.

de la communauté italienne installée au Québec. Au cours de sa tournée nord-américaine, Mario avait également été rejoint par Lucien Jeaume, qui désirait aussi lui faire profiter de ses relations. Jeaume avait des amis qui voulaient rencontrer Mario. Des « Français de France », cette fois, également installés dans la Belle Province. Lucien pensait que ces derniers pourraient participer aux opérations en cours. Quand il avait parlé de ces contacts, la veille, à Barcelone, Lucien avait précisé qu'il s'agissait d'amis de plus de vingt ans.

– Du béton, avait-il commenté.

Pino avait confirmé les propos de son ami, en évoquant les folles années de la période 1965-1975. L'ombre du SAC planait à l'évidence sur ces amitiés viriles.

De mon côté, j'avais profité du déplacement de Mario pour me rendre en Hollande. Ce lundi 5 juillet, le fidèle De Groot m'attendait à l'arrivée du vol de Madrid, à l'aéroport de Schipol, bien que l'horloge accusât plus de 23 heures. De Groot devait me ramener à Rotterdam.

Cette nuit, je dormirais à bord du *Poséidon*.

C'était Jo Le Squere qui avait décroché, à l'autre bout du fil. J'avais appelé Nantes, le lendemain, depuis Schipol. Il était 18 heures.

– Jo ?

– Ouais, qu'est-ce qu'il y a ? Tu as du pot de me trouver encore là !

–Demain, à 14 h 30, j'ai rendez-vous à l'hôtel *Meurice* avec l'Australien Graham et son acolyte Gil. Il faut vous organiser pour les prendre en photo, les écouter, les suivre et les retapisser.

C'est Mario qui avait organisé ce rendez-vous pour moi. Il m'avait joint sur le portable de Ralf De Groot, quelques heures plus tôt pour m'en informer. Gil, le Sino-Américain, l'homme à tout faire de Graham, devait me récupérer à partir de 14 h 30 au salon de thé du palace parisien.

– C'est comme si c'était fait, avait repris Jo au téléphone. Christian a laissé des consignes.

– Ok. Je ne veux pas de contacts avant. Salut, il faut que je trouve une place sur Paris.

– Salut. Demain, je n'y serai pas, mais des gens d'ici vont monter.

Carnet de cellule 62

3 484e journée de détention

Département de l'Eure, 9 avril 2004

J'ai écrit au journal *Libération* pour proposer une tribune dans la rubrique « Rebonds ». Une charge violente contre ce monde dans lequel je surnage tant bien que mal et auquel je ne parviens pas à me faire, bien que je le fréquente depuis longtemps. Mon pamphlet dénonce la triste réalité carcérale et judiciaire française, dans laquelle règnent l'arbitraire et le discrétionnaire les plus absolus, dans laquelle le bon vouloir – ou l'abus de pouvoir, c'est au choix –, le despotisme et l'application des normes jusqu'au ridicule sont la norme.

En France, les parois des prisons suent l'abus de position dominante.

Je ne sais pas si ce papier sera publié. Peu importe. L'écrire est un devoir.

L'OCCASION MANQUÉE

Juillet 1993

Sur la route du canal de Suez, pour rejoindre le Pakistan, le *Melor* avait marqué un détour par Melilla pour charger deux tonnes et demie de hash, qui devaient être livrées au large de la Sardaigne. Soucieux de rentabiliser les mouvements du bateau, Mario avait décroché cette commande pour réduire au maximum les distances à vide.

En arrivant au large de la Sardaigne, le *Melor* avait essuyé une grosse tempête. Alors que le transbordement avait commencé, une chaloupe avait chaviré et une tonne de marchandise avait disparu dans l'immensité liquide. Rudy, l'un des deux pilotes du cargo, avait décidé de se rapprocher de la côte pour jeter l'ancre. Mais il y avait trop de fond, et les cinq tonnes de fonte de l'ancre avaient provoqué du dégât. Le guindeau et une partie du pont avaient été arrachés. À contrecœur, le capitaine avait dû se résigner à demander du secours.

Le *Melor* avait été remorqué à quai à Cagliari. Avec sa cargaison d'une tonne et demie de cannabis, l'équipage avait de quoi se faire du souci. Christian, qui était à bord, s'était discrètement éclipsé. Sous le coup d'un mandat d'arrêt international, le Belge de Marseille s'était retranché dans un hôtel du port.

En contrôlant l'identité des membres de l'équipage, les carabiniers avaient passé les menottes à notre cuisinier, un Milanais également recherché pour une condamnation à deux ans de prison jamais effectués. Et les Italiens étaient tombés sur la fameuse fiche d'Interpol, que le *Melor* traînait partout derrière lui depuis Malte. Bateau suspecté de tous les trafics, avaient-ils lu.

Des renforts avaient été immédiatement embarqués à Rome-Fiumiccino, à bord d'un ATR42 spécialement affrété. Une cinquantaine de carabiniers étaient attendus.

Le *Melor* avait été mis à l'isolement et les membres de l'équipage consignés. Un peu plus tard, depuis son poste d'observation, Christian avait vu débarquer douze véhicules de police, sirènes hurlantes. Les carabiniers avaient investi le navire. La drogue était bien cachée, mais il y avait un danger réel avec un tel déploiement.

Les policiers étaient restés quatre heures à bord. Sans tomber sur le cannabis caché dans un ancien réservoir à fuel.

J'avais immédiatement appelé Gatard à Nantes. À mes yeux, c'était enfin l'occasion d'en finir.

– C'est le moment, lui avais-je dit. Fais sauter le *Melor*, fais tomber Mario, appelle les Italiens et dis-leur où est la drogue. Explique-leur que je travaille pour vous. J'en ai assez.

La réponse m'avait fait l'effet d'un boomerang reçu en pleine poire.

– Ce n'est plus possible. Les douaniers italiens viennent de m'appeler et je leur ai dit que nous ne te connaissions pas. Je ne peux pas revenir en arrière.

Ce que venait de m'annoncer Gatard était très clair. Et les conséquences parfaitement lisibles. Si les carabiniers mettaient la main sur la drogue, un mandat d'arrêt serait immédiatement lancé contre moi. Il ne me restait plus qu'à prier pour que Rudy, qui subissait un interrogatoire en règle dans les locaux de la police de Cagliari, tienne bon.

De son côté, Mario avait lancé la riposte. Il avait contacté Pascuale Ciolla. L'avocat s'était envolé pour Cagliari. Également alerté, le juge Domenico Catenacci allait rentrer de toute urgence à Bari afin d'avoir accès aux pièces du dossier.

Pour ma part, j'avais joint De Groot à Amsterdam, pour qu'il descende le plus vite possible en Sardaigne remettre le navire en état. Il fallait impérativement éviter qu'il ne s'éternise dans le port de Cagliari.

Malgré les consignes de Rome, les carabiniers, qui avaient fait chou blanc, avaient dû relâcher Rudy, après quarante-huit heures de garde à vue. L'Allemand s'était précipité dans une cabine téléphonique.

– Il faut absolument décharger cette nuit dans le port. Les flics n'auront pas le temps de mettre une surveillance en place, mais ils le feront dès demain.

Mario avait validé cette option.

Carnet de cellule 63

3 508e journée de détention

Val-de-Reuil, 3 mai 2004

Chantal a décidé de mettre en vente l'appartement. Elle a déjà démarché de nombreuses agences pour trouver un acheteur.

Hier soir, on a « parlé » de moi dans « On ne peut pas plaire à tout le monde », l'émission de Marc-Olivier Fogiel sur France 3. Pendant que l'animateur discutait avec un de ses invités – un ancien des stups – de l'histoire de princes saoudiens pris en train de transporter plusieurs tonnes de cocaïne sans être poursuivis, des messages transmis par des téléspectateurs ont demandé pourquoi l'agent NS55 était en prison. Je n'ai pas été étonné.

Tous mes enfants avaient été mobilisés pour… bombarder l'émission de messages. Résultat, une dizaine de sms ont ainsi été diffusés dans la bande déroulante en bas de l'écran.

Sans provoquer de réaction des invités sur le plateau, toutefois.

Durant l'émission, un détenu a mis le feu à sa cellule. Les pompiers ont dû intervenir, provoquant un joli roulement de tambour orchestré par les détenus contre les portes, dans une épaisse fumée noire.

J'ai demandé à être transféré en Corse, au pénitencier de Casabianda, sur la côte orientale de l'île. Sans murs, qualifié « d'ouvert », il me paraît le centre de détention offrant les conditions de vie les plus acceptables, équivalentes à celles que j'aurai connues au Canada. Surtout, il me faut impérativement trouver un nouveau point de chute, dans une prison échappant à l'autorité de Jean-Paul Étienne. J'ai compris que le juge d'application des peines en charge du centre de détention de Val-de-Reuil ne me fera définitivement aucun cadeau.

Je sais pertinemment que les chances de voir mes souhaits exaucés sont très faibles.

J'ai appris à vivre en homme résigné. À ne plus me faire d'illusions.

LA VIE DE PALACE

Juillet 1993, 14 h 20

Mercredi 7 juillet, salon de thé de l'hôtel *Meurice*, à Paris. Voilà plus de vingt minutes que je fais semblant de lire la revue *Automobile*, que j'ai achetée au kiosque juste avant d'entrer. Mes amis de la DNRED devaient être en place, même si je n'avais rien remarqué. Cette fois, ils avaient probablement retenu les leçons du fiasco de l'opération Jouguet, dans le Sud de la France.

Je ne l'avais pas vu arriver. Gil m'avait invité à le suivre, dans le dédale des couloirs qu'il avait l'air de parfaitement connaître. Nous étions montés dans l'ascenseur, et il avait appuyé sur le bouton du troisième étage. Nous avions ensuite emprunté la cage d'escalier, pour redescendre jusqu'au premier. Gil m'avait abandonné dans la chambre 125, me demandant d'attendre un moment.

Dix minutes plus tard, il était revenu. Cette fois, nous avions emprunté les escaliers pour grimper au deuxième étage. Jusqu'à une suite, où Graham m'attendait.

La conversation avait uniquement porté sur le lot de cannabis afghan et son enlèvement. Plusieurs tonnes, qui devaient être livrées quelque part en Atlantique Nord. Graham voulait que je fasse embarquer Gil, son homme de confiance, sur le *Melor*, pour qu'il suive la marchandise de bout en bout. Nous étions convenus de nous retrouver au *Sheraton* de Djibouti, le lundi suivant.

Après m'avoir donné l'accolade scellant notre accord, Graham m'avait demandé si Mario pourrait lui avancer un million de dollars.

– Je suis très serré en ce moment, avait-il expliqué. Mes banquiers ne rouvriront les lignes de crédit que lorsqu'ils auront la certitude que la marchandise a commencé à voyager.

J'avais donc donné le numéro de Mario au Canada, avant de tourner les talons.

En arrivant au rez-de-chaussée, je m'étais soudainement ravisé. J'étais revenu sur mes pas, remontant à l'étage, pour conseiller à Graham de plutôt appeler Mario en Espagne, le soir même.

Inutile : il n'y avait déjà plus personne.

Les occupants de la suite 222 avaient disparu.

Carnet de cellule 64

3 538e journée de détention

Département de l'Eure, 2 juin 2004

Le vaguemestre[11] est venu me notifier que mon courrier du 10 avril adressé à *Libération* a été retenu. La question de la pertinence de cette tribune est définitivement tranchée.

Dans dix jours, je saurai. Si la France et ses autorités comptent me laisser moisir derrière les barreaux. Pour le moment, je n'ai envie de rien. Pas même de téléphoner à Christophe Pech de Laclause, mon avocat. Qui, de toute façon, répond rarement quand je tente de le joindre.

Dans *Le Monde* du jour, j'ai lu un excellent article sur la corruption dans les douanes en Algérie. La journaliste Florence Beaugé a recueilli le témoignage édifiant d'une jeune femme. Elle assure qu'un « douanier honnête a forcément des ennuis avec les autres, car il casse le système. On l'exclut jusqu'à ce qu'il cède ou il s'en aille. » J'en ai parlé à Éric.

Éric Codron est incarcéré depuis 1995. Il était fonctionnaire des douanes et a été condamné pour une affaire de mœurs. Quand je lui parle de cet article, Éric me raconte sa première intervention, il y a quelques années. À sa sortie de l'école de La Rochelle, le jeune douanier se trouvait au poste-frontière de Rekkem, à la frontière avec la Belgique.

– Nous avions arrêté un camion. Le mec avait glissé un billet de cent florins en me tendant son document de transport T2. Moi, j'avais voulu lui passer les menottes. Quand il m'a vu, le collègue

11 *C'est ainsi qu'on désigne le fonctionnaire en charge de la distribution du courrier, dans la pénitentiaire.*

avec qui j'étais s'était immédiatement jeté sur moi, m'attrapant par le bras pour me parler. « Malheureux! Arrête ça, tu vas nous retirer le pain de la bouche! »

Depuis cet instant, la corruption quotidienne fut au menu de la vie de fonctionnaire d'Éric.

LE GOÛT DE L'AVENTURE

20h00, 13 juillet 1993

Depuis mon arrivée à Djibouti, je ne pouvais m'empêcher de repenser à ce qu'écrivait l'aventurier Henry de Monfreid[12], quatre-vingt-dix ans plus tôt, au sujet de la contrebande des armes et des trafics en tout genre.

Gilbert, le capitaine Rudy, un Canadien et Gil m'accompagnaient pour le dîner que nous prenions au restaurant du *Sheraton*. Des serveurs nonchalants n'arrivaient pas à nous le rendre agréable. La chaleur était accablante et l'humidité atteignait un taux record, malgré les efforts de la climatisation de l'hôtel qui se donnait à plein régime. Ce soir-là, les seuls autres clients étaient des militaires américains, visiblement en permission.

J'avais informé le capitaine Rudy que Gil embarquerait dès le lendemain sur le *Melor*. L'opération de sauvetage du cargo avait réussi. Le navire avait finalement retrouvé sa liberté, en quittant la Sardaigne.

Gil serait le responsable de la marchandise et prendrait en charge les liaisons télex.

Hier soir, nous étions installés avec Rudy au Café de Paris, pour faire le point sur les approvisionnements. Il restait à réceptionner de l'huile pour le moteur principal. Gil, l'homme de Graham, était avec nous. Il avait installé un second télex portable relié par liaison satellitaire, pour le tester. En effet, il y avait du nouveau. Le *Melor* ne devait plus charger que trente-deux tonnes et le transbordement devait désormais se faire dans la zone de Obock, au nord-est de Djibouti. Un changement de programme imposé par l'actualité internationale : les marines américains venaient de quitter la Somalie

12 Aventures en mer Rouge, *Grasset*.

pour laisser la place aux troupes de l'ONU. Du coup, ils survolaient la zone que nous avions choisie avec des avions de reconnaissance.

Par conséquent, Gil réservait ce second télex au capitaine du boutre qui attendait le *Melor* – et sur lequel les trente-deux tonnes restantes avaient été chargées –, pour qu'il le remette aux expéditeurs de Karachi dès son retour.

Le transbordement était prévu pour la soirée du 14 juillet.

Carnet de cellule 65

3 542e journée de détention

Val-de-Reuil, 6 juin 2004

En Espagne, c'est le jour de la Fête des mères. Et les filles passent aujourd'hui un examen de danse.

Dans ma cellule, j'enrage de ne pouvoir prévoir ce que l'avenir nous réserve. Le repas avalé, je m'assoupis un moment sur mon lit.

Mon esprit s'échappe à nouveau, parti vers cette vie d'action qui m'a amené là où je suis…

CHRISTIAN VERSUS CHRISTIAN (ACTE II)

6 août 1993

Paris, au mois d'août. Alors que la capitale française était largement désertée par ses habitants, occupés à remplir leurs obligations d'aoûtiens sous d'autres latitudes, un groupe d'une petite poignée de fonctionnaires était au travail autour d'un bureau, au siège de la DNRED. Les locataires de la rue de Charonne, qui venaient d'emménager à cette nouvelle adresse plus fonctionnelle que la rue du Louvre, avaient de la visite.

Leurs homologues du *customs excise* souhaitaient discuter avec eux du cas d'un de leurs protégés. Les deux agents britanniques, l'officier Paterson et l'inspecteur Knuckney, étaient arrivés sur le coup de 10 h 50. Leur visite était motivée par les éléments trouvés en la possession de cet agent infiltré, dont la sacoche avait été fouillée fin juillet à Londres dans sa chambre d'hôtel du *Four Seasons*, pendant qu'il dînait en compagnie de Mario, individu fiché sous le nom de Marroni, pour mettre au point une nouvelle destination de vente.

Ce soir-là, les deux hommes avaient été rejoints par Mills, qui venait offrir ses services à ce Mario.

Trois jours plus tard, Joseph Le Luarn, le directeur interrégional en charge de la direction nationale du renseignement et des enquêtes douanières, avait fait appeler Christian Gatard par son adjoint. Pour l'informer de la curiosité de plus en plus pressante que nourrissaient les Anglais à l'endroit de Marc Fiévet et de ses activités. Le Luarn était furieux contre ce Fiévet, qui était décidément une sacrée source d'emmerdes.

Pourtant, en quittant l'immeuble de la rue de Charonne, trois jours plus tôt, les envoyés de Londres affichaient des mines un peu dépitées.

Ils avaient dû se faire une raison : ils étaient ressortis de cette réunion interservices avec bien peu de biscuits pour accompagner leur tasse de thé, les Français ayant éludé la plupart des questions qu'ils avaient posées.

Après deux premières tentatives infructueuses, Gatard avait fini par laisser un message au *Piccolo Giorgio* – le nouveau nom du *Saint-Georges* depuis sa réouverture –, à Estepona. Il demandait à ce que je rappelle Christian d'urgence. Au moment de ce troisième appel, Mario se trouvait au bar du restaurant, désormais géré par un couple d'Italiens. Naturellement, il s'était inquiété que Christian cherche ainsi à joindre son associé avec autant d'insistance. Il avait immédiatement composé le numéro de Christian – Mazaele, évidemment –, qui se trouvait à l'hôtel *Minza* de Tanger pour y rencontrer des fournisseurs.

Non, ce n'était donc pas Mazaele qui avait cherché à appeler le directeur – ainsi qu'il me désignait dorénavant, depuis que Mario avait exigé avec des arguments frappants qu'il me témoigne plus de respect. Qui d'autre, alors ? Le Marseillais, en revanche, avait entendu parler à Tanger de la saisie d'une cargaison de cannabis, qui avait entraîné l'arrestation de trafiquants anglais. L'affaire remontait à 1990, et son interlocuteur avait souligné le rôle douteux joué par un certain Marc, qui possédait des bateaux et un restaurant à Estepona. Ce Marc n'avait pas été inquiété par les stups et il avait été convoqué pour venir se justifier devant les producteurs mécontents. Il n'avait été relaxé qu'au bénéfice du doute. Le correspondant tangérois de Christian Mazaele avait ajouté que, selon lui, ce Marc devait être une sorte de barbouze.

Mario avait enregistré toutes ces informations et s'était tu.

– Tu devrais te méfier de ce type, avait conclu Mazaele. Tu sais que je ne l'aime pas. Fais gaffe !

Carnet de cellule 66

3548e journée de détention

Val-de-Reuil, 12 juin 2004

Aujourd'hui, c'est un jour très particulier. Le jour de ma… libération fictive. Elle aurait été effective si j'avais purgé ma peine au Canada. En effet, le détenu français condamné pour sa qualité de narcotrafiquant – grâce à l'active complicité des autorités douanières françaises – serait déjà en semi-liberté depuis décembre dernier. Et il aurait été définitivement libéré aujourd'hui. Si seulement, mes amis n'avaient pas eu la délicatesse – en plus de m'avoir permis d'obtenir cette belle condamnation – de vouloir à tout prix me rendre service en me conseillant de demander mon extradition.

Non seulement je suis prisonnier pour des actes dont je ne suis pas coupable, mais les jours de détention supplémentaires que je m'apprête à encaisser à partir d'aujourd'hui sont parfaitement illégaux, bafouant les accords internationaux qui interdisent l'aggravation des peines.

Je sombre dans un trou noir. Un enfer sans fin.
Tout le monde s'en fout. Mon sort n'intéresse personne.
J'ai soixante ans et je viens de passer un sixième de ma vie en captivité.

OPÉRATION « DASH »

12 août 1993

Au quartier général des douanes anglaises, Ian Anderson, responsable des recherches sur les circuits d'approvisionnement et de distribution du cannabis au Royaume-Uni, avait réuni ses collaborateurs. L'officier John Hector était du lot. Il était 10 heures du matin.

Plusieurs décisions importantes avaient été actées. Les Britanniques avaient demandé à voir ce Marc Fiévet. Ils n'avaient aucune nouvelle depuis. Devant le refus évident de coopérer des douanes françaises, Anderson avait décidé de lancer une opération d'envergure contre l'organisation italo-française à laquelle cet agent infiltré appartenait.

En mettant ses meilleurs limiers sur les traces de ce Marc Fiévet et de son entourage.

Déjà, l'infiltration d'un agent auprès de Bobby Mills avait commencé à porter ses fruits. L'écoute des conversations entre Mills – qui était sorti de prison – et sa petite amie Heidi avait permis de rassembler de solides charges pour agir en justice. Et elle s'annonçait prometteuse.

La traque était donc lancée. L'opération avait été baptisée du nom de code « Dash ».

Elle démarrait à ce jour.

Quelques jours plus tard, à Rotterdam, le *Poséidon* venait enfin de quitter le chantier de Vries, en s'engageant sur le Rhin pour redescendre vers la mer du Nord. Ce 24 août, dans la salle des machines, Ursula (la femme du capitaine) était à la manœuvre sur le MAK[13], qu'elle maîtrisait parfaitement pour avoir été employée de nombreuses années à la mise au point de ces moteurs chez le fabricant. À peine avait-elle eu un léger souci sur la propreté des réservoirs de gazole.

13 MAK : Moteur diesel

C'était déjà le troisième filtre qu'elle avait dû changer pour obtenir un meilleur rendement du moteur.

L'ancien navire-hôpital changeait de vie. Après avoir soigné des malades, il s'apprêtait maintenant à soulager des dépendances d'un tout autre genre, en s'adonnant aux plaisirs délictueux de la drogue.

Finalement, le *Poséidon* avait changé de propriétaire pour la somme de six cent cinquante mille florins. Le navire avait été enregistré sous le pavillon de Saint Vincent et Grenadine, à Monaco, par l'agent maritime Dabinovitch. Une fois de plus, j'avais dû jouer les porteurs de valises dans l'opération, entre Zurich et Amsterdam.

Carnet de cellule 67

3560e journée de détention
Val-de-Reuil, 24 juin 2004

Je viens de recevoir à l'instant la notification de rejet de ma demande d'aménagement de peine, signée par le juge d'application des peines Jean-Paul Étienne. Elle est datée du 17 juin.

Ce matin, j'ai eu Chantal au bout du fil, là-bas, en Andalousie. Elle s'inquiète de ne pas parvenir à vendre l'appartement. C'est pourtant la seule solution pour subvenir aux besoins des filles.

J'ai le cœur dans la bouche.

Avant-hier, je suis sorti. Grâce à Michel Charasse. Une sortie toute provisoire, pour être juste – promenade serait d'ailleurs le terme le plus juste pour qualifier la sortie offerte par l'ancien ministre du Budget.

Le voyage s'est effectué dans une bétaillère de la gendarmerie nationale. Les débats ont duré plus de trois heures. Pour une fois, le procureur était d'accord avec les avocats. Le mien et celui du *Parisien* ont demandé la relaxe pure et simple. Pech de Laclause est allé plus loin. Il a réclamé l'allocation de deux mille euros au titre des dommages et intérêts, l'action en justice de Michel Charasse pouvant être assimilée à une tentative de m'imposer le silence. Une pression supplémentaire pour entraver ma liberté d'expression et mon libre exercice des droits de la défense.

Michel Charasse me poursuit pour avoir déclaré dans une interview que je lui en voulais personnellement de ne pas avoir fait tout ce qui était en son pouvoir pour m'aider.

Christophe Dubois, du *Parisien*, est, lui, poursuivi pour avoir relayé mes propos.

Tout comme le titre qui l'emploie.

UN AIR DE SÉRÉNADE EN BAIE DE PROPRIANO

Septembre 1993

Hôtel *Parador*, Malaga. Christian Gatard avait fait le déplacement pour me voir. Le chef d'échelon de la DNRED de Nantes voulait me montrer des documents qu'il venait de récupérer. Très fier de lui, il avait exhibé sous mes yeux des photos de Dana, un portrait anthropométrique de Mario, son époux, et m'avait annoncé que mon associé s'appelait Claudio Locatelli, un gros bonnet des stups.

– C'est du sérieux, avait-il commenté.

Il lui avait fallu sept mois pour s'en apercevoir.

J'avais abandonné Christian au bout d'une heure, car j'avais rendez-vous le soir même à Barcelone avec le frère de Pino. Nous devions partir en Corse, où je devais soi-disant rencontrer un client potentiel pour des hélicoptères. Il s'agissait d'une couverture pour la *BICI Ltd*, pour laquelle nous avions pris des contacts avec le fabricant franco-allemand Eurocopter. Pour rallier l'île de Beauté, le frère de Pino s'était entouré d'un luxe de précautions destinées à semer d'éventuels suiveurs. Un manège qui tournait presque à la caricature. J'avais eu droit à un changement de véhicule sur l'autoroute entre Marseille et Nice – qui avait nécessité d'enjamber la séparation centrale pour repartir dans l'autre sens à bord d'un véhicule relais – et à une crevaison fictive avant d'embarquer sur un ferry à Nice.

J'avais voyagé sous mon identité française de rechange, dans la peau de Charles-Henri de Bossieu connu comme un homme d'affaires respectable.

Une rencontre avait été organisée à Ajaccio avec les responsables de la réception et du stockage des dix tonnes de coke colombienne. Le débarquement de la marchandise devait avoir lieu dans la baie de Propriano. La drogue allait être conditionnée dans des colis étanches.

Au moment du passage du *Poséidon*, ceux-ci devaient être immergés sans que le cargo ne marque d'arrêt. Le bateau des Corses n'avait ensuite plus qu'à hisser à bord les paquets flottants, reliés entre eux grâce à un cordage.

Le dispositif permettait d'éviter tout contact entre les deux bateaux.

Le 27 septembre 1993, à Madrid, Mario avait organisé un repas avec Carlos Hernandez-Reumbeaut. Carlos était un partenaire fidèle. Ayant rendu de précieux services à la CIA lors de la prise de pouvoir de Castro et du Che à Cuba, Hernandez-Reumbeaut avait ensuite pu capitaliser cet investissement. Reconnaissants, les Américains lui avaient confié la responsabilité de la lutte anti-drogue au Costa Rica, en le nommant colonel d'une vague section spéciale. En fait de lutte contre la drogue, le rôle de Carlos consistait surtout à racketter les petits trafiquants pour garnir sa cassette personnelle. Sans négliger un activisme bien réel pour faciliter à l'inverse le passage de certains avions ravitaillant la Floride en stupéfiants pour le compte de la CIA, afin de financer les mouvements de résistance anti-castriste.

Ce jour-là, Mario avait besoin d'un dépannage urgent de cent mille dollars. Carlos lui avait consenti ce prêt dans l'après-midi. Il était accompagné d'un homme d'un certain âge. Ce mystérieux personnage était en réalité un correspondant de la DEA. Et l'argent remis à Mario ce jour-là provenait directement des caisses de… l'ambassade des États-Unis à Madrid.

J'étais revenu une seconde fois sur l'île qu'on qualifiait fort justement de Beauté, mais qui était aussi celle de Jean-Jé, le survivant de la *French*, de Pasqua, Santoni et des différentes factions du FLNC. La Corse et ses paysages sauvages exerçaient sur moi leur puissante attraction. J'étais descendu dans un hôtel de Porticcio et on m'avait remis une voiture de location empruntée chez *Hertz*. Souffrant d'un panaris, j'avais du faire un rapide détour jusqu'à Ajaccio, pour y subir une légère intervention chirurgicale. Un déplacement effectué sous la protection de Pino.

Nous étions partis reconnaître les lieux, pour préparer la venue du *Poséidon*. J'avais eu droit à une répétition générale, en pleine nuit, qui avait tourné au Grand-Guignol. La grande décontraction des Corses m'avait frappé. Ils semblaient ne pas considérer la sécurité comme un problème.

Pino et ses partenaires s'étaient d'ailleurs étonnés devant mon scepticisme. Je craignais que le *Poséidon* et ses quatre-vingts mètres manquent singulièrement de discrétion dans un tel décor.

– Mais qui va le voir ? Les opérateurs de ce déchargement sont des fonctionnaires. Ce soir-là, ils enverront les patrouilles du côté de Cargèse. Toi, tu remonteras à l'ouest de la Sardaigne, en restant bien au large de la petite île d'Asinara, avant de piquer sur Propriano.

Cet étonnant partenariat privé-public fonctionnait très bien. Il était très avancé, visiblement. Pour rester en liaison pendant tout le déroulement de l'opération, Pino et Lucien m'avaient remis un téléphone portable. Et un numéro.

Il était attribué à une… administration.

Carnet de cellule 68

119e mois de détention

Centre de détention de Val-de-Reuil, été 2004

J'ai envoyé un dossier de trente pages à Jean Paul Delevoye, le médiateur de la République, qui m'avait écrit après avoir été interpellé sur ma situation par Noël Mamère.

Franck m'a m'écrit une lettre qui suinte la résignation.

« *J'ai parfois l'amer sentiment que seul le terrorisme pourrait être une "solution" à ton abominable sort, tant je sens l'impuissance face à l'hydre administrative qui pèse toujours plus sur nos vies sans qu'on puisse rien exiger d'elle – des réponses, du bon sens, de l'humanité* » écrit mon fils. « *Oui, mais quelle cible à une action terroriste? Où attaquer? Suis-je aveugle et idiot? Ou l'hydre est-elle invisible et fantomatique?* »

Hier, j'ai appelé Jean Puons, désormais receveur principal des douanes à Nice. Il a reconnu ne plus savoir ce qu'il fallait faire. Ajoutant que de toute façon tout le monde s'en... tape.

Oriane a fêté ses dix-sept ans en juillet.

AU CHIC COLOMBIEN

10 octobre 1993

Au Canada, les brouillards étaient revenus en éclaireurs, afin que chacun sache qu'il fallait se préparer pour un long hiver, désormais. Quelque part, sur la façade maritime de la Belle Province, Yvon Jouguet venait de débarquer une précieuse cargaison du Jofi. Le nom de ce sloop[14] de seize mètres était la contraction du patronyme d'Yvon et du mien. Le voilier avait été immatriculé sur une de mes compagnies. Yvon me l'avait demandé comme une faveur, car il craignait de perdre son bateau dans le divorce annoncé avec son épouse Joëlle.

Yvon avait fait le voyage depuis Saint Martin, où un avion lui avait parachuté en mer sept cents kilos de cocaïne, au nord du paradis fiscal franco-hollandais. J'avais négocié l'affaire avec Bipe, quelques jours plus tôt, dans une chambre d'hôtel sur l'île de Curaçao. Affublé d'une chemise à fleurs et d'un bermuda qui lui donnaient un air parfaitement ridicule, le trafiquant colombien s'était déguisé en touriste.

Pour décharger, Yvon Jouguet avait pu compter sur l'aide d'un de ses amis, restaurateur à Halifax. Il avait fait une escale d'à peine une heure, avant de repartir vers les Açores. La cache prévue pour accueillir la marchandise s'était révélée trop petite, d'après Yvon, qui assurait avoir dû jeter à la mer plus de cent kilos de came. Les fournisseurs colombiens n'avaient rien voulu savoir, mettant Mario dans l'embarras. Malgré les cent kilos déjà évaporés, Jouguet avait conservé pour lui cent autres kilos de cocaïne. C'était la quantité de marchandise qu'il estimait devoir récupérer pour se payer.

J'avais pris connaissance de ces petits soucis avec un certain détachement. Personnellement, c'était un tout autre constat qui m'avait contrarié.

---

13 Voilier avec un mât.

Une fois encore, les autorités canadiennes n'étaient pas intervenues, alors que le voilier avait été parfaitement ciblé et signalé.

Le 25 octobre, après avoir nettoyé ses réservoirs, fait le plein de vivres, de fuel et de lubrifiants et subi les ultimes révisions, le *Poséidon* avait quitté le port de Gran Canaria, à Las Palmas. Peter Segermann, le capitaine du motor yacht, avait mis le pilote automatique sur le cap 25.

Le *Poséidon* venait d'effectuer sa croisière inaugurale en Méditerranée, un galop d'essai destiné à mettre au point l'ensemble de cette belle mécanique, quelques jours plus tôt.

Segermann avait fait installer une centrifugeuse pour séparer le gazole des fines particules en suspension qui perturbaient l'alimentation des injecteurs. Avec l'accord de Mario, il avait également fait équiper le navire de huit appareils d'air conditionné, pour rendre la vie sous les tropiques moins pénible à l'équipage. À bord, tout était paré pour commencer les rotations.

Pour sa première, le *Poséidon* devait procéder à l'enlèvement de six tonnes de cannabis au large des côtes marocaines. C'était un lot des Victori à destination du Canada qui allait servir de test. Le bateau devait également compléter son chargement avec de la cocaïne enlevée au large du Surinam.

Une fois le Canada livré, à son retour vers l'Europe, le *Poséidon* ferait ensuite traverser les dix tonnes de coke colombienne fournies par Carlos Hernandez-Reumbeaut pour les Corses de Propriano.

Carnet de cellule 69

10e année de détention

Département de l'Eure, automne 2004

Le Canada a finalement repoussé la demande de révision de mon procès. Je ne serai pas rejugé, par conséquent. Dans le courrier qu'il m'adresse, le ministère canadien de la Justice ne fait que répéter aveuglément les arguments qui ont motivé ma condamnation, sans tenir compte une seule fois des éléments nouveaux que je porte à sa connaissance.

Le sort en est donc jeté. Pour le Canada et la Couronne, je suis un narcotrafiquant devant l'éternité.

Fin novembre, Éric m'a prévenu qu'un détenu voulait me faire la peau. Il serait tombé indirectement à cause de moi. Éric me recommande de ne plus aller au stade à heures fixes. Le chemin d'accès dans les couloirs est un véritable traquenard.

Ce détenu à la rancune tenace lui a dit de se tenir écarté de moi.

Je viens de fêter un triste anniversaire. Celui du dixième anniversaire de mon incarcération. J'entame désormais une seconde décennie en prison.

Michel Charasse vient d'être débouté par la 17e chambre du tribunal correctionnel de Paris dans sa tentative de me faire condamner pour diffamation. Ce cher Michel, qui refuse que je dise qu'il m'a lâché, n'a en tout cas pas fait preuve de son fameux entregent pour servir ma cause, depuis le début de mes problèmes. Ou alors, ledit entregent n'est plus ce qu'il était.

En petite forme, le ministre.

Autrement, j'ai perdu une nouvelle dent. La troisième en quelques jours. Ça va finir par faire désordre. Je commence d'ailleurs à avoir de grosses difficultés pour m'exprimer.

Les filles ont repris les cours. Oriane entre en terminale, Mélanie en troisième.

Le temps passe.

UN COUP DE FIL À DES AMIS

3 novembre 1993

Ce mercredi-là, j'avais pris un vol Air France à Heathrow, à destination de Roissy. Mon billet avait bien été établi à mon nom, mais j'avais repris la double identité que j'utilisais en France dès mon arrivée à Paris. J'étais redevenu Charles-Henri de Bossieu.

Il était environ 22 heures et nous dînions dans un restaurant de l'avenue des Ternes. Hervé Maignier, le divisionnaire de la DNRED de Nantes, et Nicole, une de ses collègues, étaient mes compagnons d'un soir. Nous en étions au fromage, et la soirée avait été jusque-là plutôt agréable.

Pourtant, le dîner s'était terminé dans la plus parfaite incompréhension. Comme à mon habitude, j'avais livré sans détour le fond de ma pensée. Avec franchise. Je considérais que les douanes françaises en général et la DNRED en particulier se foutaient royalement de ce qui pouvait m'arriver. On venait de nous apporter les profiteroles au chocolat que nous avions commandées.

Le moment choisi par Hervé Maignier pour s'exprimer franchement, à son tour.

– Marc, on t'aime bien, tu sais. Si on voulait te balancer à tes amis, un coup de téléphone suffirait !

Le matin, j'avais organisé un rendez-vous entre Bobby Mills et Mazaele. Je m'étais déplacé jusqu'à Londres pour l'occasion. Mario avait beaucoup insisté. Il tenait à ce que la rencontre ait lieu rapidement. Mazaele était chargé du transport de la marchandise jusqu'au bateau de pêche mobilisé pour l'opération de déchargement. Puis d'établir le contact par VHF avec Gilbert Astesan qui, lui, se trouverait à bord du *Poséidon* pour les manœuvres de transbordement. Si d'aventure la conversation entre les deux hommes était captée par des oreilles indiscrètes, l'accent du Midi qu'ils avaient en commun pourrait laisser croire à une banale communication entre deux marins-pêcheurs français. Skora s'était joint à nous, également. L'homme de main croate devait réceptionner les premiers fonds et les transférer vers la Hollande pour le compte de Mario. Il s'était installé dans un appartement équipé de la télévision par satellite et avait sous la main un important stock de bières et de cigarettes. De quoi patienter, en attendant que Mario ne donne le feu vert.

Bobby Mills s'était montré enchanté de la façon dont les choses se présentaient.

J'étais descendu au *Concorde-Lafayette*. Dans ma chambre d'hôtel qui dominait Paris, j'étais resté de longues heures sans trouver le sommeil. Les propos plus que douteux d'Hervé Maignier m'avaient laissé dans le désarroi. Je ne parvenais pas à avaler son attitude. Ce comportement de voyou de bas étage me rappelait l'impression que m'avait autrefois laissée Jean-Pierre Cazet, le douanier qui avait joué les trafiquants dans la fameuse affaire de Lyon. C'était exactement ce que j'avais retrouvé ce soir, à la table de ce restaurant.

À la même heure, en Cornouailles, un bateau de pêche, le *Schema,* était arraisonné par les douanes anglaises avec cinq tonnes de cannabis afghan à bord. Onze personnes étaient arrêtées dans l'opération, baptisée « *Canberra* ».

La marchandise que les gabelous britanniques venaient de saisir à Bideford avait d'abord été enlevée par le *Melor,* dans la région de Djibouti.

Le lendemain, à 10 heures du matin, j'avais évacué mes états d'âme. Joseph Le Luarn et Christian Gatard m'attendaient dans le café situé au niveau de l'entrée de l'hôtel. Nous devions décider de la façon de conclure mon infiltration au cœur de l'organisation Locatelli.

Je rencontrai Le Luarn pour la première fois. D'entrée, le nouveau patron de la DNRED m'avait reproché d'être descendu ici, dans un établissement, d'après lui, sous contrôle des flics. J'avais précisé que les opérations intermédiaires en cours, qui devaient précéder celle de Propriano, devaient me rapporter deux millions de dollars. J'avais besoin de cet argent pour prendre enfin le large. De toute façon, il devenait impératif que je reçoive une commission sur les bénéfices générés par les affaires de l'organisation de Mario. Sous peine de devenir suspect. Par conséquent, j'avais demandé à Le Luarn de légaliser cette somme.

Ma requête ne semblait pas poser de problème particulier.

– Nous savons faire, avait soufflé le directeur.

Le patron de la DNRED avait surtout insisté pour que j'accélère la date de livraison en Corse. Il fallait aller vite, car il partait prendre la direction de sa recette en fin d'année.

– Ce serait mieux si vous pouviez faire livrer sur Marseille, avait-il même conseillé, comme s'il faisait son marché. Nous disposons de plus de moyens d'interception sur cette zone.

J'avais ensuite expliqué à mes patrons que je devais reprendre le premier avion pour rejoindre Gibraltar. Mario voulait blanchir près de deux milliards de lires italiennes, auprès du *Banco Atlantico*.

Durant tout l'entretien, Gatard s'était tu. Il semblait emprunté, mal à l'aise. Il s'était contenté d'intervenir pour me recommander de ne pas approcher les côtes anglaises.

Les douanes anglaises étaient très remontées contre moi, avait-il assuré.

Le lendemain, au quatrième étage du *Banco Antlantico*, l'opération de blanchiment avait été une simple formalité. En fin de matinée, la réunion de travail organisée avec le cabinet Isola et Isola, au *3 Bell Lane*, avait permis d'acter le montage financier préparé par l'avocat Pascuale Ciolla. Autrement dit, le transfert de toutes mes compagnies offshore enregistrées à Gibraltar sur une compagnie croate, contrôlée par Locatelli. Filiale de la *Boss Investment*, la *Donatello* était enregistrée à Zagreb. Le nouveau gérant était italien.

Giuseppe Laveneziana, prête-nom de Mario, participait à la réunion, avec Ciolla, Peter Isola et moi-même.

Mario, qui voyait les choses en grand, entendait développer sa flotte. Il avait fait acheter un nouveau cargo, le *Eve Pacific*, à Gdansk. Il avait chargé Ralf De Groot de mener la transaction à bien. Mis devant le fait accompli, je n'avais pas eu mon mot à dire. Mario avait utilisé les compagnies offshore de Gibraltar, par l'intermédiaire de son avocat, Ciolla, qui disposait d'un pouvoir général, comme il disposait de la signature sur tous les comptes en banque des sociétés dont j'étais le directeur général.

Le Hollandais De Groot avait également déniché un capitaine pour le nouveau navire, qui porterait désormais le nom de *Pacifico*. Nous avions rencontré le futur capitaine autour d'une bouteille de champagne, et j'avais dû mettre du mien pour le convaincre d'accepter de travailler pour Mario.

Carnet de cellule 70

3767e journée de détention

Prison de Val-de-Reuil, 16 janvier 2005

En application de la nouvelle loi Perben II, qui a pris effet au tout début de l'année, j'ai maintenant un nouvel horizon face à moi : jusqu'à nouvel ordre, le 18 mai 2013 marquera désormais le jour de la fin de ma peine.

Aujourd'hui, Franck est venu me rendre visite. Il doit ensuite réaliser une interview et une prise d'images avec une équipe de M6. Un tournage pour le compte de l'émission « Zone interdite », qui s'intéresse à mon sort.

Les choses n'ont pas traîné. La machine pénitentiaire a voulu immédiatement marquer son territoire, après le départ de mon fils. Histoire de démontrer qu'elle restait maîtresse à bord – seule autorité en ces lieux, faisant de moi ce qu'elle voulait. Résultat, je suis transféré manu militari dans le secteur F 306.

Jean-Marie Landais, le directeur du Val-de-Reuil, avait prévenu : pas de contacts avec des journalistes.

La visite de Franck m'a rempli de désarroi. La tristesse de constater les dégâts causés par mon comportement irresponsable. Le sentiment d'un énorme gâchis familial et la souffrance endurée par les miens.

Qu'il est dur de penser à Mélanie et Oriane, qui grandissent sans moi.

LA FUITE EN AVANT

13 novembre 1993

J'étais en fuite. Mario avait décrété que l'air de la Costa del Sol était désormais devenu irrespirable pour nous. C'était Domenico Catenacci, le juge de Bari, qui avait appelé en urgence pour nous conseiller de nous mettre immédiatement au vert. Nous avions pris la route pour Séville, munis de faux passeports.

Je découvrais les joies de la cavale.

Il y avait du nouveau, en effet. « Dash » avait produit ses premiers effets ressentis à l'intérieur de l'organisation Locatelli.

Le 11 novembre, en Atlantique Nord, à quatre cents miles à l'ouest des côtes du Portugal et à huit cents miles de la pointe sud de l'Angleterre, l'*Avenger* de la Royal Navy avait commencé à manœuvrer. Le navire s'était positionné face au vent pour faciliter le décollage des hélicoptères embarqués. À bord d'un des appareils, les agents des douanes britanniques avaient du mal à dissimuler leur fébrilité.

Ils avaient embarqué sur le porte-hélicoptères quatre jours plus tôt, à Southampton.

Désormais, l'opération « Dash » entrait dans sa phase décisive. L'officier John Hector, responsable de l'intervention, s'apprêtait à se faire hélitreuiller sur le *Poséidon*.

À bord duquel six tonnes de cannabis marocain allaient être saisies.

Mon nom apparaissait dans ce qui était devenu l'affaire du *Poséidon* depuis l'arraisonnement du navire par les Britanniques. Normal. Après tout, j'en étais le propriétaire.

C'était d'ailleurs ainsi que le juge Catenacci avait pu déclencher l'alerte rouge.

Cette fois, la vitesse supérieure – et ultime – venait d'être passée. Les grandes manœuvres étaient enclenchées, et la partie finale lancée. Elle était complexe, mettant en prise de nombreux acteurs, sous de nombreuses latitudes.

Mario n'était pas homme à se laisser abattre. À l'attente frileuse, il préférait la contre-attaque. Question de métabolisme. Ainsi, il avait fait accélérer la mise à la mer du *Eve Pacific*, désormais rebaptisé *Pacifico*. Il fallait suppléer le *Poséidon* sans attendre, pour enlever en Colombie les dix tonnes de cocaïne destinées à la Corse.

Mario m'avait également envoyé à Palma acheter un bateau supplémentaire, le *Sea Harmony*, un yacht de trente mètres. Il voulait multiplier sa flottille, afin de complexifier son dispositif et donner le tournis aux agents des douanes. Il espérait ainsi leur faire perdre sa trace.

Il ne savait pas, évidemment, que le loup était dans la bergerie. Au cœur même de son organisation. Et tant qu'il me confierait des achats, il n'avait que très peu de chance d'échapper à ses poursuivants.

À Palma, j'avais rencontré plusieurs émissaires canadiens envoyés pour envisager de prochaines livraisons. Autant de renseignements que j'avais communiqués à Gatard.

J'avais également appelé Christian pour lui faire comprendre qu'il fallait qu'il intervienne auprès des Anglais s'il tenait à ce que son patron reçoive ses dix tonnes de cocaïne sur un plateau, avant son départ en retraite.

– Rappelle-leur que je travaille pour vous, avais-je martelé. J'ai l'impression qu'ils l'ont oublié. Surtout, s'ils persévèrent dans leur volonté de me charger, dis-leur bien qu'ils ne me ménagent pas. Surtout, Christian, dis-leur qu'ils ne me ménagent pas ! N'oublie pas que je suis infiltré jusqu'au cou !

Carnet de cellule 71

3769e journée de détention

Val-de-Reuil, 18 janvier 2005

J'ai pris ma décision. Brutalement, en une poignée de secondes. En réaction.

Depuis 9 h 30, je suis à nouveau en grève de la faim et de la soif.

La journée avait commencé par cette réponse mensongère d'une surveillante qui avait prétexté des cabines en réparation pour m'empêcher de téléphoner à Chantal. Et voilà maintenant le directeur qui m'explique, comme si de rien n'était, qu'il a décidé de me faire mettre en zone surveillée, pour faire écouter mes appels téléphoniques et les limiter aux seules personnes ayant droit de visite.

Désormais, mes communications téléphoniques sont restreintes à une liste téléphonique préalablement remplie. Je ne peux utiliser le téléphone que deux fois par semaine, cela pour dix minutes. À condition d'en avoir préalablement fait la demande, vingt-quatre heures à l'avance.

Les surveillants ont refermé la porte derrière moi. J'ai été envoyé à l'unité F2, où je suis enfermé dans la cellule 205. La tour de mon ordinateur m'a été retirée sans explication.

CLASSE AFFAIRES

5 décembre 1993

Ces gens-là savaient recevoir. Nous aurions eu mauvaise grâce de ne pas en convenir. C'est bien simple, nous avions été accueillis comme des ministres.

Nous avions gagné Zagreb en train depuis Venise, avec Pascuale Ciolla et Giuseppe Laveneziana. Au départ, Mario avait été surpris par l'idée. Mais il avait tout de suite compris l'intérêt qu'il avait à en tirer. Comme il avait par ailleurs décidé d'investir tous azimuts dans différentes industries croates, en chargeant un avocat sur place de recenser toutes les entreprises cherchant acquéreur, la création de sa propre banque ne pouvait que favoriser ses plans.

Les apprentis banquiers que nous étions se déplaçaient dans un gros 4x4 Mercedes conduit par un militaire. Les autorités du pays avaient en effet compris que nous étions des hôtes de marque, qui méritaient tous les égards.

Ainsi, une escorte ouvrait la route lors de nos déplacements. Et la machine administrative n'était pas en reste. Dès qu'une petite tracasserie pointait le bout de son nez, le tribunal de la ville se faisait fort de régler l'affaire en cinq minutes, montre en main. Moyennant une petite commission de cinq mille dollars, payée cash et sans reçu. Il fallait bien se faire quelques petits cadeaux, entre amis.

Les braves gens ! Que de touchantes attentions…

Ça me rappelait Michel Charasse. Il aurait été satisfait, très certainement, de voir l'accueil qui nous avait été réservé. Et, surtout, que j'avais suivi ses recommandations, lui qui tenait tant à me voir aboutir ce projet avec mes amis narcos.

Charasse était en vacances du pouvoir. Mitterrand achevait son mandat tant bien que mal. L'ex-ministre avait retrouvé un pied-à-terre, pour l'emplir de la fumée de ses havanes, dans une maison que l'on disait accueillante pour ses pensionnaires.

Il siégeait au Sénat, désormais. Et, accessoirement, occupait un bureau à l'Élysée.

Les attentes des marchés de la came me faisaient passer d'un pays à l'autre, d'une rive à l'autre, d'une mer à l'autre, d'un continent à l'autre.

Cette fois, le curseur s'était arrêté sur l'Amérique du Sud. La Colombie, très exactement.

Une destination de choix, dans ce métier.

J'avais fait le déplacement avec Carlos Hernandez-Reumbeaut. Nous venions ici négocier l'enlèvement de quatre à cinq tonnes de cocaïne avec les parrains des cartels de Cali et de Baranquilla.

À l'aéroport de Bogota, deux gardes du corps nous attendaient pour nous ramener à bon port. Dans la voiture qui roulait vers notre rendez-vous, nos anges gardiens avaient négligemment posé un pistolet mitrailleur devant le levier de vitesse. Chargeur engagé, comme il se devait.

La réunion avait lieu sur la *100e Avenue*, au dix-huitième étage d'un immeuble moderne de bureaux. C'était une sorte de conseil d'administration, avec secrétaires et table de conférence. Une réunion entre businessmen tout à fait normale. Sauf, évidemment, que la marchandise en cause était un peu particulière.

Les représentants des différents cartels avaient sagement écouté la description de nos moyens logistiques. La brillante présentation qui venait de leur être offerte les avait convaincus, à en croire les grognements qu'ils avaient émis.

Bipe et Cardell, les hommes de Gilberto Rodriguez Orejuela, que j'avais rencontrés à Caracas quelques mois plus tôt, n'étaient pas là.

Mais le clan Rodriguez Orejuela, qui avait pris la succession de Pablo Escobar, était représenté par Miguel, le frère de Gilberto.

Une fois les affaires courantes réglées, je m'étais débrouillé pour rentrer directement à mon hôtel. J'avais prétexté une indisposition, pour éviter d'avoir à partager le menu à venir avec mes nouveaux amis. Mario m'avait prévenu : la tradition exigeait que les agapes s'accompagnent d'une large dégustation de produits locaux.

Après mon retour en Europe, j'avais tout fait pour accélérer les préparatifs du voyage pour la Colombie, expliquant à Mario que nos commanditaires étaient pressés. Dans mon esprit, cette énorme opération devait être la der des ders. L'affaire qui allait me permettre de prendre le large.

J'avais fait mes comptes. Ils étaient bons. Je devais pouvoir compter sur cinq ou six millions de dollars. De quoi voir venir.

Et changer de vie.

Carnet de cellule 72

3 791e journée de détention
Val-de-Reuil, 9 février 2005

Je me suis réveillé la bouche pâteuse, avec de fortes nausées. La balance indique moins de soixante-neuf kilos.

Je suis en grève de la faim depuis vingt-trois jours.

Des directives non écrites ont été données pour que je sois escorté partout où je me déplace.

Sur le palier de la porte de ma cellule, quatre hommes me font face. Jean-Marie Landais, le directeur, est parmi eux. Pour m'annoncer mon transfert immédiat, le temps que des petites mains fassent mon paquetage.

Nous partons pour Fresnes.

DOUBLE JEU

Février 1994

La situation était totalement surréaliste. J'avais retrouvé le nouveau directeur de la DNRED dans une brasserie parisienne de la place de la Bastille.

Bernard Puyanet venait d'être nommé en remplacement de Le Luarn.

Depuis plusieurs semaines, j'étais en fuite – en cavale, pour dire les choses crûment – et je vivais sous de fausses identités. J'avais les services de police et de recherche de plusieurs pays à mes basques. Avec, sur le front, une étiquette barrée du mot « narco ». Pourtant, c'était bien avec Puyanet que je me trouvais en ce moment. Gatard était là, également.

Comme si, au fond, il ne s'était rien passé, ou presque, depuis trois mois.

Mes employeurs français continuaient de discuter avec moi, l'air de rien. Ils ne semblaient nullement concernés par ce qui se passait autour d'eux. Par le mandat lancé contre moi. Après tout, le mot d'employeurs était peut-être un peu surjoué, pour être honnête : je n'avais pas touché un sou de la DNRED depuis près de deux ans.

Puyanet entendait peut-être enfin changer les choses sur ce terrain-là. En effet, il m'avait promis une prime de trois millions de francs, si je réussissais à faire charger le *Sea Harmony*, toujours en réfection à Saint Martin.

De son côté, Hervé Maignier avait momentanément ravalé ses menaces à mots couverts. Le divisionnaire avait traversé la Manche pour s'assurer que la photo du faux passeport de Charles-Henri de Bossieu était suffisamment sombre pour ne pas être assimilée à celle qui avait été jointe au mandat d'arrêt. Sous un prétexte fallacieux, Maignier avait également vérifié si les services de Sa Très Gracieuse

Majesté connaissaient un certain Mark Van de Velde. Personnellement, je connaissais bien Van de Velde : c'était une autre de mes identités.

Pendant que je courais comme un dératé pour fuir les dangers qui me menaçaient, que je montais d'un continent à l'autre des opérations de transport de drogue par tonnes, je continuais à rencontrer les services des douanes, le plus naturellement du monde, dans des réunions la plupart du temps extrêmement civilisées et courtoises.

Je devais posséder un don d'ubiquité, très certainement.

David May, le représentant de la DEA à Paris, avait décidé de prendre ma défense. May avait réagi le premier au mandat d'arrêt établi le 7 février par les Anglais et les Canadiens. Il s'était déplacé à Londres pour demander aux douaniers anglais de suspendre les poursuites.

May m'avait reçu à l'ambassade des États-Unis, avec son homologue de Rome. À cette occasion, les deux hommes m'avaient demandé d'effectuer une série de photos du *Sea Harmony,* qui devait prendre en charge les dix tonnes de Pino et Lucien. Les clichés m'avaient été payés dix mille dollars.

May avait pris le temps de me préciser qu'on ne pouvait informer les services espagnols de mon action, car ma sécurité passait avant tout. Pour lui, les Espagnols étant peu sûrs, il était préférable de taire mon rôle exact.

J'avais également rencontré l'attaché de la police italienne à Paris, pour lui révéler le jeu trouble du juge Catenacci. Et encore un agent du TRACFIN[14], la cellule de lutte contre le blanchiment d'argent sale des Français, au sujet de l'ouverture de ma banque à Zagreb.

Parfois, les choses étaient moins… conventionnelles. Ainsi, quelques semaines plus tard, le 8 juin, une nouvelle réunion avait été organisée dans une villa du Pornic, sur la côte bretonne. David May et moi-même avions retrouvés mes amis des douanes. L'Américain venait de me remercier pour les renseignements fournis sur l'organisation de Mario.

---

14 *Traitement du renseignement et action contre les circuits financiers clandestins.*

J'avais demandé pourquoi la décision de l'arrêter n'était pas prise. Fallait-il donc laisser la main aux Canadiens ? Pour secouer ce petit monde, j'avais volontairement provoqué mes interlocuteurs en demandant s'ils attendaient que je lui passe moi-même les menottes.

May m'avait coupé.

– On l'arrêtera quand on voudra. C'est nous qui décidons.

Un des participants avait été plus loin. En s'adressant à moi, une autre option avait été mise sur la table. Une hypothèse à laquelle j'étais loin de m'attendre.

– Le cas échéant, si l'intérêt du service le commande, serais-tu prêt à le descendre ?

Carnet de cellule 73

3820[e] journée de détention

Prison de Fresnes, 10 mars 2005

Je suis atteint de maniaquerie, à l'évidence. Je passe mon temps à ranger les quelques rares objets que je possède et la journée commence immuablement, dès l'aube, par le ménage et une petite lessive.

Avant-hier, j'ai reçu une lettre de Laurent, un de mes fils. Il y avait glissé cent cinquante euros pour améliorer l'ordinaire, dès que j'aurai cessé ma grève de la faim – qui ne pénalise que moi, écrit d'ailleurs Laurent.

J'ai parfois l'impression de ne plus être en phase avec les gens de l'extérieur. Mes proches. Les seuls qui m'ont soutenu. J'ai l'impression qu'ils se sont résignés à cette détention qui n'a pas de fin. J'aurais aimé une réaction plus musclée.

Ils doivent se sentir tellement impuissants.

Le souvenir de Gatard revient sans cesse dans mes pensées. Comment peut-il accepter, lui ? La nuit dernière, je me suis longuement interrogé sur le silence de Christophe Pech de Laclause. Mais que peut-il faire, au juste ? Il faut être réaliste.

À la visite médicale, j'ai droit à l'électrocardiogramme. Madame Vlahot, le médecin qui me suit, pense qu'il faudra m'hospitaliser avant ma comparution du 21 avril.

Je suis à soixante-quatre kilos, habillé, désormais. Madame Vlahot m'a inscrit pour une visite chez le dermatologue.

Dehors, le froid sévit durement.

DANS DE BONNES GRIFFES

Septembre 1993

Au volant de la Mercedes, j'observais la mer par la fenêtre. Ce soir, elle était étale et apaisée. Parfaitement calme. J'aurais voulu m'évader. J'aurais aimé qu'elle puisse me prendre, pour m'emmener et m'emporter au loin. Très loin.

Je ne savais pas où mes aventures étaient en train de me faire dériver, mais je craignais que tout n'explose désormais.

Je ressentais un profond malaise. Une étreinte, oppressante, qui ne me lâchait plus. J'avançais sous apnée. Fallait-il appeler cela de la peur ? Je n'en étais pas sûr. Ou, pour être plus juste, disons que je n'avais même pas le confort nécessaire pour éprouver véritablement ma peur – la construire, la penser, la ressentir. J'étais pris dans un tel tourbillon, une course en avant sans fin. J'étais inquiet, évidemment. De plus en plus, mais l'action m'accaparait. Comme un substitut, probablement. Comme une… drogue, pour m'empêcher de trop penser à ma situation, la regarder trop crûment, en face.

Une échappatoire – probablement suicidaire, s'il fallait faire preuve de lucidité.

J'étais pris dans un tourbillon infernal et ravageur. Une folle mécanique qui s'emballait et ne répondait plus.

Les rendez-vous se multipliaient, les commandes s'accéléraient, les tonnages augmentaient sans cesse. J'étais emporté dans une folle sarabande dans un monde trop vaste. Il me fallait courir, écoper, me démultiplier, donner le change, boucher les trous, anticiper les menaces, rassurer les amis trop pressants, se garder des ennemis déclarés ou cachés, essayer de sauver ma peau, celle de ma famille.

Ce qui pouvait l'être, encore.

Accaparé à colmater les voies d'eau qui menaçaient, je n'avais pratiquement plus le temps de tenir Gatard informé de mes activités, toujours plus complexes, toujours plus nombreuses. J'étais en surrégime et je devais parer au plus pressé. Au plus pressant.

Une distance s'était installée entre la folle allure à laquelle filait le train dans lequel j'étais monté presque malgré moi et le ronronnement poussif des douanes. Depuis l'arrivée de Le Luarn, les choses ne s'étaient pas améliorées. Christian m'avait prévenu. Le nouveau patron de la DRNED n'appréciait pas nos méthodes, surtout les miennes. Ce qu'il voulait, plutôt qu'investir sur des missions de longue haleine, évidemment plus difficiles, c'était du résultat à court terme. Immédiat. Il entendait privilégier les prises faciles, sans lendemain, qui faisaient un peu de mousse mais étaient en réalité incapables de mettre à mal les organisations en leur cœur.

En réalité, je m'étais enfermé tout seul dans un piège machiavélique et je ne trouvais plus la clé pour m'en échapper. Ma collaboration avec les douanes devait être une activité de complément, mais je m'étais piqué au jeu. Pour me retrouver propulsé tout en haut d'une formidable organisation mafieuse. J'avais désespérément essayé d'alerter mon agent-traitant. J'avais multiplié les signaux d'alerte, depuis des mois, lancé des SOS et des fusées de détresse. Gatard et son administration s'en foutaient, aveuglés par leurs bilans, leurs habitudes fonctionnarisées et leurs affaires à la petite semaine. On me laissait m'enfoncer toujours plus avant, toujours plus loin de la ligne de flottaison, parfaitement seul.

Effroyablement seul.

Non seulement j'étais en danger permanent, mais, en plus, je dérangeais ceux que j'étais censé servir. Christian s'était même laissé aller à me menacer, récemment.

Tout cela devenait parfaitement décourageant. J'attendais chaque jour avec plus d'impatience la super prime qui me permettrait de décrocher en me mettant à l'abri.

En l'attendant, il fallait continuer.

Je vivais et respirais dans un air vicié. Suffocant. J'évoluais dans la plus parfaite paranoïa, dans une totale schizophrénie, entre mes différentes identités, entre les intérêts bien peu compatibles des gens que je surveillais et avec qui je devais travailler et vivre, entre les incapacités de ceux qui étaient censés me protéger et des enjeux colossaux, portés par des individus prêts à tout pour parvenir à leurs fins.

Entre l'IRA, le GAL, les Anglais qui me cherchaient des noises, les Espagnols qui attendaient leur tour, les cargaisons qui se perdaient, les clients mécontents ou trop exigeants, la guerre entre Mario et Short, entre les cartels colombiens, les Corses et les faux Marseillais, les mafias italienne, napolitaine, sicilienne, les agents doubles, les faux frères et les vrais ennemis, les familles composées ou recomposées, et tout le reste, j'étais décidément pris dans de belles griffes au milieu de tous ces prédateurs.

J'essayais de ne pas y penser. De ne pas me laisser submerger par l'angoisse et la panique. Il fallait que je tienne, il fallait que je m'en sorte.

J'étais le funambule, celui que tout le monde poussait à avancer sur un fil prêt à casser, en se délectant déjà de la chute annoncée. Sans parachute, alors qu'on avait pris soin de retirer le filet. Comme une proie fascinée par sa chute annoncée, j'étais le spectateur obligé de ma propre dégringolade.

J'allais bien finir par m'écraser.

Carnet de cellule 74

3 845e journée de détention
Fresnes, 13 avril 2005

L'autre soir, j'ai à nouveau eu droit aux honneurs de la télévision. Sur M6, cette fois, dans l'émission « Zone Interdite ».

J'ai pris une feuille blanche et mon stylo. J'écris au ministre du Budget, Jean-François Copé, avec qui je reste en contact. J'ai des choses à lui dire. Sur le caractère kafkaïen de ma situation personnelle. Mais pas seulement. J'ai à lui dire que les politiques rétrogrades autant qu'improductives menées par nos dirigeants n'ont pas permis d'avancer dans la résolution de ce problème majeur de société qu'est la drogue. Que la politique antidrogue est à revoir d'urgence, de À à Z. Qu'on ne gagnera la partie qu'à la condition de ne plus accepter d'acheter le maintien d'une certaine paix sociale en laissant prospérer les économies souterraines. Je veux dire que la façon dont la guerre est menée, notamment par les USA, ne fait qu'entretenir ce contre quoi elle est censée lutter. Et que les services impliqués n'ont absolument pas pour objectif premier d'éradiquer ce fléau. Car ce serait alors la fin de la justification de leur existence.

Les dirigeant politiques occidentaux se contentent aujourd'hui de demi-mesures dont le seul intérêt est de donner le change au grand public, en faisant croire qu'on prend le problème à bras-le-corps. Je veux dire encore au ministre que la politique de lutte contre ce fléau du siècle telle qu'elle est menée est aujourd'hui dans une impasse totale.

JETÉS, LES DÉS

Février 1994

L'opération avait été déclenchée le 7 février. Mario était déjà à Montréal, d'où il suivait la progression du *Pacifico* par radio. Carlos Hernandez-Rembeault, également, s'était installé dans la capitale du Québec. Pour patienter, ils négociaient les détails de l'enlèvement qui devait suivre cette première opération en cours. Les deux hommes s'étaient mis d'accord sur une dizaine de tonnes de cocaïne.

Le *Pacifico* devant se rendre au Liban, il avait été convenu que le *Sea Harmony* récupérerait la marchandise au sud de la Sardaigne, pour ensuite aller le décharger dans la baie de Propiano.

Pour le moment, le *Pacifico* devait commencer les opérations de chargement des huit tonnes de coke destinées au marché nord-américain. Depuis l'Espagne, j'étais chargé de superviser le parachutage de la drogue. Une flottille d'avions avait décollé depuis la jungle colombienne pour se rendre au large des côtes du Venezuela. Au lever du jour, les avions survolaient enfin le *Pacifico,* pendant que l'équipage du navire avait mis des Zodiacs à la mer pour récupérer les lots parachutés. Trois bimoteurs avaient alors commencé à larguer la came, multipliant les rotations.

Au même moment, un Boeing 727-100 avait décollé de la piste de l'aéroport de Santa Fé de Bogota. Le gros porteur transportait dans son ventre près de trois tonnes de cocaïne. Il se dirigeait également à l'endroit où les petits avions poursuivaient leur manège.

Sur place, pourtant, les conditions météo avaient changé. Elles étaient même devenues soudainement détestables. Au point de mettre la sécurité des opérations en danger.

J'avais donc ordonné au pilote de l'avion-cargo de rentrer,

lui interdisant de larguer sa marchandise qui risquait de se perdre, vu l'état de la mer.

Au total, cinq tonnes quatre cents de coke avaient finalement commencé leur lente remontée vers les côtes canadiennes. Moins que prévu initialement, mais un record tout de même. Autre grande première, la livraison en cours était un groupage. À l'arrivée, la marchandise était destinée à deux clients différents : la puissante famille Divito, clan italo-canadien de Montréal, et les Colombiens Bipe et Cardel.

Carnet de cellule 75

3 853ᵉ journée de détention
Prison de Fresnes, 21 avril 2005

Je dois retrouver les prétoires des tribunaux dans le cadre de l'affaire m'opposant à Michel Charasse. J'ai préparé un énorme dossier pour ma comparution devant la cour d'appel de Paris. Lors de la dernière visite médicale, j'ai été pesé à cinquante-huit kilos. Bien que très maigre, je suis en bonne forme.

J'ai dormi plus de douze heures, cette nuit.

L'audience a duré deux longues heures. À ma grande surprise, Jean-Henri Hoguet, mon ancien patron à la DNRED, a fait le déplacement pour témoigner spontanément. Pour une déclaration forte et indignée. Avant de préciser que si les engagements pris par les douanes au Canada n'ont pas été ensuite suivis d'actes en France, c'est simplement à cause de l'opposition du directeur général, François Auvigne, qui refusait d'endosser la responsabilité des décisions prises par ses prédécesseurs.

À la sortie du tribunal, plusieurs policiers chargés de mon escorte ont tenu à me serrer la main et à me souhaiter bon courage. L'un d'eux me confie qu'il n'a jamais rien entendu de pareil et qu'il n'imaginait pas qu'une telle situation soit possible en France.

Pour la première fois à l'occasion d'une de ces sorties, je n'ai même pas été menotté.

J'ai décidé de stopper ma grève de la faim. Au bout du quatre-vingt-quatorzième jour.

Il ne faut pas que je donne l'impression de vouloir faire pression sur le tribunal d'application des peines, devant lequel je dois comparaître dans quelques jours.

LE GRAND PARDON

Juin 1994

Mario avait lâché la chose avec une légèreté parfaitement maîtrisée, l'air de ne pas y toucher.

Nous avions fait quelques kilomètres, pas plus.

– Albane m'a appris que tu travaillais pour les douanes. Tu continues ?

Sa question m'avait électrifié. J'avais l'impression d'avoir été transpercé d'un coup de poignard. Ma fille, ma propre fille... Elle venait de signer ma condamnation à mort.

Albane et Mario formaient un couple depuis plusieurs mois déjà. Mario l'avait séduite lors de la soirée organisée pour la réouverture de l'ancien *Saint-Georges*, un an plus tôt. Ils avaient eu une liaison et Albane était repartie en France. Ma fille était revenue l'hiver suivant et ils avaient emménagé ensemble dans un appartement à l'est de Malaga, avec les deux enfants d'Albane. Je n'avais rien pu faire contre cette liaison extravagante. Je me sentais coupable de ce désastre. Terriblement coupable.

Dans la voiture qui continuait à rouler, le temps s'était comme évaporé. Dilué. Peut-être avais-je déjà quitté ce monde, d'ailleurs.

Que savait Mario, exactement ? Je n'avais pas quitté la route des yeux, le regard rivé au loin, les mains cramponnées au volant, cherchant un point de fuite où disparaître sur la ligne d'horizon. Je m'attendais à voir Mario sortir un flingue, comme je l'avais vu faire par le passé. Le silence qui régnait dans l'habitacle m'oppressait totalement.

– Je pensais que tu étais au courant. C'est du passé. Ils me demandent encore quelques petites choses, parfois, mais je leur réponds que j'ai raccroché.

– Tu ferais mieux. Les Colombiens aussi ont compris. Tes bateaux sont plombés, tous… Ils m'ont dit qu'ils étaient aussi connus que la Maison Blanche. Et les infiltrés, chez eux, on les liquide. Moi, je te fous la paix, par respect pour ta fille. Mais, eux… Fais attention, Marc, ils sont dangereux. Très dangereux. Et là, je ne peux rien pour toi.

Le parrain s'était montré magnanime. Il assumait son rôle de chef de famille et accordait son pardon au nom de ma fille. Pour préserver le clan.

La famille, avant toute chose.

Carnet de cellule 76

3 857e journée de détention
Fresnes, 25 avril 2005

Aujourd'hui, c'est la saint Marc. Ma télé s'est éteinte. Je n'ai plus d'argent sur mon compte. Donc plus de connexion au réseau. Pour la même raison, je n'ai pas reçu les produits de première nécessité commandés la semaine dernière.

Heureusement, c'est un jour de bibliothèque autorisée. Entre les mains, je tiens un livre signé Jeffrey Robinson, un auteur américain, sur lequel je viens de tomber.

Intitulé *Les Blanchisseurs*, l'ouvrage est paru en septembre 1995, aux Presses de la Cité. En ouvrant par hasard la page 134, deux noms me sautent immédiatement aux yeux.

Deux noms que je connais bien. Certainement mieux que ce Jeffrey Robinson.

Ceux de Pasquale Locatelli et de Roberto Severa.

BOUQUET FINAL

6 septembre 1994

Mario était tombé. Il avait été cueilli en douceur par la police espagnole dans un restaurant de Madrid alors qu'il dînait avec ses proches. À sa table, se trouvaient Domenico Catenacci, son conseiller et fidèle ami magistrat, Pascuale Ciolla, l'avocat, l'homme des montages sophistiqués, et la suissesse Heidi Hoffmann, sa secrétaire. Dans la valise du juge italien, les policiers avaient trouvé l'équivalent de deux cent mille dollars. Insuffisant, toutefois, pour coincer un personnage d'une telle qualité. Le magistrat Catenacci avait été relâché, après avoir tout de même passé quelques heures en compagnie policière. L'avocat Ciolla, lui, avait eu un peu moins de chance. Il avait dû annuler ses rendez-vous durant quelques semaines de détention. Depuis sa prison, Mario m'avait fait passer un message. Il me conseillait de disparaître et de me cacher. Mieux valait que je fasse preuve de ma capacité à devenir invisible.

Les trafiquants colombiens, notamment, en voulaient à ma peau.

Les Colombiens avaient de quoi m'en vouloir. Quelques tonnes, dirons-nous. Celles qui avaient été saisies par les autorités canadiennes après avoir été transbordées depuis le *Pacifico*, au large de la Nouvelle-Écosse. Les dégâts étaient lourds. La presse canadienne avait titré sur « la plus grosse saisie jamais réalisée dans le monde ».

Et les Colombiens m'en tenaient pour le débiteur.

Il fallait faire vite. Gatard m'avait bien assuré que je ne risquais rien en Espagne et que tout allait rentrer dans l'ordre. Chantal, elle, avait insisté pour partir. Loin, très loin, le plus loin possible. Nous n'attendions plus que la vente de la villa de Mijas-Costa se réalise pour prendre le large avec les petites. Cette maison achetée par Mario était le seul capital sur lequel nous pouvions nous appuyer. Un acheteur s'était déclaré intéressé.

Nos valises étaient prêtes. Sur le qui-vive.

Attendant sur place un voyage qui ne viendrait jamais.

Carnet de cellule 77

3 886e journée de détention
Fresnes, 24 mai 2005

J'ai pris l'enveloppe. Je me suis assis, j'ai lu la lettre qu'elle contenait, puis l'ai posée.

La notification de la décision du tribunal d'application des peines est sur mon bureau, devant moi. Elle confirme ce que m'avait annoncé Christophe Pech de Laclause, samedi dernier.

Mon avocat était venu me visiter dans l'après-midi. Il avait une importante nouvelle à me communiquer.

Je reprends la lettre, la relis une nouvelle fois.

Le tribunal a décidé de m'accorder la libération conditionnelle, à partir du 26 mai 2005.

PLUS BELLE SERA LA CHUTE

23 septembre 1994

Le policier m'avait intimé l'ordre de descendre lentement. Il était 10 h 10. Pour donner plus de force à son injonction, l'homme avait fait admirer le revolver qu'il avait glissé dans sa ceinture. Le message était passé. J'étais descendu du siège conducteur, lentement, comme on me l'avait demandé. En un rien de temps, le flic m'avait menotté dans le dos et avait également ordonné à Chantal de sortir de la Clio.

Lors de mon arrestation, je portais sur moi mon passeport belge et un permis de conduire européen. Il était établi au nom de William Blazenko, né à Kinshasa.

J'avais bien remarqué cette Renault 21, quelques minutes plus tôt, quand elle avait remonté l'avenue alors que nous dévalions la Sierrezuela (le quartier résidentiel ou nous vivions sur la Costa del Sol). Je savais que ses passagers étaient des flics.

Un peu avant le passage inférieur de l'autoroute, la Renault 21 était réapparue, soudainement. Elle nous avait doublés, dangereusement, pour venir se mettre en travers de la route.

Ce matin-là, c'est moi qui avais conduit les filles à l'école. J'avais fêté mes cinquante ans, deux jours plus tôt.

Depuis quelques heures, j'ai été transféré dans une des cellules du siège de la police municipale de Fuengirola, une ancienne fourrière qui a trouvé là une nouvelle raison d'être. J'ai été jeté dans un cachot où je suis seul, sans lacets, sans montre, face à moi-même, dans le noir.

Je suis presque soulagé de ce qui vient d'arriver. Que tout s'arrête brutalement, que cette intenable situation ait été enfin stoppée.

Je ne sais pas de quoi demain sera fait.

Je crois que la nuit est tombée, désormais, à l'extérieur.

Je n'ai pas eu d'appel de Christian.

Il ne faut pas que je m'inquiète. Mon agent-recruteur doit certainement s'occuper de tout.

Carnet de cellule 78

3 888e journée de détention
Fresnes, 26 mai 2005

Ce matin, j'étais réveillé de bonne heure. Aux aurores. Le sommeil réparateur est venu difficilement, la nuit passée. Je dormirai plus tard.

Aujourd'hui, je sors. Je quitte ma peau et mes vêtements de détenu pour retrouver la liberté. Conditionnelle. L'agent NS55 des douanes françaises termine sa mission, abandonnant derrière lui un parcours semé de vingt-trois prisons et trois cent quatre-vingt-douze cellules différentes. Quelques centaines de jours sans boire et manger, également.

Retour à l'air libre. Je suis riche de sept cent vingt euros.

J'ai du mal à respirer. L'impression d'un vertige qui m'oppresse. Je suis libérable depuis moins d'une heure. À la première heure de la première date possible de mise en liberté conditionnelle.

Christophe Pech de Laclause, mon avocat, et Jacques Lesinge, grand reporter au *Figaro*, sont là, plus émus que moi. Toujours escortés, nous nous dirigeons jusqu'aux limites de la prison. J'organise déjà le transbordement de mes innombrables cartons, amassés au cours de ce long périple carcéral. Hier, à 17 h 30, j'ai apporté mon paquetage au service de la fouille.

Mes grands enfants, Muriel, Franck et Christel, sont là. La camionnette de Franck est vite remplie. L'équipe de France 3 filme. Fabrice Turpin, qui travaille avec Pascal Richard, le rédacteur en chef de « Pièces à conviction », me pose déjà des questions.

Sur ma vision du futur, sur mes constats…

Chantal arrive. Beaucoup d'émotions, forcément, mais beaucoup de lucidité, surtout.

Cette journée est la 3 888e de mon interminable détention.

Mon dernier jour de prison. La fin de mon accident de travail.

Au bout du cauchemar.

BLANCHI, JUSQU'À LA CORDE

23 mai 2006

À n'y rien comprendre ! Sur la table qui me fait face, dans ce petit café plongeant sur le port de Boulogne où j'aime venir respirer l'air quand j'ai le temps, la page 17 du *Parisien* est ouverte en grand. Rubrique « faits-divers ». Le titre barre le papier sur presque toute la longueur de cette édition du 23 mai 2006. « L'indic des douanes contre-attaque », est-il ainsi annoncé. Pour illustrer le propos, une photo me montre en cellule, quelques années plus tôt.

Sur quatre colonnes et une demi-page, Christophe Dubois décrit à ses lecteurs « une situation ubuesque ». Il y a eu du nouveau, quelques jours plus tôt. C'est de Paris que la nouveauté est arrivée. Le 16 mai. Du bureau du juge Sophie Clément. Madame le juge d'instruction vient de rendre une ordonnance de non-lieu, mettant un terme à l'action que j'avais engagée quatre ans plus tôt contre les douanes, visant à les faire reconnaître complices de trafic de drogue. Ayant moi-même été condamné pour ce motif, cela m'avait paru plutôt logique, puisque les douanes m'avaient apporté leur concours. Le journaliste parle d'un « non-lieu explosif ». Le plus incroyable, pour justifier sa décision, c'est ce que madame le juge écrit. Noir sur blanc, elle estime que les douanes françaises ne peuvent être complices d'un trafic, tout simplement parce qu'il n'y a pas de… trafic. La complicité, logiquement, ne peut se présumer en l'absence de délit.

Du coup, le justiciable que je suis se retrouve débouté. Mais pas seulement. Car, si cet arrêt incroyable revient à dire qu'il n'y a pas eu de trafic, il ne peut par conséquent y avoir de coupable. Ce coupable sans faute que je suis. Et qui, indirectement, se retrouve… blanchi par la même occasion. « Les investigations entreprises ne permettaient pas de caractériser à l'encontre de Marc Fiévet les faits de trafic de stupéfiants », écrit encore la juge.

Mon expresso avalé, je me suis levé. J'ai fait signe au serveur pour régler mon café, ai replié le journal sous mon bras, puis suis sorti respirer l'air purifié par un vent qui vient de la mer. J'éprouve le besoin de marcher un peu, avant de retrouver ma voiture et rentrer chez moi. En suivant les quais qui mènent à la plage, j'ai un petit sourire aux lèvres, ce matin, en passant devant la vedette immobile et grise des douaniers. Un sourire triste, tout de même.

Car la morale de cette histoire reste dure à accepter, aujourd'hui encore. Pour un homme qui a avalé onze ans de cabane pour… rien, si j'en crois ce que je viens de lire. À part ça, tout va bien. Je suis en conditionnelle jusqu'en 2013.

Dans cette farce abracadantesque, comme dirait l'autre, le rien pèse décidément bien lourd. Car s'il n'y a plus de délit, désormais, il y a à l'évidence un dindon.

Reste à savoir qui est le dindon.

Personnellement, j'ai une petite idée sur la question.

Pour qu'enfin la justice passe

Pour l'immense majorité d'entre nous, l'injustice est ressentie comme une fatalité, comme l'expiation de quelque faute cachée, comme un excès de sévérité et non comme une erreur absolue. Il n'y a pas de fumée sans feu, maugréent sourdement ceux que les menottes passées aux poignets de leur voisin ou de leur camarade de bureau choquent tout de même un peu.

L'erreur complète n'existe, c'est bien connu, que dans la littérature et même Jean Valjean a volé, du pain pour nourrir sa famille, les chandeliers de l'évêque de Digne, quelques écus à un gamin.

Dieu ravit tous ceux qui, dans le fond de leur cœur, savent résister à la tentation du pardon pour admettre l'échéance de l'injustice absolue, encore moins nombreux ceux qui la dénoncent au risque de construire un monde de doutes, à l'opposé du cadre de certitudes où l'emprise grandissante des moyens de communication confirme notre libre arbitre.

Qui ose soutenir que Marie Besnard est totalement, définitivement, innocente ? Que les fusillés de 1917 n'étaient ni des lâches ni des traîtres ?

Ce que nous considérons comme de la prudence, de l'honnêteté lorsque nous nuançons nos points de vue, lorsque nous relativisons nos jugements, n'est pourtant qu'une autre forme d'injustice, plus confortable, sinon parfaitement supportable, mais tout aussi blessante pour celui qui se sait blanc et non gris, grisâtre, ou blanc sale.

Toute l'histoire, tout le drame caché de Marc Fiévet est là, dans ce soupçon qui perdure et qui assortit une facture déjà lourde d'un commencement de bonne foi, celle accordée à la cohorte de ceux, d'Espagne au Canada, des douanes à la justice, qui ont ruiné sa vie et s'en voudraient d'être, à leur tour, totalement coupables. Ainsi, très récemment, sur un plateau de télévision, un ancien policier appelé comme témoin par l'animateur, vint-il benoîtement expliquer que les « indics » de police étaient tous des « malfaiteurs ». Marc Fiévet, vedette d'un soir, bondit sous l'outrage, lequel, au passage, allait, au-delà de la personne crucifiée, à tous ceux qui sans espoir de profit renseignent la police. Nul murmure ne s'éleva de la salle, plus prompte à manifester sa compassion à une vieille comédienne qui, quoiqu'elle en ait dit, étalait un réel talent dans son rôle de mère bourrelée de remords. Le cri de l'ancien aviseur des douanes se perdit aussitôt que lancé. On avait mieux à faire que de savoir s'il était « un peu » fautif ou pas du tout. Sans doute pensons-nous qu'après tout il n'est pas interdit de tricher dès lors qu'il s'agit de l'intérêt supérieur de l'État et, mieux encore, de coincer les tricheurs.

Mais, en ce cas, pourquoi ne pas rechercher les responsabilités premières et faire payer le lampiste alors que l'honnêteté et l'élégance voudraient que les chefs revendiquent leur place sur le devant de la scène et n'aillent pas se cacher dans les coulisses ? Car, à considérer la vérité en face, que reproche-t-on à Marc Fiévet ? D'avoir, sur ordre et avec le soutien pécuniaire et logistique de l'appareil d'État, infiltré un réseau de narcotrafiquants, d'en avoir permis le démantèlement, et au passage, servi des causes nationales qui ne concernaient en rien la France.

Tout ceci sous une étroite surveillance, celle de ceux qui le rémunéraient, et, au jour le jour, suivaient ou auraient dû suivre ses pas.

Nous voici à la seconde incohérence de ce qui apparaît désormais de l'affaire Fiévet : le lâchage incompréhensible, inavoué, honteux d'un « agent » par le service qui utilise ses services et lui fait courir des risques déraisonnables, la faute professionnelle rédhibitoire, au point que l'on peut dire que ceux qui ont utilisé un « aviseur » en l'absence de toute sauvegarde, dans l'oubli des principes les plus élémentaires de l'honnêteté et de la prudence, ne peuvent être tenus au mieux que pour des amateurs, au pire pour des tricheurs.

Le constat est grave. Inquiétant même. Non seulement pour ceux que tenterait la vocation d'aviseur — d'agent double en terme d'espionnage —, mais pour l'administration des douanes elle-même qui, dans la lutte stérile qu'elle a déclenché contre les services de police, s'est superbement fourvoyée. Rappelons-en les données. Confrontés à la montée irrépressible de la toxicomanie, les États les plus riches ont engagé une action d'envergure, reposant sur trois fondements essentiels : la coopération internationale, la destruction des organisations et des lieux de production, le démantèlement des filières. Premiers concernés, les États-Unis ont créé une administration spécialisée et richement dotée — la DEA (*Drug enforcement administration*) —, subventionnée les cultures de substitution au pavot et engagé une active collaboration avec les pays dont l'aide leur est indispensable. Collaboration « à l'américaine » — sur la base du commode « tu me donnes, je te rends si je peux et si je veux » — dont, préfet de la Guadeloupe, j'eus à connaître par le passé, l'archipel que j'administrais alors étant situé sur le parcours des avions et des bateaux des narcotrafiquants de Colombie.

À l'instar des Américains et soucieux de se dédouaner, si j'ose dire, de l'accusation de complaisance envers le milieu de la drogue, la France a très vite et très efficacement mis en place une réponse appropriée et policière à ce douloureux problème. L'Office central de répression du trafic des stupéfiants (les *stups)* a rapidement fait ses preuves avec la méthodologie éprouvée qu'elle applique aux différentes formes de délinquance. Comme si cela ne suffisait pas, au risque « secondaire » d'engager une nouvelle guerre des services, l'administration des douanes s'est mise également sur les rangs, en consacrant à la cause des moyens dont les policiers manquent souvent. Peut-être trouvait-elle là un substitut à sa traditionnelle mission frontalière, fortement réduite par l'organisation du marché commun européen.

Ce redéploiement, il faut le souligner, s'est révélé efficace et les communiqués de victoire se sont multipliés, assortis de gratifications aux fonctionnaires chanceux.

Chanceux ? Organisés plutôt. Servis par la qualité du renseignement qui permet la prise à coup sûr et livre les coupables. Policiers et douaniers tombent d'accord sur ce point : seule l'information permet la saisie. Par conséquent, l'informateur est une pièce de choix dans la construction de l'action de répression. Pour d'évidentes raisons, ledit informateur ne peut être ni policier ni douanier, il est un membre infiltré d'un réseau de trafiquants.

Un *indic*, en langage policier, un aviseur, selon la terminologie douanière, plus nuancée.

La fonction est comparable à celle d'un espion. Elle comporte d'ailleurs autant de risques, jusqu'à celui d'y laisser la vie. Le profit, je suppose, doit être confortable, je l'ignore, à dire vrai. Reste la déontologie. Autrement dit, l'ensemble des règles qui assurent le bon fonctionnement du binôme aviseur-douanier et la sécurité de l'informateur. Celle-ci est un impératif absolu que rien ne doit compromettre. Un service comme la DST (Direction de surveillance du territoire) en a fait une règle d'or qui prime même sur le résultat.

Car, sur le long terme, il faut bien le comprendre, seule la confiance entre informateur et informé garantit la fidélité et la continuité même du renseignement.

C'est bien là que je situe personnellement le problème de Marc Fiévet : dans l'incapacité de « son » service à se souvenir de cette règle d'or dans la pratique, quand un concours de circonstances et de mauvaise foi anglo-saxonne l'a soudainement fait aspirer par le maelström des procédures espagnoles, britanniques, canadiennes et françaises. Au-delà de l'injure faite à son honneur — « il n'est sans doute pas blanc comme neige, ou alors il s'agit de celle que l'on sniffe » —, c'est dans son intégrité physique, par la perte de sa liberté et celle (pas accessoire) de ses biens, qu'il s'est trouvé atteint. J'ai personnellement été révolté par cette vilaine manière qui lui a été faite, même si des fonctionnaires courageux au sein même des douanes ont tenté de le sortir d'un guêpier aussi venimeux.

Il y a quelques années, j'avais consacré un chapitre entier d'un livre, lui-même dédié à la justice[15], à l'affaire Fiévet.

Depuis ce moment, nous nous sommes connus, appréciés et estimés.

C'est pourquoi j'ai spontanément accepté de postfacer ce livre dans lequel, pour la première fois, ce « libéré conditionnel » s'exprime. À cœur ouvert.

Yves Bonnet,
ancien préfet,
ancien directeur de la Direction de surveillance du territoire,
ancien député de la Manche,
décembre 2006

---

15 La cour des miracles, *Flammarion.*

Table des matières

Préface 11

Les protagonistes 14

FACE À FACE 23

LE GRAND CIRQUE 25

LA CONDITION HUMAINE 36

JOUR D'EMBAUCHE 38
Carnet de cellule 1 46

LE MÉTIER QUI RENTRE 47
Carnet de cellule 2 51

PETIT COMMERCE EN MÉDITERRANÉE 52
Carnet de cellule 3 54

SAUVEZ VERSAILLES 55
Carnet de cellule 4 58

APRÈS-MIDI À BERCY 60
Carnet de cellule 5 68

LE SALON DU TRAFIQUANT 69
Carnet de cellule 6 72

JOUR DE PAIE 73
Carnet de cellule 7 75

LA MAIN DANS LE SAC 76
Carnet de cellule 8, 9, 10 78

ÉTROITE SURVEILLANCE 80
Carnet de cellule 11 82

LES FUMÉES DE BERCY 84
Carnet de cellule 12 86

UNE FÊTE DE TOUS LES DIABLES 87
Carnet de cellule 13 92

L'ANGLAIS QUI EN VALAIT UN AUTRE 94
Carnet de cellule 14 97

POKER MENTEUR À TANGER 98
Carnet de cellule 15 110

UNE BANQUE POUR LES NARCOS 112
Carnet de cellule 16, 17 115

AU FIN DOUANIER 117
Carnet de cellule 18 122

COUSIN MICHEL 124
Carnet de cellule 19 126

LES ILLUSIONS DE LA LOI 127
Carnet de cellule 20 129

UN BATEAU POUR BIG JOHN 131
Carnet de cellule 21 134

LES ASSOCIÉS 135
Carnet de cellule 22, 23 139

PROMENADE IRLANDAISE 141
Carnet de cellule 24, 25 146

LE NERF DE LA GUERRE 148
Carnet de cellule 26 150

COKE EN CARGO 151
Carnet de cellule 27 154

PARÉ À APPAREILLER 155
Carnet de cellule 28, 29 156

AU NOM DE LA CAUSE 158
Carnet de cellule 30, 31 162

AVIS DE TEMPÊTE 164
Carnet de cellule 32 166

HORS TAXES 167
Carnet de cellule 33 169

AFFAIRES COURANTES 170
Carnet de cellule 34, 35 175

MON AMI LE CONSUL 177
Carnet de cellule 36, 37, 38 179

L'IMPASSE JAMAÏCAINE 182
Carnet de cellule 39 187

VISITE CHEZ L'ANTIQUAIRE 188
Carnet de cellule 40, 41 191

LA MÉLANCOLIE DU JONGLEUR 193
Carnet de cellule 42 196

VOL DE NUIT 197
Carnet de cellule 43, 44 199

MISS DANA 201
Carnet de cellule 45, 46 202

L'IMPERMÉABLE BLEU 203
Carnet de cellule 47 205

AVEC LES BONS VŒUX DU ROI 206
Carnet de cellule 48, 49 209

CHRISTIAN VS CHRISTIAN/1 211
Carnet de cellule 50 214

CAME À LA MER 215
Carnet de cellule 51 218

LOS SEÑORES 220
Carnet de cellule 52 223

LA VIE DE BUREAU 224
Carnet de cellule 53 227

DÎNER DE GALA 228
Carnet de cellule 54 230

FICHÉ À INTERPOL 232
Carnet de cellule 55, 56 235

L'HOMME IDOINE 236
Carnet de cellule 57 238

IRISH CONNECTION 239
Carnet de cellule 58 240

FIN DE RÈGNE 242
Carnet de cellule 59 244

LA MER CETTE POUBELLE 245
Carnet de cellule 60 247

LA CONFRONTATION 249
Carnet de cellule 61 252

DES HOMMES DE BÉTON 253
Carnet de cellule 62 255

L'OCCASION MANQUÉE 256
Carnet de cellule 63 259

LA VIE DE PALACE 261
Carnet de cellule 64 263

LE GOÛT DE L'AVENTURE 265
Carnet de cellule 65 267

CHRISTIAN VS CHRISTIAN/2 268
Carnet de cellule 66 270

OPÉRATION DASH 271
Carnet de cellule 67 273

UN AIR DE SÉRÉNADE EN BAIE DE PROPRIANO 274
Carnet de cellule 68 277

AU CHIC COLOMBIEN 278
Carnet de cellule 69 280

UN COUP DE FIL À DES AMIS 282
Carnet de cellule 70 286

LA FUITE EN AVANT 287
Carnet de cellule 71 289

CLASSE AFFAIRES 290
Carnet de cellule 72 293

DOUBLE JEU 294
Carnet de cellule 73 297

DANS DE BONNES GRIFFES 298
Carnet de cellule 74 301

JETÉS LES DÉS 302
Carnet de cellule 75 304

LE GRAND PARDON 305
Carnet de cellule 76 307

BOUQUET FINAL 308
Carnet de cellule 77 310

PLUS BELLE SERA LA CHUTE 311
Carnet de cellule 78 313

BLANCHI JUSQU'À LA CORDE 315
Pour qu'enfin la justice passe 317

Impression réalisée sur CAMERON par

BRODARD & TAUPIN

GROUPE CPI

La Flèche
en janvier 2007

Imprimé en France
N° d'impression : 39435